중국 도감

중국 도감

중국의 역사, 문화, 지리, 경제를
한 권에 읽는다!

차이나헤럴드_정승익 · 강호욱 지음

SNOWFOX

일러두기

1. 본문의 한자는 간체자를 표기하였습니다.
2. 중국 고유명사 발음 표기는 외래어 표기법을 따랐습니다.
3. 지명, 인명 등은 중국어 발음으로 표기하는 것을 원칙으로 하였으나, 중국어 발음이
   생소한 몇몇은 예외적으로 우리에게 익숙한 한자 독음으로 표기하였습니다.

중국 관련 자료들은 언제든 인터넷 검색만으로도 쉽게 찾아볼 수 있다. 하지만 정승익 저자가 이 책을 통해 독자들에게 보여주고자 하는 건 바로 한국인의 시각에서 바라보고 재해석한 중국이다. 중국 한복판에 깊숙이 들어가 직접 중국인들과 소통하며 얻은 경험을 토대로 한국인이 제대로 알면 도움이 될 중국에 관한 모든 것이 담긴 한 권의 책이 나왔다. 사업, 학업, 이민, 여행 등 중국에 관심 있는 사람이라면 일독을 권한다.

_류태호(미래교육학자, 미국 버지니아대학교 교육공학 교수)

이제 중국은 미국에 이어 세계 2위의 대국이다. 중국은 우리나라와 고조선 시절부터 깊이 연관되어 왔고, 지금은 정치, 경제, 사회, 환경 문제까지 더욱 유기적으로 연결되어 있다. 그럼에도 불구하고 중국에 대한 우리의 인식은 몇몇 선입견과 편견에 사로잡혀 있다. 공자, 맹자, 삼국지, 수호지라면 모르는 사람이 없을 것이다. 하지만 현재 세계 속 중국의 위상, 중국 문화, 경제 등 전 분야에 대한 올바른 지식을 지닌 한국인이 어느 정도일까. 단편적이고 부정확한 정보들에 휩쓸리는 경우가 많은 것이 현실이다.

앞으로 우리는 중국에 대해서 알아야만 국가적 차원의 생존을 이어갈 수 있다. 과장이 아닌 현실이다. 점점 더 커지는 중국의 영향력으로부터 벗어날 수 없는 현실을 직시하고, 향후 어떻게 중국을 활용할 수 있을 것인지에 대해서 생각해 봐야 할 때다.

『중국 도감』은 중국의 현재를 이해하고, 중국과 한국 양국 관계의 미래를 안정적으로 준비하는 데 꼭 필요한 입문서가 될 것이다. 중국을 알기 위해서 필요한 거대한 지식의 공간에서 한 줄기 빛과 같은 길잡이 역할을 기대한다. 특히 중국에서 비즈니스를 시작하는 사람, 중국을 이해하고 싶은 초보 사업가들에게는 꼭 필요한 책이다. 중국 사회의 경제와 문화에 대한 ABC를 알고 싶은 사람에게 추천한다.

_장대철(KAIST 경영대학 교수)

중국 관련 기사를 보면 한국의 기성 언론들은 팩트를 전하기보다는 반중 정서를 자극해 조회수 올리기에 급급하다는 생각이 든다. 하지만 차이나헤럴드는 친중, 반중을 떠나 팩트 기반으로 중국 소식을 보도하고 있어 그간 행보를 주목해왔다. 이번에는 현지 특파원들을 통해 받은 현장감 있는 중국의 소식과 필드에서 얻은 다양한 지식들을 한 데 모아 『중국 도감』이라는 책을 출간한다는 소식을 들었다. 여간 반가운 것이 아니다. 한국인의 마음에 깊이 자리 잡은 중국에 대한 고정관념과 오해를 해소하는데 적지 않은 기여를 할 것이 분명하기 때문이다. 이에 필독하시기를 권한다.

_우수근(한중글로벌협회 회장)

중국은 넓다. 지방색이 뚜렷하다. 산 하나만 넘어도 언어가 달라지곤 한다. 그렇기에 중국 비즈니스를 위해서는 지방색을 읽을 수 있어야 한다. 지리 이해가 중요한 이유다. 중국 비즈니스를 꿈꾸는 청년들에게 꼭 추천할 만한 책이다. 중국 인문 지리의 큰 그림을 그릴 수 있게 해줄 것이다. 이 책을 끼고 대륙을 활보하는 젊은이가 많아지기를 기대해 본다.

_한우덕(차이나랩 대표)

역사적으로 중국과 불가분의 관계를 이어온 국가는 우리나라가 첫 번째로 꼽힐 것이다. 지리적으로 가장 가까운 것을 비롯해서 문화적으로도 소위 한자문화권(漢字文化圈)에 연결되어 있어서 싫든 좋든 간에 중국과의 교류는 불가피한 게 사실이다. 더구나 중국과의 경쟁에서 우위를 점하지 못했던 과거 역사에서 우리나라는 중국의 침략 내지 정치적 간섭에서 벗어나지 못한 때가 많았다. 하지만 현재는 대등한 위치에서 정치적, 경제적 파트너 관계를 유지하고 있다.

중국이 경제적으로 비약적 발전을 이룬 후, 세계적 위상이 높아짐과 동시에 정치적으로도 G2의 위치를 확보한 만큼 우리와 중국과의 관계는 그 어느 때보다 중요해졌다. 그런데 우리는 과연 중국을 얼마나 정확하게 알고 있을까? 한반도 면적의 34배에 달하는 거대한 영토를 가진 중국은 각 지역마다 다른 문화와 역사를 갖고 있어 한눈에 파악하기가 쉽지 않다. 특히 중국과 상거래를 수행하는 경우라면 우리의 대응 방법이 세분화되어야 마땅할 것이다.

마침 이번에 출간되는 『중국 도감』은 중국의 지역별 특성을 상세하게 소개하고 있어서 읽는 이로 하여금 적재적소에 활용할 즉각적인 도움을 바로 구할 수 있는 참고서가 될 것이다. 유용한 책의 출간을 축하하는 마음이 매우 크다. 아무쪼록 중국에 대한 안내서로서 중국에 관심이 있는 독자에게 많은 도움이 되기를 바란다.

_민경조(전 코오롱그룹 부회장, 『격과 치』 저자)

중국과 관련된 사업을 하면 중국 기업가들을 자주 만나게 된다. 이때 중국, 중국인, 중국문화에 대해 충분히 이해하고 그들을 만나면 대화의 흐름을 훨씬 수월하게 자기편으로 이끌 수 있다. 중국은 한국과 마찬가지로 학연, 지연, 혈연으로 이루어진 국가이다. 흔히 이것을 '관시(關系) 문화'라고 부른다. 학연, 지연, 혈연, 세 가지를 가지고 있으면 옥황상제가 와서 방해해도 비즈니스가 이루어지고, 이 중 하나라도 해당이 되지 않으면 압도적인 실력을 지녀야만 가능한데, 외국인 입장에서는 녹록하지 않다.

먼저 혈연을 이야기하면, 배우자를 중국인으로 맞이하는 경우를 제외하고는 혈연으로 득을 보는 것은 불가능하다.

두 번째는 학연이다. 같은 학교 출신이면 일단 경계심을 푸는 경우가 많고, 학교와 관련된 추억을 소재로 꺼내면 상대방과 쉽게 친밀감을 형성할 수 있다. 영도(領导, 회사의 임원 혹은 당·정 고위 지도자)급 인사의 경우 해당 지역의 우수 학교 출신이 많은데, 이러한 이유로 짧은 2주 어학코스도 가능하면 그 도시에서 가장 좋은 학교를 가면 추후에 득이 된다. 필자는 학연의 적절한 이용으로 비즈니스에서 상당한 편의를 얻을 수 있었다.

예를 들어, 필자가 중국 창업에 갈망하는 모습을 보고 학교 선배가 시정부에 공문을 보내어 학생 비자 신분으로 사업자등록을 할 수 있도록 도와주었고, 공상국 직원들이 법인 사무실로 출장 와서 영업집조(사업자등록증)를 받을 수 있도록 편의를 제공해주었다.

만약 중국에서 비즈니스를 할 계획이라면 한 학교에서 수학하기보다는 여러 학교를 다녀서 대화 소재를 충분히 확보하는 것이 좋다. 학사, 석사, 박사는 가능한 다른 대학을 선택하는 것이 미래를 위한 투자이다. 최고의 선택지로 학사는 북경대 또는 칭화대에서, 석사는 복단대에서, 박사는 사회과학원에서 받는 것을 추천한다. 상기의 코스를 밟으면 중국에서 비즈니스할 때, 이유 없이 적이 생기는 경우를 미연에 방지할 수 있다.

세 번째는 지연이다. 중국인들은 같은 고향 사람이면 묻지도 따지지도 않고 반갑게 맞이하는데, 같은 조상을 모시고 있고, 같은 음식을 먹고 자랐으며, 같은 말(사투리)을 사용하기 때문에 먼 친척을 대하듯 끈끈하게 여기는 것이다. 지연을 바꾸는 것은 불가능하지만, 지방과 관련된 이야기를 하면 어색한 비즈니스 미팅에 손쉽게 윤활유 역할을 첨가할 수 있다.

예를 들어, 비즈니스 미팅 상대가 정해지면 먼저 미팅 참석자의 이름을 인터넷에 검색한다. 유명인의 경우 바이두(중국 포털 사이트)에서 프로필 약력을 체크하고, 없다면 웨이신 모멘트(朋友圈, 위챗)를 확인하여 어느 지방 사람인지 알아둔다. 만약 광동 사람이면 광동성 성서기(省書記, 성 인민정부

공산당위원회 1인자)의 약력(이름, 고향, 학교, 직업), 광동성의 역사, 관광지, 음식, 인구, 주요 산업, 역사, 문화, 사투리를 조사하여 암기하고, 상대방을 처음 만날 때, "레이호우!(안녕의 뜻을 가진 광동 사투리)"라고 말하면서 악수를 청하면 아이스브레이킹 하는 시간을 절약하고 비즈니스 성사 가능성이 조금 높아지게 된다.

하지만 상기의 프로세스는 전부 중국어로 이루어져 있고, 정보가 산발적으로 분산되어 있어 검색하는데 많은 시간이 소요된다. 특히 아직 중국 현지 적응 시간이 부족하거나 중국어 실력이 미흡한 한국인이라면 준비 과정에서부터 크나큰 어려움을 느낄 수밖에 없다.

필자는 중국에서 직접 발로 뛰며 주변에서 비슷한 사례를 많이 보았고 일일이 컨설팅해줄 여력이 없어 안타까움을 느꼈다. 그러던 중 한국으로 돌아와 중국 전문 언론사 차이나헤럴드를 설립하였고 중국 관련 기사들을 제공하면서 각 지역별 주요 정보를 일목요연하게 정리하면 도움이 되지 않을까 하는 생각에 〈중국 도감〉 기사 시리즈를 기획하였다. 그렇게 모인 정보가 많은 구독자들의 좋은 반응을 얻었고, 한곳에 묶여지기를 희망하는 요청이 쇄도해 책 출간으로 이어졌다.

중국은 고유의 지방색이 천차만별이라 같은 나라가 맞나 싶을 정도로 민족, 문화, 심지어 입맛도 제각각이다. 따라서 중국, 중국인을 이해하려면 22개 성(省), 4개 직할시, 5개 소수민족 자치구, 3개 특별행정구 총 34개 행정구역을 각각 탐구하는 과정이 필수적으로 선행되어야한다. 각 지역별 역사, 지리, 기후, 민족, 경제, 교육, 교통, 관광지, 대표 음식 등을 탐구하는 여정을 따라가다 보면 왜 중국이 34개의 작은 나라들로 이루어졌다고 말하는지 이해할 수 있을 것이다.

　이 책은 중국을 지리적 위치에 따라 동북, 화북, 화동, 중남, 서북, 서남지방으로 나누고 소수민족 자치구, 직할시, 특별행정구를 따로 묶어 구성하였다. 이중 타이완은 중화민국이라는 국호를 가지며 외교적으로 독립된 행보를 이어가지만, 중국은 타이완을 하나의 성(省)으로 간주하고 있다. 이 책에서는 국제적 이슈와는 별개로 중국과 역사를 공유한 지역임을 감안해 특별행정구로 소개한다.

　『중국 도감』은 중국인과의 미팅 시작 전 10분만 할애하면 상대방의 고향에 대해서 대략적인 내용을 숙지할 수 있도록 구성하였다. 중국 현지 비즈니스, 취업, 파견근무, 유학 등 현지 생활에 조금이라도 도움이 되었으면 하는 바람으로 작성하였다. 물론 비즈니스나 유학과 직접적인 관련이 없더라도 중국과 중국 문화, 역사에 관심이 있는 사람이라면 누구나 이해할 수 있도록 설명했고, 중국 관련 생소한 단어들은 각주를 달아 정리했다. 고국을 떠나 중국에서 사업과 학습, 현지 적응 등 오늘도 열심히 하루를 보내고 계시는 한국인분들과 중국에 관심을 가지고 이 책을 펼치신 모든 분들께 감사의 인사를 드린다.

| 목차 |

3부 화동 지방

4부 중남 지방

5부 서북 지방

6부 서남 지방

7부 소수민족 자치구

8부 직할시

9부 특별행정구

신장웨이우얼자치구(新疆维尔族自治区)

간쑤성(甘肃省)

칭하이성(青海省)

티베트자치구(西藏自治区)

쓰촨성(四

윈난성

중국 지도

헤이룽장성(黑龙江省)

지린성(吉林省)

네이멍구자치구(内蒙古自治区)

랴오닝성(辽宁省)

베이징
(北京)

톈진
(天津)

허베이성
(河北省)

샤후이족자치구
(夏回族自治区)

산시성
(山西省)

산둥성(山东省)

섬서성(陕西省)

허난성(河南省)

장쑤성(江苏省)

안후이성
(安徽省)

상하이(上海)

후베이성(湖北省)

충칭(重庆)

저장성(浙江省)

장시성
(江西省)

후난성(湖南省)

구이저우성(贵州省)

푸젠성(福建省)

타이완(臺灣)

광시좡족자치구
(广西壮族自治区)

광동성(广东省)

홍콩(香港)

마카오(澳门)

하이난성(海南省)

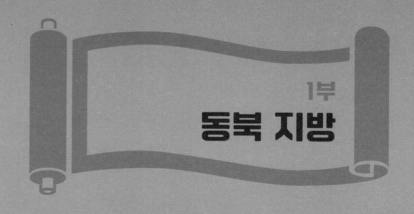

1부
동북 지방

01.
랴오닝성(辽宁省)

안중근 의사의 영혼이 잠든 곳

선양 세박원

차오양시 박물관

번시 수이동

안산 옥불원

관문산 국가삼림공원

홍해탄 국가풍경 랑도

천산 풍경구

진스탄

라오후탄 해양공원 – 라오후탄 극지관

- **약칭[1]** 요(辽, 랴오)
- **성도[2]** 선양(沈阳)
- **면적** 148,600km²
- **인구[3]** 약 4,200만 명(인구 순위 14위)
- **민족 비율** 한족: 83.9%, 만주족: 12.8%, 몽골족: 1.6%, 후이족: 0.6%

■ 행정구역

[14개 지급시[4]] : 선양(沈阳, 부성급), 다롄(大连, 부성급), 안산(鞍山), 번시(本溪), 차오양(朝阳), 단둥(丹东), 푸순(抚顺), 푸신(阜新), 후루다오(葫芦岛), 진저우(锦州), 랴오양(辽阳), 판진(盘锦), 톄링(铁岭), 잉커우(营口)

과거 중국과 이민족을 이어주는 요충지였던 랴오닝성은 동쪽으로 지린성, 서쪽은 허베이성, 북쪽은 네이멍구자치구, 남쪽은 압록강을 경계로 북한과 영토를 접하고 있다. 랴오닝이라는 명칭은 이 지역의 유명한 강인 '요하(辽河) 유역의 안녕을 바란다'는 의미에서 유래되었다.

■ 역사

랴오닝성은 바다와 만, 반도, 강 등 사람이 거주하기 적합한 지형이 발달하여 고대부터 이어지는 유구한 역사를 가지고 있다. 2018년 서부 다링허(大凌河) 중상류 일대에서 황허문명보다 1,000년 앞선 신석기 유적이 발견되어 그 역사를 입증하고 있다. 이후 청동기 시대에 접어들며 고대 국가가 건국되기 시작하는데 대표적인 국가가 연(燕)나라와 고조선이다. 이후 진시황의 진(秦)나라가 중국을 통일하면서 한족(汉族)의 통치에 들어왔고, 진나라

---

1) 1급 행정단위를 간략히 줄인 명칭이다. 간단하게 행정구역명의 한 글자를 따오거나 옛 지명, 산이나 강 이름에서 유래하기도 한다. 약칭은 중국 차량의 번호판에 표기하는데 대화에서도 사용된다.
2) 성(省)의 행정 중심지를 말한다. 성도 외에 성회(省会), 성치(省治) 등으로도 불린다.
3) 2021년 인구조사 결과를 근거로 기재하였다.
4) 1급 성(省)과 3급 현(县) 사이의 2급 행정구역으로 총 293개의 지급시가 있다.

가 멸망한 후 유방의 한(汉)나라가 집권하여 고조선을 랴오닝성 지역에서 몰아내면서 유주(幽州)⁵를 설치해 통치했다.

한나라가 멸망하고 삼국시대가 열린 뒤로 랴오닝성은 여러 북방 민족들(선비족, 만주족, 거란족, 몽골족 등)에 의해 지배당하기 시작했다. 삼국시대가 끝난 후 위진남북조는 물론 수(隋), 당(唐)나라까지 한족은 랴오닝성 일대로 진출하지 못했고 송(宋)나라 시기에는 북방 민족에게 쫓겨 강남 지방으로 밀려나기까지 한다. 남송과 금(金)나라가 몽골족의 원(元)나라에 의해 멸망하고 랴오닝성은 원나라의 지배를 받는다. 주원장이 명(明)나라를 건국하고 약해진 몽골족의 원나라를 북쪽으로 밀어낸 뒤 중원을 되찾는다. 이후 요동, 만주 지역으로 밀려난 몽골족의 북원을 다시 공격하여 영토를 랴오닝성 일대까지 확대한다.

훗날 만주족 국가인 청(清)나라가 건국되고 만주 일대에서 힘을 키우다 남하해 명나라를 몰아내고 중국을 통치하게 된다. 신해혁명으로 청나라가 멸망하고 중화민국이 들어선 뒤 지금의 랴오닝성에는 봉천성(奉天省)이라는 행정구역이 세워진다. 당시 만주와 조선의 지배권을 두고 러시아와 일본이 일으킨 러일전쟁도 이 지역에서 일어났다. 중화민국의 군벌들이 여러 지역을 통치하던 시기에는 이 지역 출신 장쭤린(张作霖)과 그의 장남 장쉐량(张学良)이 랴오닝성을 통치했고 1928년에 봉천성을 지금의 랴오닝성으로 이름을 변경한다.

일본이 19331년 만주 사변을 일으켜 만주국이라는 괴뢰국을 세워 동북 지방을 통치했으나, 일본이 패망하면서 다시 중화민국의 통치하에 들어온다. 1946년 발발한 제2차 국공내전의 첫 번째 대전투가 랴오닝성 일대에

---

5) 중국 후한(汉) 시대 행정구역 중 하나이다. 총 13개 주(州)가 있었다.

서 벌어졌고 국민당은 랴오닝성에서 밀려나게 된다. 이후 중국 공산당이 국민당에게 승리를 거두며 중국을 점령하게 된다. 중화인민공화국이 성립된 1949년에는 랴오둥성(辽东省), 랴오시성(辽西省)과 선양, 안산 등을 비롯한 5개의 직할시가 존재했는데, 1954년에 이들을 통합해 지금의 랴오닝성이 완성됐다.

■ 지리 및 기후

랴오닝성은 동고서저형 지형으로 서부는 얕은 구릉지, 중부는 평원, 동부는 산지로 구성되어 있다. 이러한 지형적 특성으로 대도시는 주로 중부의 평원 지역, 요하(辽河) 유역에 집중되어 있다. 동부에는 백두산으로 잘 알려진 장백산맥이 있고 중국 북부의 주요 항구가 있는 랴오둥반도와 이어진다.

랴오닝성은 유라시아 대륙 동쪽에 위치해 냉대 계절풍 기후의 특징을 보인다. 연평균 기온은 7~11℃로 대체적으로 서늘하지만 지역마다 차이가 크다. 서쪽 구릉지대에 있는 차오양시의 여름은 가장 더울 때 40℃에 달하기도 한다. 그러나 최저기온은 -40℃를 기록하는 등 극단적인 기온 차이를 보인다. 연평균 강수량은 600~1,100mm 정도이며 동북 3성 중 가장 많은 비가 내린다. 동쪽에서 서쪽으로 갈수록 비가 적게 오는데 동쪽은 연평균 1,100mm 정도의 강수량을 기록하지만 서쪽은 400mm 정도에 그친다.

■ 경제

2020년 기준 랴오닝성의 GDP는 2조 5,000억 위안(한화 약 458조 2,250

억 원), 1인당 GDP는 59,000위안(한화 약 1,081만 원)을 기록했다.

랴오닝성은 농업이 매우 발달하여 매년 높은 농업생산력을 기록한다. 옥수수, 사탕무, 목화 및 쌀이 주요 작물이며 다롄시와 잉커우시의 사과, 단둥시의 살구, 자두와 같은 특산품도 유명하다. 산누에도 전국 생산량의 4분의 3을 차지할 정도로 많은 양이 생산된다. 한편 랴오닝성은 바다를 접하고 있어 해양수산물 수출도 활발하다. 특히 다롄시에서 수출되는 수산물의 종류만 30여 종에 이르며 전복이 대표 특산물이다.

랴오닝성은 광물 자원이 풍부하여 지금까지 확인된 광물 자원만 해도 70여 종에 달한다. 대표적으로 철광, 금강석, 마그네사이트 등은 중국 전체에서 22%, 50%, 80% 정도의 비율을 차지하고 있을 정도로 많은 양이 매장되어 있다. 또한 랴오닝성에는 중국 3대 석유가스 유전중 하나인 요허 유전이 있는데, 이 유전에서 생산되는 석유와 천연 가스 매장량은 중국에서 15%와 10%를 차지한다. 유전을 바탕으로 원유 가공 산업도 발전하였다.

랴오닝성은 동부 연안처럼 외국의 기업이 유치되거나 첨단 산업 기술이 발전하지는 않았으나 풍부한 지하자원을 바탕으로 중공업 부분은 중국에서 선두를 달리고 있다. 그중 안산 철강기업(鞍山铁钢公司)과 번시 철강기업(本溪铁钢公司)이 대표적 기업이다

■ 교육

랴오닝성에는 총 115개의 대학이 있다. 이 중 985공정[6] 학교는 대련이공

---

6) 중국 내 일류대학들을 세계적 유명 대학 수준으로 건설하자는 취지로 시작된 프로젝트이다. 1998년 5월 4일 장쩌민(江泽民)이 북경대학교 개교 100주년 기념식에서 발표해서 '985'라는 이름이 붙여졌다. 39개의 학교가 985공정에 포함되어 있다.

대학교(大連理工大学)와 동북대학교(東北大学)가 있다. 211공정[7] 학교는 랴오
닝대학교(辽宁大学)와 대련해사대학교(大连海事大学)가 있다.

■ 교통

랴오닝성은 여러 교통로 중에서 철도와 해운 교통이 발달하였다. 철도망
의 밀도가 중국 전역에서 가장 높은 지역에 속하고 총 길이는 6132.4km에
달하며 동북 3성과 베이징, 허베이성 등 동부 연안과 중원 지역으로 이어지
는 철도망을 구축하고 있다. 단둥시는 대외적으로 개방된 철도 국경 출입구
로 북한과 연결되어 있다.

주요 하천 항로는 요허와 압록강이 있으며, 연안에는 크고 작은 항구가
여럿 있는데 이 중에서 다롄항이 중국 북부에서 가장 크고 발달한 항이다.
이외에도 잉커우, 진저우, 단둥의 항구가 대외적으로 개방된 해상 국경 출
입구이다. 고속도로 또한 철로와 마찬가지로 동북 지역과 중국 동부 연안,
중원 지역을 이어주는 주요 교통 요충지 역할을 하고 있다.

랴오닝성에는 8개의 민간공항이 있다. 이 중 가장 규모가 큰 곳은 선양
타오센국제공항(沈阳桃仙国际机场)으로 남방항공을 비롯한 20개의 항공사
가 중국 전역으로 운항한다. 국제선은 15개의 항공사가 동아시아권 위주로
운항을 하고 있으며 미국 로스앤젤레스로도 운항한다. 한국행 노선은 남방
항공, 선전항공, 대한항공, 아시아나항공에서 인천, 제주, 대구, 김해 등으로
운항하고 있으며 이스타항공도 청주행 노선을 운항한다. 북한의 고려항공

---

7) 1990년대 재정비한 교육 정책으로 '21세기에 일류대학 100개를 건설한다'는 의미를 가지고 있다.
985공정에 속한 39개 대학을 포함하여 총 115개의 학교가 있다.

이 평양행 노선을 운항하고 있기도 하다. 이외에도 다롄주수즈국제공항(大連周水子国际机场)에서 청주, 인천행 노선을 운항하고 있다.[8]

■ 관광지

랴오닝성에는 A급 관광명승지[9]가 514개가 있으며, 5A급 관광명승지는 6개가 있다. 한반도와 경계를 맞대고 있으므로 우리 역사와 깊은 관련을 맺은 유적지가 많다.

압록강 단교(鸭绿江断桥)

한민족 동족상잔의 비극을 보여주는 압록강 단교

압록강 단교는 단둥시에 있으며 국가지정 AAAA(4A)급 관광명승지이다. 6·25전쟁의 참상을 보여주는 다리로 한국인에게는 역사적 의미가 크다. 본래 압록강 철교는 일제강점기에 일본이 한반도와 중국을 연결하기 위해 중국 단둥시와 북한 신의주를 잇는 다리로 건설하였다. 1911년 완공된 압록강 철교는 단선이었는

---

8) 소개된 항공 노선은 코로나19 발생 이전의 운항 정보에 근거하여 기재하였다.

9) 국가지정 명승지 등급은 2003년부터 시행된 제도로 관광지의 교통, 홍보, 안내, 안전, 위생, 서비스, 쇼핑, 운영 및 관리 등을 종합적으로 평가해 A부터 AAAAA(5A)까지 등급을 나눈 것이다. AAAAA(5A)가 가장 높은 등급이다.

데, 수요가 늘어나자 새로운 복선철교를 착공, 1943년에 두 번째 철교를 완공하였다. 하지만 6·25 전쟁 당시 UN군의 폭격으로 1950년 11월 두 다리 모두 파괴되었다. 전쟁이 끝난 후 중국은 복선 철교를 복구하였고 1990년 북한과 중국의 합의에 따라 조중우의교라 개칭하였다. 나머지 단선 철교는 끊어진 그대로 보전해 역사적 유산으로 남겨두었다.

선양 고궁(沈阳故宫)

선양 고궁 대정전

선양 고궁은 전국중점문물보호단위[10]이자 유네스코 세계문화유산이다. 청나라 초대 황제 누르하치와 2대 황제 태종이 선양에 건축한 궁으로 1625년에 착공하여 1636년 완공되었다. 총면적은 6만m²로 베이징의 자금성에 비하면 압도적인 크기는 아니지만 이곳만의 매력이 있다. 전통을 중시했던 한족의 건축 양식과 다르게 형식에 얽매이지 않고 자유로운 북방 만주족의 특성이 건축기법에 반영되어 색다른 분위기를 풍긴다. 봉황루, 숭정전, 사고전서가 소장된 문소각 등의 건물이 온전하게 남아있어 문화, 역사적 가치가 매우 크고 볼거리도 풍성하다.

뤼순 감옥(旅順監獄)

뤼순 감옥은 다롄시에 있으며, 전국중점문물보호단위로 지정되었다. 이곳은 우리가 잊어서는 안 되는 가슴 아픈 역사를 가진 장소이다. 독립운동가 안중근, 신채호, 박희광, 이회영 등이 수감생활을 하거나 처형당했던 곳이다. 본래 뤼순 감옥은 러시아가 중국인을 수용하기 위해 건축하고 있었으나, 러일전쟁에서 일본이 승리

많은 독립운동가들이 수용되었던 뤼순 감옥

하면서 일본이 뤼순 지역을 점령하게 되고 감옥 건축 작업을 이어받았다. 일본은 만주를 점령하는 동안 우리 독립운동가는 물론이고 일본제국에 반대하는 중국인, 러시아인들도 수용했다.

---

10) 문화유산 보호 제도 가운데 국가급의 문화유산에 대해서 제정되는 명칭을 말한다.

1945년 일제가 패망하면서 소련군이 접수해 폐쇄했고 이후 중국 정부가 1971년에 인수해 '제국주의 침략유적보관소'로 개조했다. 본래는 뤼순 감옥이 있는 지역이 군항지라 외국인의 출입이 불가능했으나 안중근 의사 순국 100주기를 기해 외국인에게 개방되기 시작했다.

번시 수이동(本溪水洞)

번시 수이동은 AAAAA(5A)급 관광명승지이자 국가급풍경명승구(国家级风景名胜区)[11]이다. 4~5백만 년 전에 형성된 대형 석회암 동굴로 물에 잠겨있어 배를 타고 이동하며 관람할 수 있다. 동굴의 깊이는 5,800m이고 민간에게는 2,800m정도만 개방되어 있다. 번

아름다운 풍경의 석회암 동굴 번시 수이동

시 수이동은 수이동(水洞), 온천사(温泉寺), 탕거우(汤沟), 관먼산(关门山), 테차산(铁刹山), 먀오후산(庙后山) 6개 관광지구로 구성되어 있다. 번시 수이동과 탕거우 온천, 먀오후산 선사시대 유적이 주요 명소이며 여름에는 타이즈허(太子河)에서 래프팅을 즐길 수 있다.

지금까지 설명한 네 곳 외에도 4km의 인공운하를 조성하여 이탈리아 베네치아를 재현한 다롄 동방수성(东方水城), 러시아식 건축물 38동을 중

---

11) 자연유산의 보호를 위해 중국 정부가 1982년부터 9차에 걸쳐 지정하여 관리하고 있는 관광명소이다. 2017년 9차에 이르기까지 244개소가 지정되었다.

심으로 2000년 조성된 다롄 러시아거리 등 랴오닝성에는 다양한 볼거리가 있다.

■ 대표 음식

랴오닝성 요리는 랴오차이(辽菜)라고도 불린다. 예로부터 만주족이 주로 거주했던 지역으로 청나라 궁중 요리의 영향을 많이 받았다.

닭고기 버섯 조림(小鸡炖蘑菇)

닭고기 버섯 조림은 랴오닝성 산간 지역에서 나는 다양한 버섯과 닭이 주 재료이다. 닭과 버섯을 볶고 간장과 여러 조미료를 섞은 뒤 당면을 추가해 모양과 맛이 우리네 찜닭과 같다.

메기 가지찜(鲶鱼炖茄子)

메기 가지찜은 랴오닝성뿐만 아니라 중국 동북 지방을 통틀어 인기 있는 요리이다. 여름에 가지가 풍년이고 메기가 제철일 때 메기와 가지를 함께 푹 삶아 내놓는 단순한 음식인데 가지 향이 나는 담백한 국물이 일품이라 술안주로 좋다고 한다.

궈바로우(锅包肉)

궈바로우는 탕수육과 비슷한 느낌으로 우리나라에도 널리 알려져 있다. 청나라 시절 외국 사신들을 접대하는 과정에서 외국인, 특히 러시아인들의 입맛에 맞추기 위해 소스를 만들면서 발달한 요리라는 설이 있다.

02.
지린성 (吉林省)

항일 투사 윤동주 시인의 고향

지린 샹하이 국가급자연보호구

하달산

위만황궁 박물관

정월담 국가삼림공원

장영세기성

송화호

류정산

백두산

고구려 유적지

- **약칭** 길(吉, 지)

- **성도** 창춘(长春)

- **면적** 187,400km²

- **인구** 약 2,400만 명(인구 순위 24위)

- **민족 비율** 한족 : 90%, 조선족 : 4.2%, 만주족 : 3.7%, 몽골족 : 0.6%

■ 행정구역

[9개 지급시, 1개 소수민족 자치주[12]] : 창춘(长春, 부성급시[13]), 바이청(白城), 바이산(白山), 지린(吉林), 랴오위안(辽源), 쓰핑(四平), 쑹위안(松原), 퉁화(通化), 연변조선족자치주(延边朝鲜族自治州)

지린성은 동쪽으로 러시아 연해주, 북쪽으로 헤이룽장성, 서쪽으로 네이멍구자치구, 남서쪽은 랴오닝성, 남쪽은 압록강과 두만강을 경계로 북한과 접하고 있다. 지린이라는 명칭은 만주어로 강기슭을 의미하는 '기린 울라(Girin Ula)'를 중국어로 음차한 '길림오랍(吉林乌拉)'을 줄인 것이다.

■ 역사

고대 지린성 동부에는 퉁구스계 민족들이 거주했고 중부에는 예맥족이 거주했다. 그 후 지린성에는 한국사의 중요한 여러 국가가 등장하는데 고조선부터 부여, 고구려, 발해 등이 지린성을 무대로 삼았다.

지린성은 중국 중심부에서 워낙 멀고 지형이 험하기 때문에 중국 중원의 영향력이 미치기 힘들어서 간접 통치하거나 방치되기도 했다. 이후 한나라 시기에는 랴오닝성까지 영향력이 미쳤고 당나라 시기에도 발해가 이 지역을 통치하고 있던 당나라를 몰아내고 지린성 일대를 통치했다. 이후에도 거란의 요나라, 여진족의 금나라, 몽골족의 원나라가 이 지역을 장악했다.

---

12) 소수민족의 자치지방(自治地方)을 가리키는 2급 행정구이다. 통상적으로 주(州)라고 칭한다.

13) 성(省)급 행정구역에 속해있는 2급 행정단위로 경제와 법률에 대해 독립적 권한을 가진 도시를 말한다. 대한민국의 특례시에 해당한다.

청나라 건국 초기에 정부는 '이 지역은 만주족이 태동한 지역이니 아무도 발을 들이지 말라'는 봉금령을 내렸고, 소수의 만주족만 거주하는 지역이 됐다. 이 시기에 지린성으로 넘어가 농사를 짓는 조선인들이 많아지기 시작했고 이후 국경 문제를 해결하기 위해 조선과 청나라는 백두산 정계비를 세운다. 그 후 청나라가 2차 아편전쟁에서 패배하고 베이징 조약이 체결되면서 당시 지린성에 속해 있던 연해주를 러시아에 내주게 된다. 이 시기부터 청나라 정부는 지린성 일대로 한족의 이주를 허용하기 시작했고 한족이 지린성 인구의 대부분을 차지하게 된다.

청나라가 신해혁명으로 멸망하고 난 뒤 지린성 지역은 군벌들이 장악하기 시작했고 봉천 군벌이었던 장쭤린과 그의 장남 장쉐량이 통치했으나 1931년 만주 사변이 발생하고 일본제국은 만주 지역에 청나라의 마지막 황제인 선통제를 옹립해 만주국을 건국한다. 이때 창춘시는 만주국의 수도 역할을 했다.

1945년 일제가 패망하고 이 지역은 잠시 러시아가 통치했으나 1949년 국공내전에서 승리한 중화인민공화국이 지배권을 되찾는다. 1949년 당시의 지린성은 지금의 크기보다 작아서 창춘시와 지린시 일부 지역만 포함되어 있었으나 1950년대 현재의 경계를 확정 지었다.

■ **지리 및 기후**

지린성은 남고북저형 지형으로 북쪽의 평원 지대에 대표 도시인 창춘, 지린 등이 몰려있다. 남쪽은 산세가 험준하고 척박하여 사람이 거주하기 힘든데 이 지역이 성 영토의 60%가량을 차지하고 있다. 지린성 최고봉이자 한민족의 영산으로 불리는 백두산, 그리고 룽강산(龙岗山), 다헤이산(大黑山) 등이 남쪽에 자리 잡고 있다.

지린성은 계절풍 기후에 속하여 겨울이 매우 길고 추우며 상대적으로 여름은 짧다. 7월 평균 기온은 23℃ 정도이고 1월에는 -14℃에서 -20℃까지도 떨어진다. 이런 기후 특성으로 연교차가 35~42℃까지 난다. 연평균 강수량은 400~600mm이고 여름에 전체 강수량의 80%가 집중된다. 주로 동쪽에 많은 비가 내리고 서쪽으로 갈수록 강수량이 적어진다.

■ 경제

2020년 기준 지린성의 GDP는 1조 2,000억 위안(한화 약 219조 7,800억 원), 1인당 GDP는 51,000위안(한화 약 934만 원)을 기록했다.

지린성의 농업은 랴오닝성보다는 생산량이 적은 편에 속하나 주요 재배 작물은 옥수수와 사탕무 등으로 흡사하다. 지린성에 위치한 창바이산맥(长白山脉)은 중국의 주요 목재 생산지인데 인삼, 녹용 또한 대부분 이 지역에서 생산된다. 인삼과 녹용, 밍크 모피는 중국에서 동북삼보(东北三宝)라 불릴 정도로 유명하다.

지린성은 지형적 특성으로 목재 가공 산업이 발전했고, 지하자원 매장량이 풍부하여 중공업이 발달하였다. 지린 유전의 석유화학공업과 지린 화학 공업, 이외에도 자동차, 화물차, 콤바인 등을 생산하는 기계 공업도 발전했다. 대표적인 자동차 회사로 홍기자동차(一汽红旗), 베스튠(Bestune 奔腾), 이치제팡(一汽解放) 등이 있다.

■ 교육

지린성에는 총 62개의 대학이 있으며, 이 중 985공정에 포함된 학교는 길림대학교(吉林大学)가 유일하고 211공정에 포함된 학교는 연변대학교(延边大学), 동북사범대학교(东北师范大学)가 있다. 이 지역의 발음이 중국 표준 발음에 가까워 많은 한국 유학생이 유학 및 어학연수를 위해 방문하고 있다.

■ 교통

지린성의 철도는 북서-남동 연결 철로와 남서-북동 방향을 연결하는 두 노선이 있다. 창춘과 지린이 주요 허브 역으로 지린성 도시와 농촌 곳곳을 연결하고 더 나아가 베이징과 상하이, 산동 등 동부 연안 지역은 물론 시안, 우한 등의 내륙 주요 도시까지 철로가 뻗어있다. 지린성은 내륙에 위치해 있지만 쑹화강(松花江) 수로가 발달하여 다안, 지린 등의 항구를 통해 동북지방까지 화물 운송을 하고 있다.

지린성에는 6개의 민간공항이 있다. 이 중 가장 규모가 큰 곳은 창춘룽자국제공항(长春龙嘉国际机场)으로 남방항공을 비롯한 28개의 항공사가 중국 전역으로 운항하고 있고 국제선 중 한국행 노선은 아시아나항공이 있다. 이 외에도 연길차오양촨국제공항(延吉朝阳川国际机场)에서 티웨이항공이 대구행 노선을 운항하고 있다.

■ 관광지

지린성에는 고구려 유적뿐만 아니라 민족의 영산이라 불리는 백두산 등을 비롯해 다양한 관광지가 있다.

백두산

백두산은 연변조선족자치주와 북한의 량강도 삼지연시에 걸쳐 있으며, 국가지정 AAAAA(5A)급 관광명승지이다. 중국에서 장백산(长白山)으로 불리는 백두산은 높이가 2,744m이고 과거 휴화산으로 보았으나 현재는 활화산으로 분류하고 있다.

백두산 천지의 아름다운 풍경

백두산 관광 코스는 중국에서 오를 수 있는 북파(北坡), 서파(西坡), 남파(南坡) 코스와 북한에서 오를 수 있는 동파(东坡) 코스가 있다. 2018 평양 남북 정상회담 당시 문재인 대통령 일행이 오른 동파(东坡) 코스를 제외하고 한국인의 입산이 가능한 코스는 3개이다. 북파 코스는 차량을 이용해 천지 입구까지 갈 수 있으며 내려오는 길에 비룡폭포를 감상할 수 있다. 서파 코스는 트래킹하는 코스로 금강대협곡을 볼 수 있다. 남파 코스는 북한과 경계에 위치해 있어 개방과 폐쇄를 반복하고 있지만 압록강대협곡과 야생화군락지를 감상할 수 있고 개울 하나 건너 거리의 북한을 볼 수 있는 매력적인 코스이다. 한편 백두산은 날씨가 변화무쌍하여 맑게 갠 천지를 보는 것은 상당히 어렵다고 한다.

고구려 유적지

고구려 유적지는 통화시에 있으며, 국가지정 AAAA(4A)급 관광명승지이자 전국중점문물보호단위이다. 대표적으로 장군총, 태왕릉, 광개토대왕릉비가 있다.

장군총은 고구려의 돌무지 돌방무덤 양식으로 만들어졌고 높이가 무려 14m에 이른다. 현재 유네스코 세계문화유산으로 지정되어 있다. 무덤의 양식상 입구가 어딘지 외부에서 확인할 수 있어서 발굴 당시에는 이미 도굴꾼들이 많은 문화재를 도굴한 상태였다고 한다.

태왕릉도 장군총과 같은 돌무지 돌방무덤 양식으로 높이도 장군총과 비슷한 14m이다. 태왕릉이라는 이름은 발굴 당시 출토된 돌에 '원태왕릉여산고여악'이라고 새겨져 있던 데서 유래했다. 태왕릉 주위에는 1만여 기의 고구려 무덤과 광개토대왕릉비가 있다.

광개토대왕릉비는 광개토대왕의 아들 장수왕이 선왕의 업적을 기리고 추모하기 위해 무덤 옆에 세운 비석이다. 이곳에는 고구려 왕실, 광개토대 왕의 정복 활동 등이 상세히 기록되어 있어서 사료적 가치가 매우 높다. 일 제가 만주를 점령할 당시 유적 발굴을 주도하면서 고구려의 비석이라는 것 이 밝혀졌고 본격적인 조사가 시작되었다. 비석 표면의 풍화 침식 흔적으로 명확히 밝혀지지 않은 글자들이 있고 이 때문에 현재까지 한, 중, 일 학계 간 논쟁이 이어지고 있다.

위만황궁(伪满皇宫)

현재는 박물관으로 활용되고 있는 위만황궁

위만황궁은 창춘시에 있으 며, 국가지정 AAAAA(5A)급 관광지이자 전국중점문물보 호단위로 지정되었다. 위만 황궁은 일제가 만주에 괴뢰 국인 만주국을 건국하고 청 나라의 마지막 황제였던 선 통제 푸이를 황제로 앉히면 서 이곳에 거주하도록 했다.

이곳은 본래 지린성과 헤이룽장성 교통국의 청사였는데 만주국이 세워지면 서 황궁으로 바뀌었다.

이후 만주국이 해체된 후 방치되다가 1962년부터 위만황궁 박물원으로 개조해서 운영하고 있다. 황궁은 크게 선통제 푸이가 공무를 보던 외정과 생활을 하던 내정으로 나뉜다. 푸이가 거주하던 즙희루(辑熙楼)와 푸이의 측

근들이 거주하던 동덕전(东德殿), 만주국 관련 자료들이 전시된 궁내부 사합원(宫内府四合院) 등의 건물들로 구성되어 있다. 주위에는 동북 지역이 일제에 의해 침탈당하던 자료를 진열해 놓은 동북 함락사 진열관(东北沦陷史陈列馆)도 있다.

윤동주 생가

윤동주 생가는 연변조선족자치주에 위치한다. 독립운동가 윤동주 시인이 어릴 때 살던 집 그대로 보존한 것이 아니라 허물어졌던 집을 다시 복원해 놓은 형태이다. 본래 생가는 1900년경 윤동주 시인의 조부가 지은 기와집으로 한국 전통 양식으로 건축됐다. 이후 윤동주 가족이 이사 간 후 1981년 허물어졌고, 1994년 연변대학 조선연구센터의 주도로 복원됐다.

이 곳 입구에는 커다란 비석에 '중국 조선족 애국 시인 윤동주 생가'라고 쓰여 있다. 중국 포털 사이트 바이두에 윤동주 시인의 국적을 중국으로 왜곡하는 등 중국의 동북공정이 지속되는 가운데 우리가 직접 바로잡아야 역사가 숙제로 남아있다.

윤동주 생가 근처에는 윤동주 시인의 외조부인 김약연 선생이 세운 명동교회가 있고 곳곳에 윤동주 시인이 쓴 시가 전시되어있다. 이외에도 윤동주 시인이 다녔던 대성중학교와 아름다운 풍경을 가진 난후공원(南湖公园), 겨울 낚시 축제가 열리는 차간호(查干湖) 등의 유명 관광지가 있다.

■ 대표 음식

지린성 요리는 지차이(吉菜)라고도 불리며 동북 요리 계열 중 하나이다.

인삼계(人参鸡)

인삼계는 닭의 속을 비워내고 손질해 대추, 찹쌀, 밤 등을 넣고 인삼을 닭에 고정해 삶는데 사실상 우리의 삼계탕과 같은 요리다.

우리나라의 삼계탕과 비슷한 인삼계

청증백어(清蒸白鱼)

청증백어는 지린성의 송화강(松花江) 민물고기로 만든 찜요리이다. 과거 청나라 때 지린성에 시찰하러 온 강희제가 청증백어를 맛보고 그 맛에 크게 감탄하여 유명해지기 시작했다고 한다. 이후 건륭제도 '관동의 진미'라고 칭찬했다는 일화가 있다.

이연귀훈육대병(李连贵熏肉大饼)

이연귀훈육대병은 1908년 스핑시에서 유래한 음식으로 1908년 이연귀라는 사람이 발명했다고 전해진다. 이연귀훈육대병은 지린성식 샌드위치라고 볼 수 있는데 겉은 바삭하고 속은 촉촉한 식감을 가지고 있다. 여러 재료와 소스를 이용해서 다양한 맛을 내기도 한다.

03.
헤이룽장성 (黑龙江省)

세계 3대 겨울 축제 '빙등제' 개최지

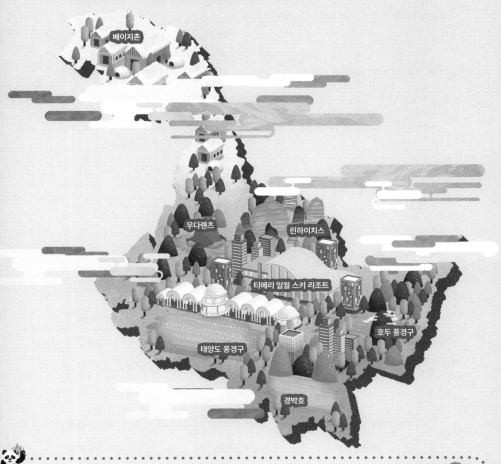

베이지촌

우다롄츠

린하이치스

티에리 일월 스키 리조트

호두 풍경구

태양도 풍경구

경박호

- **약칭** 흑(黑, 헤이)
- **성도** 하얼빈(哈尔滨)
- **면적** 473,000km²
- **인구** 약 3,100만 명(인구 순위 20위)
- **민족 비율** 한족 : 95.2%, 만주족 : 2.8%, 조선족 : 1.07%, 몽골족 : 0.4%, 후이족 : 0.3%

■ **행정구역** [12개 지급시, 1개 지구(地区)[14] :

하얼빈(哈尔滨, 부성급 시), 치치하얼(齐齐哈尔), 무단장(牡丹江), 자무쓰(佳木斯), 다칭(大庆), 지시(鸡西), 솽야산(双鸭山), 이춘(伊春), 치타이허(七台河), 허강(鹤岗), 헤이허(黑河), 쑤이화(绥化), 다싱안링(大兴安岭) 지구

헤이룽장성은 북쪽과 동쪽으로 러시아, 서쪽으로 네이멍구자치구, 남쪽으로 지린성과 경계를 접하고 있다. 헤이룽장이라는 명칭은 성과 러시아에 흐르는 아무르강의 중국식 이름에서 유래했다.

■ **역사**

헤이룽장성 지역에서 가장 처음 건국된 국가는 예맥 계통의 부여로 알려져 있다. 고구려는 부여에서 떨어져 나와 지린성 지역에 국가를 건국했다. 이후 고구려가 성장하면서 헤이룽장성 일부 지역을 고구려가 통치하였고, 고구려 멸망 후에는 발해가 헤이룽장성에 자리 잡았다. 발해가 멸망하고 여진족의 금나라가 들어선 이후에도 몽골족의 원나라 등 이민족이 헤이룽장성을 지배했고 다시 중원이 한족에게 지배되는 명나라 시기에는 이 지역까지 영향력이 미치지 못했다.

이후 여진족의 청나라가 오늘날 무단장시인 닝구타에서 발원해서 동북 지역 전체를 점령하고 중원으로 진출했다. 청나라 강희제 시절에는 헤이룽장 장군이라는 행정구역이 설치됐다. 청나라 초기에는 동북 지역으로 한족

---

14) 2급 행정단위 중 하나로 1983년 지급시 제도가 시행된 이후 현저히 줄어 현재는 7개의 지구가 남아있다.

이 이주하지 못하게 봉금령을 내려 소수의 만주족만 거주하고 있었다. 이후 19세기 후반 봉금령이 해제되고 한족이 대거 이주하여서 20세기에 이르러서는 동북 지역에 거주하는 인구의 대부분을 한족이 차지했다.

1909년 10월 26일에는 안중근 의사가 하얼빈역에서 이토 히로부미를 저격하는 역사적 사건이 이곳에서 발생했다. 1932년에는 일제가 세운 괴뢰국인 만주국이 지린성과 헤이룽장성 일대에 세워졌다.

1945년에 일제가 패망하면서 소련 군대가 동북 지방에 들어왔는데 이때 소련은 중국 공산당에게 동북 지방의 통제권을 넘기면서 헤이룽장성과 지린성 지역은 중국 공산당이 처음으로 완전히 통치하는 지역이 된다. 공산당이 중국 전역을 통치하기 전에는 헤이룽장성은 치치하얼시를 성도로 지금 영토의 서부 지역만이 헤이룽장성이고 나머지 지역은 하얼빈시를 성도로 하는 쑹장성(松江省)이 있었다. 이후 국공내전에서 공산당이 승리하면서 중국을 중화인민공화국이 통치하게 되고 1954년에 두 성이 병합되면서 현재의 헤이룽장성이 되었다.

■ 지리 및 기후

헤이룽장성의 지형은 산악지대와 평원이 교차하는 형태이다. 주요 산지로는 다싱안링산맥, 샤오싱안링산맥이 있으며 이 산맥들 사이로 둥베이평원, 쑹장평원이 자리 잡고 있다. 성의 북부 지역에는 아무르강을 경계로 러시아와 접하고 있고 이 지역에는 침엽수림이 펼쳐져 있어 시베리아와 풍경이 흡사하다.

이곳은 아한대 기후의 특징을 보이며 중국에서 가장 추운 지역이다. 겨울이 매우 길고 추우며 여름은 상대적으로 짧고 서늘하다. 연평균 기온은 0℃~11℃이며 1월 평균 기온은 -31℃~-15℃이다. 연평균 강수량은 500~600mm 정도이며 이마저도 여름에 집중되어 있고 겨울에는 매우 건조하다.

■ 경제

2020년 기준 헤이룽장성의 GDP는 1조 4,000억 위안(한화 약 257조 2,640억 원), 1인당 GDP는 43,000위안(한화 약 790만 원)을 기록했다.

헤이룽장성은 대부분의 동북 지역과 비슷하게 옥수수, 사탕무의 재배가 활발하며 밀, 벼 등도 생산되고 있다. 최근에는 목축업이 급성장하여 우유 생산량이 중국 내 1위를 차지하고 있다. 이곳은 삼림 생산품도 풍부한데, 버섯, 고사리 등의 생산이 활발하며 인삼, 녹용, 가시오가피 등의 약재 생산에도 주력하고 있다. 이 중 가시오가피는 중국 전역에서 인정받는 특산품이다.

한편 중국 최대의 유전인 다칭(大庆) 유전과 지시(鸡西), 허강(鹤岗) 등의 대형 탄광을 보유하고 있어 중공업도 발달했다. 또한 중국의 4대 맥주라 불리는 하얼빈맥주(哈尔滨啤酒)는 1900년 하얼빈에 중국 최초의 맥주회사를 설립한 이래 지금까지 생산되고 있다.

■ 교육

헤이룽장성에는 80개의 대학이 있으며, 985공정에 포함된 학교는 하얼빈공업대학교(哈尔滨工业大学)가 유일하고 211공정에 포함된 학교는 하얼빈공정대학교(哈尔滨工程大学), 동북임업대학교(东北林业大学), 동북농업대학교(东北农业大学)가 있다. 동북 지방의 발음이 중국 표준어에 가장 가깝기 때문에 중국어를 배우기 시작하는 많은 유학생이 첫 유학 지역으로 동북 지방을 선택한다.

■ 교통

중국 동북부에 위치한 헤이룽장성은 교통 요지라는 지리적 이점을 활용해 동북 지역의 국제물류 거점도시로 발전시키는 계획을 추진 중이다. 시베리아 횡단 열차로 이어지는 러시아 중부노선이 개통되면서 세계를 잇는 철도망 확보의 야심이 현실화되고 있다. 대외 노선뿐만 아니라 성 내의 철로도 잘 구축되어 있어서 성의 3분의 2에 해당하는 시현(市县)으로 연결된다.

도로도 철로만큼 발달하여 중국 내륙이나 동부 연안으로 이어져 있다. 그 외에도 아무르강, 쑹화강(松花江)의 항로는 대형 기선이 지날 수 있을 만큼 규모가 크고 하얼빈, 헤이허, 자무쓰 등 성의 많은 지역으로 연결되어 있다. 보통 이 항로로 배가 다니는 기간은 강이 얼지 않는 4월에서 11월까지이다.

헤이룽장성에는 13개의 민간공항이 있다. 이 중 가장 규모가 큰 곳은 하얼빈타이핑국제공항(哈尔

하얼빈 기차역에서 승객들이 기차에 탑승하고 있다

滨太平国际机场)이다. 타이핑국제공항은 남방항공을 비롯한 28개의 항공사가 중국 전역으로 운항하고 있으며, 국제선은 도쿄 나리타행 비행기와 아시아나항공과 제주항공의 인천행 노선이 있다.

■ 관광지

하얼빈 태양도 풍경구(哈尔滨太阳岛风景名胜区)

하얼빈의 피서지이자 빙설축제의 주요 개최지 태양도

하얼빈 태양도 풍경구는 국가지정 AAAAA(5A)급 관광명승지이다. 태양도는 쑹화강(松花江) 유역의 북쪽에 위치해 있는 섬이다. 모래사장과 초원, 습지로 이루어져 여름철 피서지로 유명하다. 태양도는 옛 러시아인의 별장을 공원으로 개조해서 만든 곳으로 세계 3대 겨울 축제 중 하나라고 불리는 하얼빈 국제 빙설 축제의 주요 장소이다. 풍경구 내부에는 러시아 예술 전시관, 태양도 예술관이 있고 빙설 축제의 얼음 조각을 재현해 놓고 있어서 빙설 축제 기간이 아니더라도 축제 분위기를 느낄 수 있다.

자인 공룡국가지질공원(嘉荫恐龙国家地质公园)

자인 공룡국가지질공원은 이춘시에 있으며, 국가지정 AAAA(4A)급 관광명승지이다. 롱구산(龙骨山) 일대에서 백악기 말기의 공룡 화석이 대량으로 발견된 지역을 국가지질공원으로 지정한 곳으로 전체 면적은 38km²에 달한다. 이곳의 공룡 화석들은 중국에서 발굴된 화석 중 가장 이른 시기인 것으로 밝혀졌으며 발견된 화석만 해도 100여 구에 이른다. 공룡 화석뿐 아니라 당시의 어류, 곤충, 식물 화석도 다수 발견되었다. 자인 공룡국가지질공원에는 공룡 화석이 전시된 공룡박물관과 더불어 고대 시절부터 이어온 지층과 담수호, 하천 등이 어우러져 아름다운 자연경관을 자랑한다.

하얼빈 중앙대가(哈尔滨中央大街)

하얼빈 중앙대가의 시작을 알리는 표지

하얼빈 중앙대가는 국가지정 AAAA(4A)급 명승지이며 하얼빈에 위치한 번화가라고 볼 수 있다. 우리나라의 명동과 비슷하며 르네상스 및 바로크 양식의 러시아 건축물들이 들어서 있는 보행자 전용 쇼핑거리이다. 관광객뿐만 아니라 현지인도 쇼핑 및 산책을 위해 즐겨 찾는다.

탕왕허 린하이치스 풍경구(汤旺河林海奇石风景区)

탕왕허 린하이치스 풍경구는 이춘시에 있으며, 국가지정 AAAAA(5A)급 관광명승지이자 국가지질공원이다. 쑹화강의 지류인 탕왕허 주변에 위치해 있고 전체 면적은 190km²에 달한다. 이곳은 울창한 숲과 하천, 습지, 화강암 석림(石林)이 어우러진 아름다운 자연 풍경을 자랑한다. 2억 년 전부터 만들어진 화강암 석림이 오랜 시간 풍화작용을 거쳐 기묘한 형태로 자리 잡은 린하이치스 풍경구는 관광객이 꼽는 최고의 명소이다.

지금까지 소개한 관광지 외에도 국제 빙등 축제가 열리는 곳인 자오린공원(兆麟公园)과 과거 일제의 생체 실험이 이루어졌던 731부대를 역사 유적지로 보전한 731부대 유적지(731部队遗址) 등이 있다.

■ 대표 음식

헤이룽장성 요리는 룽장차이(龙江菜)라고 불리기도 하며, 유명한 동북 요리의 종류 중 하나이다.

비룡탕(飞龙汤)

비룡탕의 비룡은 동북 지방에 서식하는 새인데 개암닭이라 불리며 가격이 매우 비싸다고 한다. 비룡탕은 개암닭을 육수에 푹 고아서 먹는 간단한 요리이다. 육질이 좋고 영양이 풍부해서 우리나라의 삼계탕처럼 보양식으로 많이 찾는다.

파주렌(扒猪脸)

파주렌은 돼지머리를 끓여 쪄낸 요리를 말한다. 파(扒)는 오랫동안 끓이다는 뜻이고, 주렌(猪脸)은 돼지머리를 말한다. 족발처럼 식감이 탱글탱글하고 향이 강한 것이 특징이다.

더모리둔위(得莫利炖鱼)

쑹화강 위쪽의 민물생선을 당면과 두부를 넣어 함께 쪄먹는 요리로, 지역 이름이 '더모리(하얼빈시 광정현의 한 마을)'라 더모리둔위라는 이름이 붙여졌다고 한다. 백종원의 〈스트리트 푸드 파이터〉라는 프로그램에서 소개된 적이 있다.

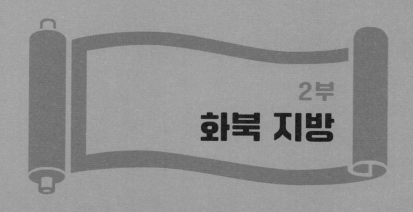

2부
화북 지방

04.
허베이성(河北省)

만리장성의 시작점

진산링 장성

청더 피서산장

청둥릉

산해관

예산포

청서릉

백석산 풍경구

바이양뎬

시바이포

광푸고성

외황궁

- **약칭** 기(冀, 지)

- **성도** 스자좡(石家庄)

- **면적** 188,800km²

- **인구** 약 7,400만 명(인구 순위 6위)

- **민족 비율** 한족 : 96%, 만주족 : 3%, 후이족 : 0.8%, 몽골족 : 0.3%

■ 행정구역

[11개 지급시] : 스자좡(石家庄), 탕산(唐山), 친황다오(秦皇岛), 한단(邯郸), 싱타이(邢台), 바오딩(保定), 장자커우(张家口), 청더(承德), 청저우(沧州), 랑팡(廊坊), 헝수이(衡水)

허베이성은 북쪽으로 네이멍구자치구, 동쪽으로 랴오닝성, 서쪽으로 산시성, 남쪽으로 허난성과 경계를 접하고 있다. 허베이는 황허의 북쪽에 있다는 의미이다.

■ 역사

허베이성은 고대부터 평야 지대를 바탕으로 관중(关中)의 산시성, 중원(中原)의 허난성과 함께 풍요로운 지역이었다. 고대에는 허난성 북부와 함께 기주(冀州)라고 불렸으며 중국의 고대 국가인 상(商)나라가 위치한 지역이었다. 이후 진나라를 거쳐서 한나라가 성립된 후 한나라 말기 여러 군벌의 본거지로 유명세를 떨쳤다. 대표적으로 한나라 말기 군벌이었던 원소와 공손찬이 허베이성을 근거지로 삼았고, 『삼국지』로 유명한 유비, 관우, 장비도 허베이성에서 도원결의를 맺었다. 조조가 위나라를 세울 때 허난성, 허베이성 지역에 거점을 두어 건국했으며, 이후 사마의가 진나라를 건국하고 짧은 기간 통일왕조를 유지하다가 북방 민족의 침입으로 한족들은 강남으로 밀려난다.

5대 10국 시기에는 허베이성 일대를 연운 16주라는 이름으로 거란에 뺏겼다. 이후 통일 왕조 송나라가 허베이성을 되찾기 위해 몇 번이나 노력했으나, 매번 거란의 강력한 군사력에 실패했다. 이후 거란의 요나라가 멸망하고 금나라가 들어섰고 송나라는 금나라의 군사력에 굴복하여 화북을 내주고 강남으로 밀려난다. 금나라 멸망 후 원나라가 세워지며 허베이성 일대는 국가의 중심으로 거듭난다. 원나라가 베이징에 수도를 두고, 명나라와 청나라도 같은 체계를 유지하면서 중심 입지를 이어간다. 이 시기에 허베이성은 수도 베이징에 직접 예속된다는 의미인 즈리성(直隸省)이라 칭했다.

이후 청나라가 멸망하고 허베이성에는 위안스카이(袁世凱)의 북양 정부가 들어선다. 그러나 국민당의 2차 북벌 때 북양 정부는 무너지고 국민정부가 1928년에 베이징까지 점령하면서 즈리성을 지금의 허베이성으로 개칭한다. 이후 1930년에 허베이성의 성도를 톈진으로 옮겼다가 5년 뒤인 1935년 바오딩(保定)으로 재차 옮긴다. 중일전쟁 당시에는 허베이성이 전쟁의 중심지로 8년 동안 일본군의 점령지로 있기도 했다. 중일전쟁과 국공내전이 종료된 후 1949년 중화인민공화국이 설립되고 현재의 영역을 유지하고 있다. 1968년 문화대혁명 당시에 성도를 바오딩에서 지금의 스자좡(石家庄)으로 옮겼다.

■ 지리 및 기후

허베이성은 북서쪽이 높고 남동쪽은 낮은 지형적 특성이 있다. 인접한 북서쪽은 1,200m~1,500m의 고도를 가진 고원이고 남동쪽은 화북평원과 같은 구릉지대이다.

허베이성의 기후는 온대 몬순 기후의 특징을 보이며, 사계절이 뚜렷하다. 1월 평균 기온은 3℃이고 7월의 평균 기온은 18℃~27℃이다. 연평균 강수량은 484.5mm로 남동쪽 평야 지대에는 강수량이 풍부하지만, 북서쪽으로 올라갈수록 건조해져 강수량이 적다.

■ 경제

허베이성의 2020년 GDP는 약 3조 6,206억 9,000만 위안(한화 약 657조 9,800억 원), 1인당 GDP는 47,691위안(한화 약 866만 원)을 기록했다.

허베이성은 황허 북쪽의 비옥한 토양과 평야로 이루어진 지리적 이점으로 곡물 경작지가 638만ha에 달한다. 대체로 밀농사를 많이 지으며, 밀 다음으로 면화가 1차 산업 주요 생산물이다.

허베이성의 2차 산업 중 으뜸은 단연 철강 산업인데, 중국 내에서 가장 높은 생산 지표를 보여주고 있으며, 중국을 넘어 세계에서도 최고 생산량을 기록하고 있다. 철강 산업 외에도 방직과 건축자재 생산, 석유 화학 등의 산업이 발전했다.

허베이성은 베이징과 톈진을 둘러싸고 있는 지리적 특성으로 베이징, 톈진 및 랴오닝성, 산동성과 하나의 경제권(渤海经济圈)을 형성하고 있다. 동부 연해가 개방되면서 철강, 석탄 등을 세계에 수출하고 있으며, 만리장성의 시작점 산해관(山海关), 베이다이허(北戴河) 등의 유네스코 세계문화유산과 국가급 명승지가 많아서 높은 관광 수익을 올리고 있다.

■ 교육

허베이성에는 125개의 대학이 있다. 이 중 985공정에 포함된 곳은 동북

대학교 친황다오캠퍼스이다. 211공정에 포함된 학교는 5곳이지만 대부분 지방 캠퍼스로 동북대학교 친황다오캠퍼스(东北大学秦皇岛分校), 화북전력대학교(华北电力大学), 싱타이직업기술대학(邢台职业技术学院), 중국지질대학교(中国地质大学), 화북전력대학교 과학기술단과대학(华北电力大学科技学院)이 있다.

■ 교통

허베이성은 수도 베이징을 감싸고 있는 지리적 형태로 원나라 때부터 베이징 교통의 출입구 역할을 해왔다. 오랜 개발을 이어온 끝에 육상, 해상, 항공 네트워크를 형성했다. 철로는 베이징과 광저우를 잇는 철도부터 하얼빈, 상하이 등 중국 전역으로 진출할 수 있는 철도망을 구축했으며, 허베이성을 통과하는 철도의 총 길이는 4,500여 km에 달한다. 이와 함께 도로도 베이징과 톈진으로 향하는 길목에 위치해 수많은 고속도로가 이어져 있고 고속도로의 총 길이는 7,279km로 중국 2위를 차지하고 있다.

허베이성은 내륙의 황허와 동쪽의 바다가 있어서 수상교통 또한 원활하다. 대표적인 항구로 황화항(黃骅港), 탕산항(唐山港), 친황다오항(秦皇岛港)이 있다. 특히 탕산항과 친황다오항은 중국 8대 항구로 꼽힐 정도로 큰 항구이다.

허베이성에는 6개의 민간공항이 있다. 이 중 가장 규모가 큰 곳은 스자좡 정딩국제공항(石家庄正定国际机场)이다. 허베이항공과 춘추항공을 비롯해 27개의 항공사가 중국 국내 122개 노선을 운항하고 있으며, 국제선은 6개 항공사가 11개 도시로 운항하고 있다. 이 중 한국행 노선은 춘추항공이 제주도와 인천행 노선을 운항하고 있고, 제주항공이 인천과 부산행 노선을 운항하고 있다.

■ 관광지

허베이성은 고대부터 중국의 중심이었고 잠시 북방 민족에게 뺏겼던 적도 있지만 원나라, 명나라 이후부터 계속해서 중국의 정치적 중심지였다. 오랫동안 역사적으로 중요한 입지였으므로 930여 개의 성급 문물보호단위가 비교적 잘 보존되어있다.

산해관(山海关)

산해관은 친황다오에 있으며, 국가지정 AAAAA(5A)급 관광명승지이다. 만리장성의 관문 중 하나로 천하제일관(天下第一关)이라 불리기도 하며, 만리장성의 관문 중 최동단이자 시작점에 위치한다. 만리장성은 진나라 시기부터 축조됐고, 지금의 형태를 완성한 것은 명나라 시기이다.

만리장성의 시작점 천하제일관

산해관은 지리적 위치 특성상 수도인 베이징으로 들어가는 관문 역할을 했으며 그로 인해 중국에서 가장 견고한 요새 중 하나가 되었다. 오늘날 만리장성의 관문 중 자위관(嘉峪关), 지용관(居庸关)과 함께 가장 잘 보전된 관문으로 꼽힌다. 산해관에는 만리장성 박물관과 노룡두(老龙头)도 함께 자리 잡고 있다. 노룡두는 발해만(渤海湾) 바다와 만리장성이 만나는 기점으로 용의 형상을 한 만리장성이 바다로 들어가는 모습 같다고 해서 붙여진 이름이다.

진산링 장성(金山岭长城)

진산링 장성은 청더에 있으며, 국가지정 AAAAA(5A)급 관광명승지이

자 세계문화유산, 전국중점문물보호단위에 지정되어 있다. 진산링 장성은 북조(北朝) 시기에 축조됐으나 그 당시의 장성은 지금보다 높이도 낮고 두께도 두껍지 않았다고 한다. 명나라 시기에 이르러서 현재의 모습이 완성되었다. 진산링 장성은 다른 장성에서는 흡사한 점을 찾기 힘들 만큼 다양한 형태의 망루와 적의 침입을 막아낼 수 있는 구조를 지니고 있으며, 현재 남아 있는 장성 구간 중 가장 완벽에 가까운 보존 상태를 자랑한다.

만리장성 중 가장 보존 상태가 좋은 진산링 장성

바이양뎬(白洋淀)

바이양뎬은 바오딩에 위치한 호수로 국가지정 AAAAA(5A)급 관광명승지이다. 총면적이 366km²에 달하는데 서울 면적의 절반에 해당하며 허베이성 내 가장 큰 호수이다. 갈대밭 군락지로 유명하고 여름이면 넓은 수면을 덮은 초록 연잎 위로 화사한 연꽃이 만개해 비경을 자랑한다. 수심이 깊지 않아서 마름, 연꽃, 연뿌리 등의 수생식물이 잘 자라고 50여 종의 어류도 서식하고 있다.

바이양뎬에서 어업을 하고 있는 어민들

1980년대 초 호수의 물이 마른 적이 있으나 이후 1988년 내린 폭우로 호수의 물이 다시 복구되었고 허베이성의 주요 관광지로 떠올랐다. 바이양뎬에는 마오저우사원(鄭州庙), 강희수위행궁(康熙水围行宫) 등의 유적지도 있어 다양한 관광을 즐길 수 있다.

스자좡 시바이포(石家庄西柏坡)

스좌장 시바이포는 국가지정 AAAAA(5A)급 관광명승지이자 전국중점문물보호단위, 중국 홍색관광(紅色旅遊)[15] 명소로 지정되어 있다. 시바이포

---

15) 공산당 관련 유적지를 여행하는 것을 '홍색관광'이라 부른다. 일종의 중국판 혁명 성지순례로 후진타오(胡錦濤) 전 주석의 집권기인 2004년 처음 시작된 후 중국 공산당 창당 100주년인 2021년 홍색관광 열풍을 일으켰다. 홍색관광 명소는 300여 곳에 이른다.

는 원래 100여 가구가 모여 사는 산골 마을이었다. 그러나 중일전쟁 시기에 홍군(紅軍)이 주둔하고, 국공 내전 당시에 마오쩌둥(毛泽东)을 비롯한 공산당 수뇌부가 이곳에 자리 잡게 되면서 중국 공산당 혁명기지로 탈바꿈했다.

1948년 마오쩌둥과 저우언라이(周恩来), 류샤오치(刘少奇) 등이 시바이포로 옮겨오면서 거처하던 가옥과 공산당 회의 건물들을 복원하였고 공산당 선전 관광지로 활용하고 있다. 이외에도 기념비, 공원, 동상 등을 세워 선전 관광지로 명성을 떨치고 있다.

지금까지 소개한 관광지 외에도 중국 특유의 카르스트 지형 관광지인 백운동굴(白云洞)과 청나라 건륭제의 여름 별장인 청더피서산장(承德避暑山庄)과 백석산(白石山) 등의 명소가 있다.

■ 대표 음식

허베이 요리는 지차이(冀菜)라 불리기도 하며 우리나라에 널리 알려지지는 않았지만 지방 고유의 맛이 있다.

총독두부(总督豆腐)

청나라 양무운동의 지도자 이홍장이 허베이성의 관리로 있을 당시 일화가 있다. 그의 요리사가 수제 두부를 만들었는데 이홍장이 만족해하지 않자 요리사가 두부에 새우, 가리비 등의 재료를 첨가해 요리했고 이홍장은 이 요리를 매우 칭찬했다고 한다. 이때 만들어진 두부요리가 지금의 총독두부이다.

백육조화소(白肉罩火烧)

청나라 말기부터 전해 내려오는 요리로 돼지고기를 삶아 얇게 썰어 다시 한번 불에 익히는 요리이다. 고기와 함께 야채들을 함께 익혀 먹기도 하며 담백한 맛이 특징이다.

궈바오주즈(锅包肘子)

140여 년의 역사를 가지고 있는 요리이다. 허베이성 한 집안의 요리사가 조리 과정을 개선하기 위해 다양한 시도를 하다 우연히 궈바오주즈를 만들게 됐고, 큰 인기를 끌게 되어 궁궐에까지 소개되었다고 한다. 궈바오주즈는 겉은 노릇노릇하게 구워지고 속은 부드러우며 고소한 맛이 특징이다. 파와 소스를 곁들이면 더욱 특별한 맛을 느낄 수 있다.

05.
산시성(山西省)

삼국지 영웅 관우의 고향

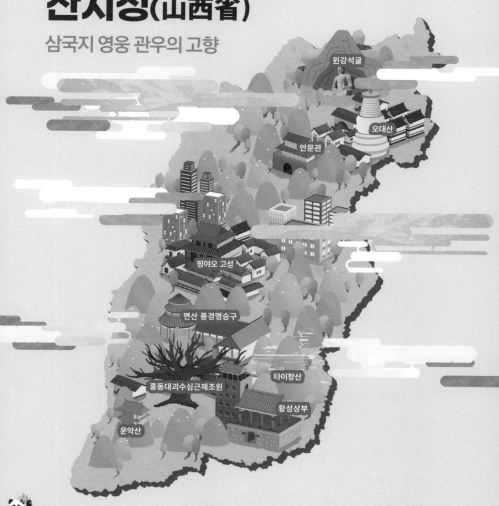

- 윈강석굴
- 오대산
- 안문관
- 핑야오 고성
- 면산 풍경명승구
- 타이항산
- 홍동대괴수심근제조원
- 황성상부
- 운악산

- **약칭** 진(晉)

- **성도** 타이위안(太原)

- **면적** 156,700km²

- **인구** 약 3,400만 명(인구 순위 18위)

- **민족 비율** 한족 : 99.7%, 만주족 : 0.2%, 후이족 : 0.07%, 몽골족 : 0.03%

■ **행정구역**

[11개 지급시] : 타이위안(太原), 창즈(长治), 다퉁(大同), 진청(晋城), 진중(晋中), 린펀(临汾), 뤼량(吕梁), 쉬저우(朔州), 신저우(忻州), 양취안(阳泉), 윈청(运城)

산시성은 동쪽으로 산동성, 서쪽으로 섬서성, 남쪽으로 허난성, 북쪽으로 네이멍구자치구와 경계를 접하고 있다. 산시라는 명칭은 중국의 유명한 산인 타이항(太行)산 서쪽에 위치한다는 의미이다.

■ **역사**

산시성은 고대 중국 문명 발상지 중 하나로 꼽힌다. 산시성 남서부 지역에서 인간이 불을 사용한 흔적과 여러 촌락을 구성하여 거주한 유적이 발견되며 유구한 역사를 증명하였다. 춘추시대에는 산시성 일대에 진나라가 건국된다. 전국시대에는 위, 조, 한 삼진으로 나뉘고 이후 진시황의 진나라에 흡수된다. 진나라가 멸망하고 한나라가 들어서면서 병주(并州)라는 행정구역이 설치됐고, 당시 북방의 북흉노의 침입이 잦아지자 남흉노를 산시성에 정착시키기도 했다.

삼국시대에는 당시 군벌이었던 원소와 조조의 근원지로 위세를 떨쳤으나 삼국 통일 후 위나라가 진나라로 바뀌고 멸망하면서 북방 유목 민족들이 산시성 일대를 지배하기 시작한다. 5대 10국 후반기에는 산시성 북부 일부 지역이 연운 16주에 포함돼 거란(요)에 뺏기기도 한다. 이후 송나라는 연운 16주를 되찾기 위해 많은 노력을 했으나 매번 실패하고 국력이 더욱 약해져 요나라 이후 여진족이 건국한 금나라에 의해 화북지역에서 물러나 강남 지역으로 옮겨가게 된다.

송나라가 멸망하고 원나라가 세워질 무렵 현재 산시성의 경계를 완성한다. 이후 청나라가 멸망하고 중화민국의 군벌 옌시산(閻錫山)이 산시성을 거점으로 독립왕국을 세워 군림하였다. 중일전쟁 중에는 중국 팔로군이 일본군에 대항하는 게릴라 전투의 주 무대이기도 했다. 국공 내전 당시에는 공산당에 의해 옌시산이 산시성에서 쫓겨나게 되고 공산당이 산시성 일대를 주요 기지로 삼게 된다. 이후 옌시산과 같은 군벌과 국민당 잔당들을 타이완으로 내보내고 1949년 중화인민공화국이 건국되어 현재의 모습을 유지하고 있다.

■ 지리 및 기후

산시성은 80%가 산과 구릉으로 구성되어 있으며 대부분 해발고도 1,000m가 넘는 고원이다. 가장 높은 우타이산(五台山)은 해발 3,061m에 달하며 중국의 오악(五岳) 중 북악으로 유명한 항산(恒山, 2,017m)도 산시성에 자리 잡고 있다.

산시성은 대륙성 기후의 특징을 보이며 사계절이 뚜렷하다. 연평균 기온은 4.2~14.2℃이고 기온의 연교차가 꽤 큰 편인데 1월의 평균 기온은 0℃가량이지만 7월의 평균 기온은 21~26℃이다. 봄은 건조하고 황사가 빈번하게 발생하며, 여름은 중국의 대표적인 혹서 지방으로 유명하다. 겨울에는 영하로 떨어지는 날이 대부분일 정도로 추운 날씨가 이어진다. 연평균 강수량은 358~621mm이며 보통 6월~8월에 집중된다.

■ 경제

2020년 기준 산시성의 GDP는 1조 7,651억 9,300만 위안(한화 약 323조 656억 원), 1인당 GDP는 47,300위안(한화 약 865만 원)을 기록했다.

산시성은 산과 구릉으로 구성되어 있고 건조한 기후 특성이 강하기 때문에 밀, 옥수수, 콩, 감자 등이 주로 생산된다.

산시성에는 2,600억 톤의 석탄이 매장되어 있는데 이는 중국 전체 매장량의 3분의 1에 해당하는 양이다. 석탄 외에도 5억 톤의 보크사이트가 매장되어 있다. 이로 인해 산시성의 산업은 석탄 생산과 화학, 발전, 금속 제련과 같은 중공업에 집중되어 있다.

또한 과거 국공 내전 당시 인민 해방군의 주요 기지로 활약한 역사가 있어 수많은 군수 산업 시설이 산시성에 자리 잡고 있다. 최근에는 중공업뿐만 아니라 통신, 첨단 장비 제조에도 많은 투자를 하고 있다.

■ 교육

타이위안 이공대학교 정문

산시성에는 67개의 대학이 있다. 이 중 985공정에 포함된 학교는 없으며, 211공정에 포함된 학교는 타이위안이공대학교(太原理工大学)가 유일하다.

■ 교통

산시성은 역사상 여러 군벌과 세력들의 주요 기지 역할을 하며 원활한 교통망을 형성하였다. 2020년 기준으로 산시성의 도로는 약 144,000km에 달하며 이 중 고속도로는 5,744.6km를 차지하고 있다. 성도인 타이위안은 2012년 교통도시(公交都市)로 지정되면서 대중교통의 비약적 발전을 이루었다. 또한 산시성은 중국 북부의 중요한 철도 교통 허브이다. 수많은 노선이 중국 전역으로 뻗어 있으며, 주요 생산품인 석탄 운송에도 큰 기여를 하고 있다.

산시성에는 7개의 민간공항이 있다. 이 중 가장 규모가 큰 곳은 타이위안우수국제공항(太原武宿国际机场)으로 동방항공과 남방항공을 포함해 12개의 항공사가 중국 61개의 도시로 활발히 비행기를 운항하고 있고 국제선은 방콕, 푸켓, 시드니, 러시아 상트페테르부르크로 운항하고 있다.

■ 관광지

산시성은 '중국 고대 건축 박물관'으로 불릴 만큼 송나라 시기의 건축물들이 잘 보존되어 있다. 이외에도 윈강석굴과 같은 종교적 유적지, 중국의 오악 중 하나라고 불리는 헝산(恒山)도 위치해 국내외 많은 관광객이 찾는다.

핑야오 고성(平遥古城)

핑야오 고성은 진중에 있으며, 국가지정 AAAAA(5A)급 관광명승지이다. 2,700년의 역사를 가진 핑야오 고성은 명·청 시대 도시의 모습을 그대로 유지하여 도시 전체가 세계문화유산으로 지정되었다. 이곳은 고대 국가

핑야오 고성의 아름다운 야경

인 서주(西周) 시기에 도시가 건설됐고, 이후 명나라 홍무제 때 지금의 성벽을 건설했다고 한다. 핑야오 고성은 4개의 탑, 72개의 망루, 4,000채 이상의 명·청 시대 주거지가 보존되어 있어 문화적, 역사적 가치가 높다. 공자묘, 도교 사원 청허관(清虚观), 성벽 등의 볼거리가 풍부하다.

윈강석굴(云冈石窟)

윈강석굴은 다퉁에 있으며, 국가지정 AAAAA(5A)급 관광명승지이자 유네스코 세계문화유산이다. 252개의 크고 작은 동굴과 51,000여 개의 석상으로 구성되어 있으며 중국에서 가장 큰 석굴사원이다. 사암(砂岩)으로 이루어진 절벽을 파서 석굴과 불상을 조각한 윈강석굴은 460~525년 사이에

주로 만들어졌다. 494년에 북위가 수도를 허난성 뤄양(洛阳)으로 이전하면
서 건축이 중단됐고, 이후 북위는 새로운 석굴을 룽먼(龙门)에 조성했다. 윈
강석굴은 1,500년간 방치되면서 지질 변화와 풍화작용을 거치며 많은 손상
을 입었으나 1955년 윈강석굴 특별관리청을 설립해 지금까지 보호 및 복구
에 힘쓰고 있다.

중국 3대 석굴 중 하나인 윈강석굴

중국 불교의 4대 명산 중 하나인 우타이산

우타이산(五台山)

우타이산은 신저우에 있으며, 국가지정 ＡＡＡＡＡ(5A)급 관광명승지이자 유네스코 세계문화유산이다. 중국 불교의 4대 명산 중 하나로 북위, 당, 송, 원, 명, 청 등 6개 왕조를 거치며 건립된 53개의 사찰이 있다. 이곳은 불교의 성지답게 타위안사원(塔院寺), 셴통사원(显通寺), 난찬사원(南禅寺)과 같은 유서 깊은 사원이 자리 잡고 있다. 한편 신라의 혜초(慧超)가 이 산의 건원보리사(乾元菩提寺)에서 여생을 보낸 것으로 알려져 있다.

황성 상부(皇城相府)

    황성 상부는 진청에 있으며, 국가지정 AAAAA(5A)급 관광지이다. 황성 상부는 청나라 강희제 시기의 유명한 재상 진정경(陈廷敬)의 저택으로, 상부에서 '상'은 재상 또는 승상을 의미하고 '부'는 관청 또는 관료가 머무는 집을 의미한다. 본래 이곳의 이름은 중도장(中道庄)이었으나 강희제가 이곳에서 두 번 머무른 이후로 황성이라고 불리게 되었다.

    앞서 설명한 관광지 외에도 북악이라고 불리는 헝산(恒山), 진(晋)나라가 황실의 사원으로 이용했던 진츠(晋祠) 등의 관광지가 있다.

황성 상부의 전경

■ 대표 음식

산시성 요리는 진차이(晋菜)라고도 불린다. 이 지방 음식의 특징은 식초를 많이 사용하는 것인데, 우스갯소리로 식초를 좋아하지 않는 자는 산시성 사람이 아니라고 할 정도이다. 또한 산시성은 중국의 대표적인 면 요리의 고장으로 다양한 면 요리가 발달했다.

도삭면(刀削面)

도삭면

도삭면은 중국의 10대 국수 중 하나로, 커다란 밀가루 반죽을 어깨 위에 올리고 철판 모양으로 생긴 도삭면 전용 칼로 썰어 육수에 넣고 끓이는 요리이다. 도삭면의 기원은 원나라로 거슬러 올라간다. 당시는 한족의 반란을 걱정해 무기류 소지를 금하며 10가구당 1개의 부엌 칼만 사용하게 할 정도로 강한 규제를 하던 시기였다. 칼이 없으면 국수를 만들 수 없었던 사람들은 칼 대안으로 철판 모양의 도구를 사용하기 시작했고 의외로 면의 식감이 좋아 산시성을 대표하는 요리로 자리 잡았다고 한다.

요우미엔카오라오라오(莜面栲栳栳)

요우미엔카오라오라오는 직역하면 '바구니 귀리면'인데 줄여서 카오라오라오라고 부르기도 한다. 껍질채 갈아 만든 귀리 가루를 반죽하여 쪄 낸 후 다양한 소스를 얹어 먹는 요리로 산시성을 대표하는 별미로 유명하다.

요우미엔카오라오라오

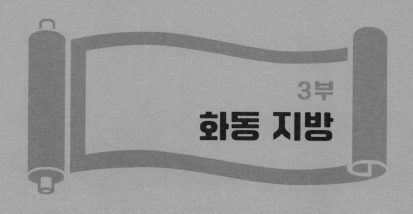

3부
화동 지방

06.
안후이성(安徽省)

삼국지 조조의 고향

투산 풍경구

고 후이저우

산허고전

차이스지

천당채   만불호   차오후   팡터

텐주산

주화산   롱촨경구

환남고촌락   황산

- **약칭** 환(皖, 완)
- **성도** 허페이(合肥)
- **면적** 140,100km²
- **인구** 약 6,100만 명(인구 순위 9위)
- **민족 비율** 한족 : 99.3%, 후이족 : 0.57%, 몽골족 : 0.02%, 만주족 : 0.01%

■ 행정구역

[16개 지급시] : 허페이(合肥), 우후(芜湖), 벙부(蚌埠), 화이난(淮南), 마안산(马鞍山), 화이베이(淮北), 퉁링(铜陵), 안칭(安庆), 황산(黄山), 추저우(滁州), 푸양(阜阳), 쑤저우(宿州), 루안(六安), 보저우(亳州), 츠저우(池州), 쉬안청(宣城)

안후이성은 동쪽으로 장쑤성, 서쪽으로 후베이성, 북쪽으로 허난성, 남쪽으로 저장성, 장시성과 경계를 맞대고 있다. 안후이라는 명칭은 청나라 강희제 시대의 주요 도시인 안칭부(安庆府)와 후이저우부(徽州府)에서 한 글자씩 따온 것에서 유래했다.

■ 역사

중국 고대 왕조 상나라 시기에는 안후이성 일대에 동이(东夷)라고 불리는 원주민들이 거주했다. 이후 춘추전국시대에 접어들면서 진나라가 후베이성을 거점으로 하던 초나라를 공격해 영토를 빼앗자 초나라 난민들이 안후이성 일대로 이동하며 안후이성의 인구가 증가하기도 했다. 진나라가 천하를 통일하며 안후이성도 진나라에 예속되었으나 머지않아 한나라가 집권하면서 안후이성에는 양주(扬州), 예주(豫州)라는 행정구역이 설치된다.

후한 말에는 군벌 원술이 지금의 화이난을 거점으로 제위에 올랐으나, 화이베이의 조조에게 패배한다. 이후 삼국시대가 도래하면서 안후이성의 북쪽은 조조의 위나라가 남쪽은 손권의 오나라가 양분해서 끊임없이 경쟁한다. 진나라가 통일한 후 북방 유목 민족이 중국의 북쪽을 차지하고 진나라는 남쪽 지역으로 밀려나며 여러 나라로 나뉜다. 이때 안후이성은 북방 유목 민족과 한족 왕조들에 의해 남북으로 나누어 통치된다.

남북조 시대가 끝나고 수나라, 당나라로 이어지는데, 당나라 시기에는 통일 신라에서 온 왕자 김교각이 안후이성 구화산에 입적하는 일도 있었다. 당나라 이후 송나라가 건국됐으나 여진족이 세운 금나라에 의해 한족들은 강남 지역으로 밀려난다.

이후 명나라 시대에 안후이성은 명나라의 수도 난징과 인접해 있는 지리적 특성으로 인해 남직예(南直隷)[16]에 속했다. 명나라가 멸망하고 청나라 시기에 명나라가 만들었던 직예를 폐지하고 안후이성과 장쑤성 일대에 강남성(江南省)을 설치했고 이후 강남성을 장쑤성과 안후이성으로 분할하면서 지금의 안후이성이 만들어졌다.

청나라가 멸망하고 중화민국이 지배했던 시기도 있으나 국공내전을 거쳐 1949년 안후이성은 중화인민공화국의 영토에 들어왔고 초기에 양쯔강을 기준으로 완베이(皖北)와 완난(皖南)으로 나뉘었다가 1952년 다시 안후이성으로 통합되어 지금에 이르고 있다.

■ 지리 및 기후

안후이성의 북부는 화베이 평원에 속하고 남부는 산과 구릉이 많다. 중부는 화이허를 나누는 분수계여서 평탄한 지형을 가지고 있다.

안후이성의 기후는 화이허를 기준으로 북쪽은 온대 기후, 남쪽은 아열대 기후라고 볼 수 있다. 연평균 기온은 14~17℃이고 1월 평균 기온은 1~4℃, 7

---

16) 명나라 시대에는 수도인 경사(京師)의 직접 관할 지역을 직예라고 칭하였다. 남직예는 지금의 장쑤성, 안후이성, 상하이 등을 포함하였다.

월 평균 기온은 28~29℃이다. 연평균 강수량은 770~1,700mm이며 화이허 남쪽은 비가 많이 내리고 북쪽은 남쪽에 비해 강수량이 적은 편이다.

■ 경제

2020년 기준 안후이성의 GDP는 3조 9,000억 위안(한화 약 717조 6,390억 원), 1인당 GDP는 63,000위안(한화 약 1,158만 원)을 기록했다.

안후이성에는 유명한 두 강 양쯔강과 화이허가 있다. 양쯔강 유역은 논농사 지역으로 쌀, 콩 등을 생산하고 화이허 유역은 옥수수, 수수, 조 등을 생산한다. 남부 산간 지역에서는 차의 생산이 활발한데 대표적인 차로 육안과편과 기문 홍차가 있다.

안후이성은 천연자원이 풍부한 지역으로 마안산 철광석, 화이난 석탄, 퉁링 구리가 유명하며 이 중 화이난 지역의 석탄 매장량은 100억 톤에 달한다. 안후이성에 기반을 두고 있는 대표 기업은 우후(芜湖)의 체리자동차(奇瑞汽车)가 있다. 체리자동차는 중국의 자동차 기업 중에서 해외 시장 진출에 가장 적극적인 기업으로 평가받고 있다.

■ 교육

안후이성에는 총 113개의 대학이 있다. 이 중 985공정에 포함된 학교는 중국의 KAIST라고 할 수 있는 중국과학기술대학교(中国科学技术大学)가 있으며 211공정에 포함된 학교는 안후이 대학교(安徽大学), 허페이 공업대학교(合肥工业大学)가 있다.

■ 교통

안후이성은 예전부터 중원에서 강남으로 향하는 요충지였고 현재도 교통 요충지 역할을 이어가고 있다. 안후이성 도로의 총 길이는 20만km에 달하며 이 중 고속도로는 약 5천km이다. 철도 교통도 육로와 마찬가지로 중국 동부의 주요 도시들과 내륙을 연결하고 있다. 한편 양쯔강과 화이허가 안후이성을 통과하고 있어서 내륙 수운 교통도 발달했는데 수로는 성내 시현(市县)의 81%를 연결하고 있다. 대표적인 항구로 퉁링항(銅陵港)이 있다.

안후이성에는 6개의 민간공항이 있다. 이 중 가장 규모가 큰 곳은 허페이신차오국제공항(合肥新桥国际机场)이다. 동방항공과 하이난항공, 남방항공을 비롯해 22개의 항공사가 중국 전역으로 운항하고 있고 국제선은 10개의 항공사가 아시아 대륙 중심으로 운항하고 있는데 한국행 노선은 중국국제항공과 대한항공이 인천행 노선을 운항하고 있다. 황산툰시국제공항(黄山屯溪国际机场)에서도 대한항공이 인천행 노선을 운항하고 있다.

■ 관광지

안후이성에는 구화산(九华山)과 황산(黄山) 등 명산이 자리 잡고 있고 고대 건축 양식을 보존한 고대 마을 등의 관광지를 포함하여 12개의 5A급 명승지가 있다.

시디홍춘(西递宏村)

시디홍춘은 황산시에 있으며, 국가지정 AAAAA(5A)급 관광명승지이자 유네스코 세계문화유산이다. 시디홍춘은 시디춘(西递村)과 홍춘(宏村)을 합

홍춘의 풍경

처서 부르는 말이다. 두 마을 모두 1,000년가량의 역사를 가진 명·청 시대의 건축 양식을 유지하고 있으며 옛 도시 후이저우(徽州)의 민가 양식을 간직하고 있다. 시디홍춘에는 명나라 만력제 시기에 만들어진 난호(南湖)라는 호수가 있는데 이 호수의 풍경이 아름다워서 수많은 예술가들에게 영감을 준 곳으로 유명하다.

구화산(九华山)

구화산은 츠저우시에 있으며, 국가지정 AAAAA(5A)급 관광명승지이자 국가중점풍경명승구이다. 중국 4대 불교 명산 중 하나인 구화산은 높이가 900m이고 주봉인 스왕봉(十王峰)은 1,342m이다. 지장보살의 영지인 이곳

구화산의 김교각 동상

은 당나라 때 신라의 왕자였던 김교각이 구화산에서 수행을 하면서 사찰을
건립하고 입적한 것으로 우리에게 잘 알려져 있다. 구화산에는 97m에 달하
는 김교각 스님 동상과 화성사(化成寺), 백세궁(百岁宫) 등 명나라 시대 90여
개의 사찰이 남아있다. 과거 불교가 성행하던 시기에는 300여 개의 사찰이
있었다고 전해진다. 구화산은 링양산(凌阳山), 구자산(九子山) 등으로도 불렸
으나 당나라 시인 이백(李白)이 구화산의 경치를 보고 작성한 시 '她有分二
气，灵山开九华'에서 구화산이라고 칭하며 지금의 이름을 갖게 됐다.

황산(黄山)

황산은 황산시에 있으며, 국가지정 AAAAA(5A)급 관광명승지이자, 세
계자연유산, 세계지질공원이다. '중국의 가장 아름다운 산'으로 불리는 황산
은 오악보다 더 높이 평가받기도 한다.

1억 년 전 일어난 지각운동으로 이곳에 있던 바다가 사라지면서 여러 봉

우리와 석회질 모래사장 등 카르스트 지형이 나타난 황산에는 약 1,650종에 이르는 식물과 300여 종에 이르는 동물들이 서식하고 있다. 이 중에는 히말라야 원숭이, 히말라야 곰, 구름무늬 표범, 천산갑, 황새와 같은 국가 보호종이 있다. 황산의 최고 높이는 1,864m에 이르지만 케이블카, 계단 등으로 길이 정비되어 일반인도 쉽게 오를 수 있다.

산허 고전(三河古镇)

산허 고전은 허페이시에 있으며, 국가지정 AAAAA(5A)급 관광명승지이자 중국 역사문화도시 중 하나이다. 3개의 하천 펑러허(丰乐河), 항부허(杭埠河), 샤오난허(小南河)가 마을을 끼고 흐르고 있어서 산허 고전이라는 이름이 붙여졌는데, 춘추시대 때부터 주요 도시 역할을 해왔다.

황산의 아름다운 풍경

옛 건축물과 좁은 골목 사이로 유명 상점들이 즐비한 구시제(古西街), 송나라 시대에 건설되어 근처 3개의 현(县)을 연결하는 다리인 삼현교(三县桥), 사람 한 명이 겨우 다니는 골목인 일인강(一人巷) 등의 명소가 있다.

산허고전을 끼고 흐르는 하천에서 배를 타고 관광할 수 있다

이 관광지 외에도 안후이성에는 과거 삼국시대 조조의 위나라가 축조한 성과 유적이 남아있는 삼국유적공원과 당나라 시대부터 이어져 오고 있는 후이저우 문화관광구 등의 관광지가 있다.

■ **대표 음식**

안후이성 요리는 후이차이(徽菜)라고도 불린다. 안후이성은 내륙에 위치하지만 화이허, 양쯔강 등 하천이 있어서 민물고기가 주재료로 등장하고 자라 등의 특이한 식재료도 만날 수 있다.

주훙무두부(朱洪武豆腐)

주훙무두부는 기름기가 적고 식감이 좋으며 달기도 하면서 새큼한 맛이 일품이다. 봉양양두부(凤阳酿豆腐)라고 불리기도 하는데 명나라의 초대 황

제 주원장이 매우 좋아했던 요리로 유명하다. 주원장은 어렸을 때 봉양성이라는 지역에서 살았는데 매우 가난했다고 한다. 당시 두부 한 조각을 구걸해 먹었는데 그 맛을 평생 잊지 못해 황제가 된 후 봉양성의 두부 요리사를 찾아 궁으로 불러 요리를 만들게 했고 이후 이 두부는 궁중 요리가 되어 지금까지 이어지고 있다.

후이저우도우황궈(徽州豆黄馃)

후이저우도우황궈는 노란빛을 띠며 식감이 바삭바삭하고 특별한 풍미가 있다. 밀가루 반죽 안에 다양한 속 재료를 넣어 두께가 균일한 떡으로 만들어서 위에 검은깨를 뿌리고 굽는 요리로, 떡 위에 둥근 돌을 놓고 굽는 특이한 조리법으로 유명해졌다.

육안과편(六安瓜片), 기문홍차(奇门红茶)

육안과편은 중국 10대 명차 중 하나이다. 루안시 다비에산(大別山)에서 생산되는 녹차로, 평평하고 넓적한 모양이 해바라기 씨와 비슷해서 과편이라는 이름이 붙었다. 육안과편은 달달한 끝 맛과 진하고 단 밤 향이 매력적이다.

기문홍차는 기홍차라고도 불리며 세계 3대 홍차로 유명하다. 맛이 부드러우며 와인향과 함께 약간의 훈연향도 난다고 한다. 세계적으로도 인기가 많은데 영국 왕실에서 즐겨 마시는 것으로 알려져 있다.

07.
푸젠성(福建省)

중국 최초의 개항지

우이산

백수양 - 원앙계

태모산

태녕

푸탄산

삼방칠항

구텐

마주문화

청원산

푸젠 토루

구랑위

- **약칭** 민(閩)
- **성도** 푸저우(福州)
- **면적** 124,000km²
- **인구** 약 4,100만 명(인구 순위 15위)
- **민족 비율** 한족 : 98.28%, 서족 : 1.1%, 후이족 : 0.32%, 투자족 : 0.08%

■ 행정구역

[9개 지급시] : 샤먼(厦门, 부성급시), 푸저우(福州), 룽옌(龙岩), 난핑(南平), 닝더(宁德), 푸톈(莆田), 취안저우(泉州), 싼밍(三明), 장저우(漳州)

푸젠성은 북쪽으로 저장성, 서쪽으로 장시성, 남쪽으로 광동성과 경계를 맞대고 있다. 푸젠이라는 명칭은 송나라 시대에 푸젠로(福建路)라는 행정구역을 설치하면서 처음 등장했다는 설이 있다. 당시 주요 도시였던 푸저우(福州)와 젠닝(建宁)에서 한 글자씩 가져와 푸젠이라고 칭했다고 한다.

■ 역사

춘추전국시대 푸젠성 일대는 월나라가 점령했고 이후 항우의 초(楚)나라에 의해 멸망하고 한(汉)나라에 통합된다. 한나라가 멸망하고 삼국시대에 들어서면서 푸젠성은 손권의 오(吴)나라가 통치한다.

사마의의 서진 이후 중국이 여러 나라로 나뉘고 전쟁이 잦아지자 중국 북부의 중원에서 많은 한족이 푸젠성 지역으로 이주하는데 이때 이주한 한족들이 객가(客家)라는 한족의 일파가 된다. 이후 당나라 시대에 푸젠경략사(福建经略使)가 이 지역에 세워지는데 푸젠이라는 명칭이 이때 처음 등장했다고 주장하는 학자도 있다.

한편 원나라 시기에는 취안저우(泉州)가 국제적 항구로 발전했으며, 당시 중국에 17년간 머물렀던 마르코 폴로 여행기에서 취안저우는 세계 최대의 항구라고 소개한다. 당시 취안저우는 교역이 활발했고 많은 외국인이 거주하기도 했다. 외국인 중 대부분은 색목인이라 불리는 아라비아인들이었다.

명나라 때 일본의 해적이 소란을 피우자 명나라 정부는 해금(海禁)령을 선포하였고 푸젠성의 해상 활동에도 큰 영향을 미쳤다. 이후 명나라 말기에 정성공(鄭成功)이 푸젠성과 타이완 섬 일대에 정씨왕국(郑氏王国)을 세우고 저항하기도 했다. 청나라 시기에는 해금 정책이 더욱 강력해져 해안의 마을을 강하게 통제하고 이미 바다에 나간 주민들은 매국노 취급을 했다. 청나라 시기 해외로 나간 푸젠성 출신 화교가 많아진 것도 이런 이유이다.

이후 청나라와 영국 간에 아편전쟁이 발발하고 청나라는 전쟁에서 패배해 1842년 난징 조약이 체결되면서 푸저우(福州)와 샤먼(厦门)을 항구로 개항하게 된다.

청나라가 멸망하고 푸젠성 일대는 중화민국의 군벌들이 통치하고 있었으나 1937년 중일전쟁이 발발하고 푸젠성의 주요 항구들을 일본군에 의해 점령당하기도 했다.

중일전쟁이 끝나고 1945년 국공내전이 발발했는데 4년간의 전쟁 끝에 공산당이 승리함에 따라 국민당이 타이완으로 물러났다. 공산당이 건국한 중화인민공화국이 푸젠성 대부분을 차지했으나 푸젠성의 해안 일부 도서를 점령하지 못해 일부 도서는 중화민국의 영토로 남아있다. 이로 인해 푸젠성은 중국에서 유일하게 분단된 영토라고 할 수 있다. 이후 1958년 푸젠성에서 중국과 타이완의 진먼 포격전이 발발하는 등 영토 분쟁이 있기도 했다.

▪ 지리 및 기후

푸젠성은 '80%가 산이고 10%가 물이고 나머지 10%가 밭이다(八山一水一

分田'라는 말이 있을 정도로 산이 많다. 높은 산은 서북쪽에 집중되어 있고 동쪽 해안가는 대체로 낮은 지형이다. 최고봉이 2,158m인 황강산(黃崗山)도 푸젠성 서북부에 있다.

기후는 전반적으로 아열대 습윤 기후에 속하며 연평균 기온은 17~21℃이고 1월 평균 기온은 11℃, 7월 평균 기온은 28℃이다. 여름에는 무더위가 지속되며 상하이나 난징의 여름보다 덥다. 강수량은 중국 다른 지역에 비해서 많은 편으로, 연평균 강수량이 1,400~2,000mm 정도이며 봄과 여름에 집중된다.

■ 경제

2020년 기준 푸젠성의 GDP는 4조 4,224억 위안(한화 약 815조 2,700억 원), 1인당 GDP는 10만 7,139위안(한화 약 1,974만 원)을 기록했다. 푸젠성은 개혁·개방 이후 빠르게 발전했고 현재 중국 내 GDP가 가장 높은 광동성을 이미 넘어선 수준이다.

푸젠성은 영토의 대부분이 산이라서 경작할 수 있는 땅이 매우 부족하다. 이 중 80% 정도는 쌀농사를 짓는데 기후적 특성을 살려 이모작, 삼모작을 하고 있다.

외국 자본이 푸젠성에 들어오게 되면서 기술, 설비 분야의 비약적 발전을 이루었고, 샤먼 경제특구(厦门经济特区), 마웨이 경제기술개발구(马尾经济技术开发区), 옌하이 경제개발구(沿海经济开放区), 타이상 투자구(台商投资区)가 설립되었다. 또한 과거 푸젠성의 최대 항구였던 취안저우시(泉州市)가 현재

일대일로(一帶一路) 정책17에서 해상 실크로드의 개발 시작점으로 선정되기
도 했다.

■ 교육

푸젠성에는 총 89개의 대학이 있다. 이 중 985공정에 포함된 학교는 샤
먼대학교(厦门大学)이고 211공정에 포함된 학교는 샤먼대학교와 푸저우 대
학교(福州大学)이다.

■ 교통

푸젠성은 산지가 많은 지리적 특성으로 발전이 더디었지만, 중화인민공
화국이 건국되고 도로, 철도 건설에 많은 노력을 기울인 결과 현재 푸젠성
도로의 총 길이는 100,000km가 넘는다. 한때 '문화대혁명'이 발생하며 도로
건설 위기에 봉착했으나 이후 빠르게 회복하며 성 전역과 주요 산업, 항구
까지 도로가 연결되어있다.

푸젠성에는 6개의 민간공항이 있다. 이 중 가장 규모가 큰 곳은 푸저우창
러국제공항(福州长乐国际机场)과 샤먼가오치국제공항(厦门高崎国际机场)이
다. 이 중에서 샤먼가오치국제공항에서는 샤먼항공과 동방항공 등 16개의
항공사가 중국 전역으로 운항하고 있고 국제선은 대한항공과 샤먼항공 등

---

17) 중국 건국 100주년이 되는 2049년까지 중화 진흥을 실현하기 위한 중국의 기본 대외노선 정책이
다. 아시아부터 유럽까지 이어지는 중화경제권 건설을 위한 전략으로, 시진핑이 중앙, 동남아시
아 방문 시 육상 신 실크로드(一帶)와 해상 신 실크로드(一路) 구축을 제의한 것을 계기로 중국 국
가정책으로 부상하였다.

13개의 항공사가 동아시아와 네덜란드까지 운항하고 있으며 한국행 노선은 인천, 제주도행 노선이 있다. 푸저우창러국제공항도 중국 전역과 동아시아와 동남아시아, 미국 등으로 운항하고 있다.

■ **관광지**

푸젠성에는 모든 시와 구에 5A급 관광지가 있을 정도로 관광자원이 풍부하다. 수려한 자연 경관과 독특한 건축물들로 관광객의 발길이 끊이지 않는다.

푸젠 토루(福建土楼)

푸젠 토루는 장저우시에 있으며 국가지정 AAAAA(5A)급 관광명승지이자 전국중점문물보호단위, 유네스코 세계문화유산이다. 푸젠 토루는 12세기 북방 이민족의 침입을 피해 남쪽으로 내려온 한족의 일파인 하카(客家)족

푸젠성의 집단주택 토루

에 의해 지어진 일종의 거대한 공동주택이다. 토루는 중앙 공간이 비어있는 원형 또는 사각형 구조이고 3층이거나 5층으로 구성된다. 1층은 부엌과 식당, 2층은 창고, 3층부터는 주거를 위한 공간이다.

건물 벽은 두께가 1m에 달하는데 과거 외부의 침입에 대비한 결과물이다. 푸젠성에는 약 3만 5천여 개의 토루가 있으며, 그중에서 46개가 유네스코 세계문화유산에 등재되었다. 관광객들이 가장 많이 찾는 토루는 난징토루(南靖土楼)와 용딩토루(永定土楼)이다.

구랑위(鼓浪屿)

구랑위 전경

구랑위는 샤먼시에 있으며, 국가지정 ＡＡＡＡＡ(5A)급 관광명승지이자 전국중점 문물보호단위이다. 샤먼에 속해 있는 작은 섬 구랑위는 난징조약 이후 조계지로 개방되면서 서양 각국의 영사관과 부호들의 주택이 건립되었고 이국적인 풍경을 지니게 되었다. 작은 백악관으로 불리는 바과로우(八卦楼)가 유명하며 중국 유일의 피아노 박물관이 있어서 '피아노의 섬'으로 불리기도 한다.

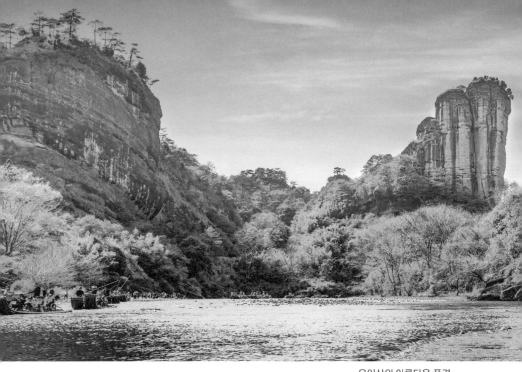

우이산의 아름다운 풍경

우이산(武夷山)

우이산은 장시성과 푸젠성의 경계에 있으며, 국가지정 AAAAA(5A)급 관광명승지이자 국가자연보호구역이다. 중국 전설에 의하면 요(堯)임금 시대에 팽조(彭祖)가 우이산에 은거하고 있었는데, 팽조의 아들들인 팽무(彭武)와 팽이(彭夷)가 홍수로 인해 피해 받은 주민들을 위해 아홉 굽이의 강을 파서 물길을 냈다고 한다. 이 아홉 굽이의 강을 주취시(九曲溪)라고 부른다. 우이산이라는 이름도 팽무와 팽이의 이름에서 유래한 것이다. 우이산은 구이린과 비견되는 명승지로 중국인이 평생에 한 번은 꼭 가봐야 하는 명소로 꼽힌다. 우이산에는 주취시와 더불어 수롄동(水帘洞) 동굴, 톈유봉(天游峰) 등의 볼거리가 있다.

구톈회의 기념관(古田会议会址)

구톈회의장의 풍경

구톈회의 기념관은 룽옌시에 있으며, 국가지정 AAAAA(5A)급 관광명승지이다. 구톈회의장은 원래 청나라 때 사원으로 건축되었던 곳인데 1917년 초등학교로 용도가 변경되었다. 1929년 4월에는 중국 공산당이 푸젠성 구톈에 입성하며 슈광초등학교(曙光小学)로 이름을 변경한다. 같은 해 12월 이곳에서 중국 공산당 홍군 제4군 9차 대회를 개최했다.

이후 공산당이 떠나고 방치되었던 건물을 복원하고 1970년에는 본래의 건물 근처에 구톈회의 기념관도 설립했으며 장쩌민(江泽民), 후진타오(胡锦涛), 리커창(李克强), 시진핑(习近平) 등 중국 고위 인사들이 방문하기도 했다. 구톈회의 기념관에는 구톈회의 당시의 모습과 마오쩌둥(毛泽东)의 사무실을 재현해 놓았다. 2019년에는 구톈회의 90주년 행사를 개최하기도 하는 등 이곳을 공산당의 주요 유적지로 보존하고 있다.

지금까지 소개한 관광지 외에도 송나라 왕족의 집성촌으로 유명한 조가보(赵家堡)와 아름다운 자연 풍경이 있는 샤푸 양자시(霞浦杨家溪) 등의 관광지가 있다.

■ **대표 음식**

푸젠성 요리는 민차이(閩菜)라고도 불리며, 주재료로 해산물을 이용하고 맛이 담백한 특징이 있다. 맛이 하나에 치중되지 않고, 달고 시고 짜고 향기로운 맛의 조화를 중요시한다.

불도장(佛跳墻)

불도장은 사슴 힘줄, 오골계, 멧 돼지 등심, 목살, 죽순, 인삼, 송이 버섯, 샥스핀, 전복 등의 고급 재 료가 들어간 호화로운 보양식으로 유명하다. 한 그릇의 가격이 5~7 만 원이 기본이고 고급 식당에서 는 10만 원을 넘기도 한다.

중국 최고의 보양 음식 불도장

지엔자오만위(煎糟鰻魚)

지엔자오만위는 장어를 주재료로 사용해 기름에 전 부치듯이 하는 요리로, 향이 약간 독특하지만 육질이 부드럽고 맛이 담백하다.

철관음(鉄観音)

철관음은 취안저우시 안시현에서 생산되는 우롱차의 한 품종이며 중국의 10대 명차에 속한다. 40% 정도 발효도를 유지하는 반발효차로 달달한 과일 향과 부드러운 단맛이 특징이다. 한때 위음차(魏蔭茶)라고 불리기도 했는데, 차를 재배하는 어느 사람의 꿈에 관세음보살이 나타나 '당신이 재배하

고 있는 차는 사람들의 병을 고쳐주는 차이니 위음차라고 불러라' 라는 말이
전해지면서 그렇게 불렸다고 한다. 지금의 철관음이라는 이름은 찻잎의 모
양이 관음(观音)과 같고 무겁기가 철(铁)과 같다 하여 붙여졌다.

08.
장쑤성(江苏省)
중국 역사 속 강남(江南)의 중심

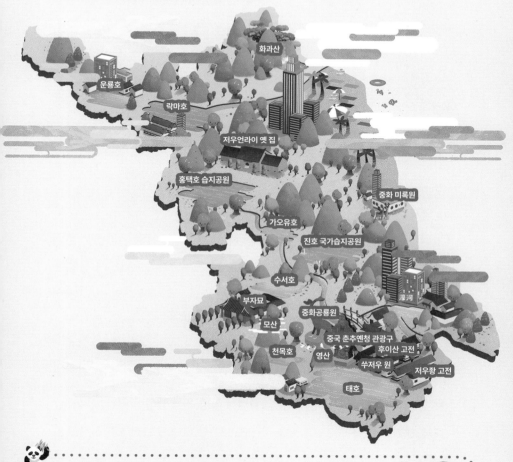

- **약칭** 소(苏, 쑤)
- **성도** 난징(南京)
- **면적** 107,200km²
- **인구** 약 8,400만 명(인구 순위 4위)
- **민족 비율** 한족 : 99.5%, 후이족 : 0.18%, 먀오족 : 0.03%, 투자족 : 0.02%

■ 행정구역

[13개 지급시] : 난징(南京, 부성급), 쉬저우(徐州), 창저우(常州), 쑤저우(苏州), 난통(南通), 롄윈강(连云港), 화이안(淮安), 옌청(盐城), 양저우(扬州), 전장(镇江), 타이저우(泰州), 쑤첸(宿迁)

장쑤성은 서쪽에는 안후이성, 북쪽으로 산동성, 남쪽으로 저장성, 상하이와 경계를 맞대고 있다. 장쑤라는 이름의 유래는 장쑤성의 역사 중심 도시인 장닝(江宁, 난징의 옛 이름)과 쑤저우(苏州)에서 한 글자씩 가져온 것이다.

■ 역사

고대 국가 주나라 시기 장쑤성 일대에 세워진 오나라는 한때 강국으로 떠올랐으나 이후 월나라에 의해 멸망한다. 월나라는 전국시대 초나라에 점령당하고 진시황의 진나라가 천하를 통일하면서 중원의 역사에 편입된다. 한나라 건국 후 장쑤성 이북에는 서주(徐州), 이남에는 양주(扬州)라는 행정구역이 설치된다. 하지만 한나라 시대에도 장쑤성은 정치, 경제 등 모든 방면에서 불모지에 불과했다.

이후 위진남북조, 남북조 시대를 거치면서 북방 유목 민족이 중원 지역에 나라를 세웠고 한족이 강남으로 밀려나며 장쑤성 일대는 발전하기 시작했다. 581년 수나라가 400년 만에 천하를 통일하면서 수양제는 강북과 강남을 잇는 대운하를 건설했고 이 덕분에 경제적으로 크게 발전할 수 있었다. 송나라가 건국되면서 상인 계층의 활동이 활발해지고 시장 경제가 등장하면서 장쑤성이 교역의 중심지로 떠오른다. 여진족이 중원으로 유입되고 송나라가 강남 지역으로 밀려나면서 화이허 이남 지역이 중원을 대신해 한족의 중심지가 된다. 이때 발전한 쑤저우, 양저우와 같은 도시들은 지금도 중국에서 부유한 지역으로 유명하다.

이후 명나라 주원장은 장쑤성의 난징을 명나라 초기의 수도로 삼았다. 영락제 시기에 수도를 베이징으로 옮겼으나 이미 강남 지역의 경제력은 강북 지역을 넘어섰고 난징은 제2의 수도로 대우받는다. 당시 장쑤성 일대에는 남직예라는 행정구역이 설치된다. 이후 청나라는 남직예를 폐지하고 장난성(江南省)으로 명칭을 변경했으며, 청 순치제 시기에 지금의 장쑤성으로 명칭을 변경한다.

근대에 들어와 장쑤성 일대는 태평천국 운동의 중심지가 됐고 난징은 아편전쟁 이후 맺어진 난징조약으로 개항한 상하이의 배후 도시로 활약했다. 1937년 중일전쟁이 발발하고 같은 해 12월 일본군은 끔찍한 전쟁 범죄인 난징대학살을 자행한다. 1945년 일본이 패망하고 국공내전이 발발했는데 국민당은 공산당에게 계속해서 밀려 장쑤성에서도 물러나게 되고 수도 난징마저 함락당해 서쪽으로 후퇴하다 타이완으로 정부를 옮겨 지금의 정치 체제를 완성했다.

■ **지리 및 기후**

장쑤성은 비옥한 퇴적층이 많고 평야가 전체 면적의 68%를 차지한다. 대부분 지역이 해발고도 50m 이하이며 호수와 강이 매우 많다. 수나라 시대에 건축된 대운하의 영향으로 장쑤성의 대표 도시 중 하나인 쑤저우는 동양의 베니스라고 불린다.

장쑤성은 온대와 아열대 계절풍 기후에 속해 있다. 연평균 기온은 13~16℃이며, 1월 평균 기온은 -2~4℃, 7월의 평균 기온은 26~30℃로 연교차가 크게 나는 편이다. 연평균 강수량은 704~1,250mm이며 남쪽 지방이 북쪽보다 강수량이 많다. 비가 많이 내리는 6월과 7월을 메이위(梅雨, 중국의 장마)라고 부른다.

■ **경제**

2020년 기준 장쑤성의 GDP는 10조 2,719억 위안(한화 약 1,893조 8,300억 원)으로 중국 전체에서 2위를 차지했고 1인당 GDP는 127,300위안(한화 약 2,300만 원)으로 중국에서 1인당 GDP가 10만 위안을 넘는 5개 성 중 하나이다.

장쑤성은 비옥한 평야와 관개 시설을 바탕으로 쌀 및 보리농사를 주로 짓는다. 또한, 당·송 시대부터 중국의 주요 실크 생산지였다. 비옥한 토지와 실크 산업을 바탕으로 장쑤성은 수공업과 상업이 발전했다.

한편 지하자원은 적어 광업의 발전은 더딘 편이다. 근대에는 수공업과 농업이 장쑤성의 중심이었다면, 중화인민공화국 건국 후에는 건축업 등이 발전하기 시작했으며 개혁개방 이후로는 전기 전자, 하이테크 산업이 발전했다. 쑤저우의 중국 싱가포르 공업단지는 외국의 많은 기업이 입주해있고 우리나라의 삼성과 포스코도 입주해있다. 이외에도 쑤저우시에는 중국의 버스 제조업체인 하이거(海格客车)가 있고 옌청에는 기아자동차와 현대 모비스 등의 대기업이 입주해있다.

중국 국무원은 2016년 9월 장강경제벨트 개발 계획을 발표하며 급속한

발전으로 인한 양쯔강의 환경 오염에 대한 환경 보호 및 복원 계획과 교통, 산업 전환에 대해 발표했다. 장강경제벨트는 동부 해안에 위치한 상하이부터 내륙의 쓰촨성까지 양쯔강의 발전된 수로 교통을 이용해 물적, 인적 자원의 배분을 하고 시장 발전을 이루겠다는 계획이다.

■ 교육

장쑤성은 중국 전역에서 가장 많은 대학이 있는 지역으로 총 167개의 대학이 있다. 이 중 985 공정에 포함된 학교는 난징대학교(南京大学)와 동남대학교(东南大学)이다. 211공정에 포함된 학교는 총 11곳으로 중국광업대학교(中国矿业大学), 쑤저우대학교(苏州大学), 난징항공대학교(南京航空大学), 난징이공대학교(南京理工大学), 허하이대학교(河海大学), 강남대학교(江南大学), 난징농업대학교(南京农业大学), 중국약과대학교(中国药科大学), 난징사범대학교(南京师范大学)가 있다. 예로부터 장쑤성 지역이 과거 시험 합격자를 많이 배출하는 것으로 유명했는데, 현재도 장쑤성 출신 수재들이 그 명성을 이어가고 있다.

난징대학교

■ 교통

장쑤성은 앞서 말했듯이 수나라 때 건설된 대운하 덕분에 내륙 수운 교통
이 매우 발전했다. 내하의 항로 길이는 2만 3,899km에 이르며 중국 전역에
서 가장 긴 규모를 가지고 있다. 수로만을 이용해서 장쑤성 95% 이상의 시
현으로 진입이 가능할 정도이다. 장쑤성에서 가장 큰 하천 항구는 난징항(南
京港)이고, 동부 연안에 위치하여 외국으로 출입이 가능한 대표적인 항구는
롄윈강(连云港)이다.

장쑤성에는 9개의 민간공항이 있다. 이 중 가장 규모가 큰 곳은 난징루커
우국제공항(南京禄口国际机场)이다. 동방항공과 남방항공을 비롯해 27개의
항공사가 중국 전역으로 비행기를 운항하고 있고 국제선은 33개의 항공사
가 아시아와 러시아를 중심으로 운항하고 있으며 한국행 노선은 상하이항
공, 아시아나항공, 대한항공, 오케이항공사 등이 인천, 부산, 제주행 노선을
운항하고 있다.

■ 관광지

장쑤성에는 명나라가 난징을 수도로 정하면서 축조한 다양한 유적이 남
아있다. 역대 황제들의 무덤과 고색창연한 성곽, 수나라 때 건설된 대운하,
아름다운 원림(園林) 등 볼거리가 즐비하다.

쑤저우 고전 원림(苏州古典园林)

쑤저우 고전 원림은 유네스코 세계문화유산에 지정되어 있다. 이곳은 춘
추전국시대 오나라 시기에 형성되고 당나라 시기에 발전하고 송나라 시기

에 성숙해지고 명·청 시기에 절정을 이루었다고 전해진다. 청나라 시기에는 170여 개의 정원이 있었는데, 이 중 현재까지 잘 보존된 정원은 60여 곳이다. 춘추전국시대부터 청나라까지 어느 시기에 지어진 정원이냐에 따라 달라지는 풍경을 관찰하는 재미가 있다.

쑤저우 고전 원림의 망사원(网师园)

난징대학살 희생자 기념관(南京大屠杀牺牲者纪念馆)

난징대학살 희생자 기념관은 국가지정 AAAA(4A)급 관광명승지이다. 중일전쟁 중이던 1937년 12월 난징에서 일본군에 의해 자행된 역대 최악의 전쟁 범죄, 민간인 대학살의 희생자를 추모하기 위해 만들어진 공간이다. 중국 통계에 따르면 난징대학살 당시 40일 동안 30만 명의 중국인이 희생되었다고 한다.

기념관 입구에는 13개의 위령비가 설치되어 있고 내부에는 희생자의 유골, 사진, 당시 사용되었던 무기, 영상 등을 전시해 놓았다. 12초마다 물방울이 떨어지는 소리가 들리는 전시장도 있는데 이는 난징대학살 당시 40일 동안 12초에 한 명꼴로 희생자들이 살해당했음을 의미하는 것이라고 한다.

저우언라이 고거(周恩来故居)

저우언라이 고거를 알리는 현판

저우언라이 고거는 화이안에 있으며, 국가지정 AAAAA(5A)급 관광명승지이자 제3차 전국중점문물보호단위이다. 이곳은 저우언라이가 그의 고향인 화이안에 거주할 당시의 생가를 보존한 곳으로 1979년 민간에 개방됐다. 저우언라이는 공산당에서 지도적 위치를 유지하면서 27년간 총리(1958년까지 외교부장 겸임)로서 국내외 중요한 여러 문제를 해결한 정치가로 현대 중국인들이 가장 존경하는 사람으로 꼽힌다. 저우언라이 고거에는 후진타오, 장쩌민 등 고위인사들이 방문했으며 1984년에는 덩샤오핑이 방문해 '저우언라이 동지의 옛집(周恩来同志故居)'이라는 명판을 새기기도 했다.

종산 풍경구(钟山风景名胜区)

종산 풍경구는 국가지정 AAAAA(5A)급 관광명승지이자 국가삼림공원이다. 난징의 성지라 불리는 이곳은 4개의 경구(景区)로 나뉘어 있는데 각각 다른 수려한 자연경관을 자랑한다. 오나라 초대 황제 손권(孙权)의 무덤, 명나라 초대 황제 주원장의 무덤인 명효릉(明孝陵), 근대 중국의 정치가 쑨원(孙文)의 무덤인 중산릉(中山陵) 등 역사적 의미도 깊은 곳이다. 이곳 산책로에는 명나라 초기에 지어진 성벽이 온전한 상태로 보존되어 있다.

종산 풍경구 입구

　　지금까지 소개한 관광지 외에도 쑤저우시의 특징을 잘 보여주는 저우좡
고대마을(周庄古镇)과 중국 3대 박물관으로 불리는 난징박물관(南京博物馆)
등의 명소가 있다.

■ 대표 음식

　　장쑤성 요리는 쑤차이(苏菜)라고도 불리며, 상하이와 지리적으로 가깝기
때문에 중국 4대 요리로 불리는 상하이 음식과 비슷한 특성이 있다. 요리는
대체로 담백하여 강한 짠맛이나 매운맛이 없는 게 특징이다.

난징 오리 요리(盐水鸭)

난징 오리 요리는 남북조 시대에 전쟁이 발발했을 때 홍수까지 발생해 식량이 부족해지자 백성들이 국가를 지켜야 한다는 마음으로 오리를 잡아 소금물에 끓여 연꽃잎에 싸서 군사들에게 제공한 것이 유래라고 한다. 이후 명나라가 난징에서 베이징으로 수도를 옮길 때 이 요리도 함께 전파되어 지금의 베이징 카오야로 변형되었다.

지탕주간스(鸡汤煮干丝)

지탕주간스는 장쑤성 10대 요리 중 하나로, 청나라 건륭제가 양쯔강 남쪽을 방문했을 때 지방 관리들이 현지 식당의 우수한 요리사들을 불러 모아 만든 요리라고 한다. 지탕주간스의 주재료는 닭고기와 건두부채, 각종 야채들인데 봄에는 죽합 맛조개, 겨울에는 산나물 등을 넣어 계절마다 다른 풍미를 즐길 수 있다.

양저우 볶음밥

양저우 볶음밥(扬州炒饭)

양저우 볶음밥은 춘추전국시대에 화이양 운하를 다니던 뱃사람들이 계란과 함께 밥을 먹었던 데서 시작되었다는 설이 있고, 옛 양저우 사람들은 점심에 먹고 남은 음식이 있으면 저녁에 요리할 때 계란을 풀어서 다진 파 등과 함께 밥을 볶아 먹은 데서 유래했다고 하는 설도 있다. 계란, 햄, 새우 외에도 죽순, 표고버섯, 닭고기, 완두콩 등을 재료로 담백한 맛이 특징인 양저우 볶음밥은 볶음밥의 명품으로 불린다.

09.
장시성(江西省)

대장정의 시작점

루산
루산 서해
파양호
구야오 민속박람구
장완 풍경구
산칭산
등왕각
구이펑
용호산
명월산
무공산
대각산
징강산
공화국요람

- **약칭** 감(贛, 간)

- **성도** 난창(南昌)

- **면적** 166.900km²

- **인구** 약 4,500만 명(인구 순위 13위)

- **민족 비율** 한족 : 99.5%, 후이족 : 0.18%, 먀오족 : 0.03%, 투자족 : 0.02%

■ 행정구역

[12개 지급시] : 난창(南昌), 지우장(九江), 샹라오(上饶), 푸저우(抚州), 이춘(宜春), 지안(吉安), 간저우(赣州), 징더전(景德镇), 핑샹(萍乡), 신위(新余), 잉탄(鹰潭)

장시성은 동쪽으로 저장성, 서쪽으로 후난성, 남쪽에는 광둥성, 북쪽으로는 후베이성, 안후이성과 경계를 맞대고 있다. 장시라는 명칭은 당나라 현종 때 강남서로(江南西路)라는 행정구역이 장시성 일대에 설치되면서 장시성이라 명명됐다.

■ 역사

장시성은 춘추전국시대에 초나라의 영토에 속해 있었으며, 이후 진나라, 한나라, 삼국시대의 오나라, 수나라, 당나라까지 중국 한족의 지배를 받았다. 원나라 말기에 주원장과 원나라의 진우량이 장시성의 파양호(鄱阳湖)에서 전투를 벌였는데, 적벽대전을 능가하는 규모의 이 전투에서 가까스로 승리를 거둔 주원장은 명나라 초대 황제 등극에 성공한다.

이후 신해혁명으로 청나라가 붕괴되자 중화민국의 군벌들이 장시성을 지배했는데, 1927년 8월 1일 공산당이 난창 봉기[18]를 일으켰고, 1929년 징강산 투쟁을 하던 마오쩌둥이 장시성으로 들어와 2년 뒤 중화 소비에트 공화국 건국을 선포한다. 그러나 1933년 장제스의 국민정부에 밀려 멸망했

---

18) 1927년 장시성 난창에서 일어난 공산주의자들의 봉기로 국민당의 반공정책에 대항한 최초의 전투이다. 난창 봉기는 실패로 돌아갔지만 공산당에서는 8월 1일을 처음으로 공산당군이 성립된 날이라 하여 건군기념일로 정하였다.

고, 마오쩌둥은 1934년 대장정[19]에 나서게 된다. 이후 중일전쟁 중 일본군에 점령당했으나, 종전 후 국민당이 되찾았고, 국공내전 이후 현재의 중화인민공화국이 점령해서 현재에 이르고 있다.

■ 지리 및 기후

장시성은 구릉지대가 대부분이며 동·서·남쪽 삼면이 산으로 둘러싸여 있고 북쪽에는 파양호 평야가 있다.

장시성의 기후는 아열대 습윤 기후로 연평균 기온이 16.3~19.5°C이다. 하지만 여름에 가장 더울 때는 기온이 40°C에 육박하기도 한다. 장시성은 중국에서 비가 가장 많이 내리는 지역 중 하나로, 연강수량은 1,300~1,900mm이다. 4~6월에 비가 집중적으로 내리며 그 외의 시기는 건기로 비가 거의 내리지 않는데 이런 극심한 강수량 분포 차이로 인해 가뭄과 홍수가 교차로 발생하기도 한다.

■ 경제

2020년 기준 장시성의 GDP는 2조 5,691억 4,900만 위안(한화 약 461조 4,192억 원), 1인당 GDP는 56,870위안(한화 약 1,021만 원)을 기록했다.

장시성은 예로부터 강남 지방의 최대 곡물 생산지였는데, 파양호 평야, 간강(贛江), 푸허강(抚河江)의 간척지 덕분에 주요 작물인 쌀 생산량이 풍부

---

19) 대장정이란 1만 5,000킬로미터에 달하는 중국 공산군(홍군)의 역사적 대행군(1934~1935)으로, 이 결과 공산당의 혁명 근거지가 중국 동남부에서 서북부로 옮겨졌으며 마오쩌둥이 확고부동한 지도자로 부상하였다.

징더전 도자기에 채색하는 제작자

하다. 또한 중국에서 두 번째로 큰 호수인 파양호의 민물어업도 주요 산업이며 지하 광물 매장량도 많아서 금, 은, 텅스텐, 구리, 철 등의 제련 산업이 발달했다.

최근에는 장시성에서 화학 산업에 투자하고 있는 가운데, 지우장이 석유화학 기지로 발전했으며, 난창에서는 비료 생산, 잉탄에서는 플라스틱 생산에 주력하고 있다.

한편 징더전의 도자기는 세계적으로 유명하다. 황실에 진상하던 도자기를 생산하며 2,000년의 유구한 역사를 자랑하는 중국 도자기의 메카, 징더전은 지금도 활발히 도자기 산업을 이어가고 있다.

■ 교육

장시성에는 114개의 대학이 있으며, 이 중 985공정에 포함된 학교는 없고 211공정에 포함된 학교는 난창대학교(南昌大學)이다.

■ 교통

장시성의 철도와 도로는 매우 잘 정돈되어있다. 철도의 운행 거리는

4,534.7km이고 고속철로는 중국에서 3위를 차지할 정도로 잘 정비가 되어 있다. 고속도로는 길이가 6,144km이고 현급 행정구역까지 고속도로가 뻗어있어 교통이 편리한 편이다.

장시성에는 7개의 민간공항이 있다. 이 중 가장 규모가 큰 곳은 난창창베이국제공항(南昌昌北国际机场)이다. 동방항공, 샤먼항공을 비롯한 항공사들이 중국 전역으로 비행기를 운항하고 있고, 국제선은 8개의 항공사가 일본 오사카와 동남아시아 국가들 위주로 운항하고 있으며, 이 중 한국행 노선은 개설되지 않았다. 2년 전 간저우황진공항(赣州黄金机场)도 국제공항으로 승격돼서 태국 파타야로 향하는 국제선 노선이 운항 중이다.

■ **관광지**

장시성에는 루산(庐山), 우이산(武夷山), 룽후산(龙虎山) 등의 명산과 세계 지질공원 등의 유명 관광지가 있다.

징강산(井冈山)

징강산은 지안에 있으며, 국가지정 AAAAA(5A)급 관광명승지이다. 추수폭동[20]이 일어난 지역으로 당시 투쟁하면서 희생했던 공산당원들의 넋을 기리는 공산당 혁명 열사 묘지

징강산의 풍경

---

20) 1927년 9월 중국 공산당이 일으킨 농민폭동. 정부군의 반격으로 진압되고, 마오쩌둥은 잔여 부대를 이끌고 징강산으로 들어간다.

가 있다. 혁명 근거지라는 유명세 외에도 폭포, 온천 및 산에 서식하고 있는 희귀 동식물을 보기 위해 해마다 많은 관광객이 찾는다.

루산 풍경구(庐山风景名胜区)

루산 풍경구는 지우장에 있으며, 국가지정 AAAAA(5A)급 관광명승지이자 세계자연문화유산에 등재됐다. 가장 높은 봉우리인 '한양봉(汉阳峰)'은 해발 1,474m인데 정상에 오르면 중국에서 2번째로 큰 호수이자 최대의 담수호인 파양호를 한눈에 내려다볼 수 있다. 정상 부근에는 표범을 포함해 많은 희귀 동식물들이 서식하고 있다.

일몰 당시의 루산 풍경구

우위안 장완 풍경구(婺源江湾景区)

우위안 장완 풍경구는 샹라오
에 있으며, 국가지정 AAAAA
(5A)급 관광명승지이다. 장완 풍
경구가 위치한 우위안현(婺源县)
은 '중국 최고로 아름다운 마을'로
불리며 현 전체가 AAA(3A)급 관
광명승지이다. 당나라 시기의 후
이저우의 유산이 고스란히 남아
당시의 건축물과 고대 마을 풍경

우위안

을 감상할 수 있다. 이곳에는 소강종사(蕭江宗祠), 북두칠성정(北斗七星井)등
의 명소가 있으며 민속춤 공연, 등불 축제, 국화차 문화제와 같은 여러 행사
도 개최되어 볼거리, 즐길 거리가 풍부하다.

장시성 파양호 국가습지공원(江西东鄱阳湖国家湿地公园)

장시성 파양호 국가습지공원은 샹라오에 있으며, 국가지정 AAAA(4A)급
관광명승지이다. 아시아 최대의 습지, 가장 많은 습지 생물을 보유한 곳으
로 유명하다. 공원 내부에는 두루미 서식지와 파양호 습지 과학관이 있고,
백조의 호수(天鹅湖)를 조성하여 두루미, 백조, 황새 등의 희귀종 연구를 지
속하고 있다.

지금까지 소개한 관광지 외에도 세계지질공원인 룽후산 풍경구(龙虎山风
景名胜区)와 우공산 풍경구(武功山风景名胜区) 등이 볼만하다.

■ 대표 음식

장시성 요리는 간차이(贛菜)라고도 불리며, 우리나라에 널리 알려지지는 않았지만 대체로 향이 강하고 매운맛이 진한 특징이 있다.

파양호 생선 머리(鄱湖胖鱼头)

파양호 생선 머리는 장시성의 10대 요리 중 하나이며, 파양호에서 잡은 민물고기가 주재료이다. 매운 고추와 마늘, 생강 등을 넣어 향이 강하고 맵다.

사성망월(四星望月)

사성망월은 마오쩌둥과 공산당 무리가 징강산에 몸을 숨기고 있을 때 공산당원들이 마오쩌둥을 초대해 대접한 간저우의 생선쩜이다. 요리 이름을 지어달라는 당원들의 요청에 마오쩌둥이 사성망월이라 칭했다고 한다.

용허두부(永和豆腐)

남송 시기 원나라가 침공했을 때, 원톈샹(文天祥)의 군대가 용허진을 지나는데 당시 용허 사람들이 두붓국으로 군대를 대접했다고 한다. 원톈샹은 두부를 맛본 뒤 맛이 좋다고 거듭 칭찬했고, 군대는 배를 채워 사기가 올랐다. 후에 원톈샹이 전투 중 사망하자, 용허진의 주민들이 그를 기리기 위해 당시의 두부 요리를 용허두부라 부르기 시작했다고 한다.

징강훈제죽순(井岗烟笋)

징강훈제죽순은 징강산에서 나는 죽순으로 만드는 요리인데 기름기가 적고 향과 맛이 좋아 남녀노소 즐기는 음식이다.

10.
산동성(山東省)

중국 유학의 아버지, 공자의 고향

황허구 생태관광구
봉래각
류공도
남산
웨이하이 화하성
천하제일천
칭저우 고성
태산
라오산
형화충 수동
명고성, 취푸삼공
이멍산 관광구
소양호
타이얼좡 고성

- **약칭** 노(鲁, 루)

- **성도** 지난(济南)

- **면적** 157,900km²

- **인구** 약 1억 100만 명(인구 순위 2위)

- **민족 비율** 한족 : 99.2%, 후이족 : 0.55%, 만주족 : 0.03%, 조선족 : 0.03%

■ **행정구역**

[16개 지급시] : 지난(济南, 부성급), 칭다오(青岛, 부성급), 쯔보(淄博), 자오좡(枣庄), 둥잉(东营), 옌타이(烟台), 웨이팡(潍坊), 지닝(济宁), 타이안(泰安), 웨이하이(威海), 르자오(日照), 린이(临沂), 더저우(德州), 랴오청(聊城), 빈저우(滨州), 허쩌(菏泽)

산동성은 동쪽으로 우리나라의 서해와 맞닿아 있고, 서쪽에는 허난성, 남쪽은 장쑤성, 북쪽은 허베이성과 경계를 접하고 있다. 산동이라는 이름은 산시성과 마찬가지로 중국의 유명한 산인 타이항(太行)산 동쪽에 위치한다는 뜻이다.

■ **역사**

춘추전국시대 이전의 산동성은 '래이(来夷)'라는 동이족계 이민족들이 거주하는 지역이었다. 이후 래이족은 국가를 형성하지 못하고 제나라와 노나라에 동화된다. 두 나라 모두 진나라 성장에 밀려 멸망하고 이후 여러 왕조를 거쳐 당나라 시기에는 통일 신라와 활발한 교역을 했다. 당시 수많은 신라 사람들이 산동으로 이주해 신라방을 형성하기도 했다. 이들을 통치하기 위해 산동성에는 신라소라는 행정기관과 신라원이라는 종교 기관도 설치되었다.

당나라 멸망 후 산동성 일대는 여러 왕조를 거치면서 인구가 점차 줄었다. 원나라 시기까지도 산동성의 인구 이탈은 지속된다. 명나라가 건국되면서 명나라 정부는 주민들에게 황무지 개간을 장려하여 인구를 늘리기 위한 노력을 했고, 영락제가 수도를 베이징으로 천도하면서 베이징 항주 대운하를 따라 산동성 일대는 발전하기 시작한다.

청나라 시기에 지금의 산동이라는 이름과 영토가 확정됐고, 옌타이시가 산동성 최초의 개항 지역이 된다. 그러나 산동성은 서구 열강들의 침입을 계속 받게 되고 1897년 칭다오가 독일에, 웨이하이가 영국에 할양되었다. 이와 함께 청나라 정부가 만주 지역을 한족에게 개방하면서 산동성의 주민들이 동북 지역으로 이주하기도 했다.

중화민국이 성립된 후 1922년 칭다오와 1930년 웨이하이를 독일과 영국으로부터 돌려받는다. 중일전쟁이 발발하면서 산동성 일대는 일본제국이 점령했으나 1945년 중일전쟁이 종료되고 산동성 일부 지역을 공산당이 점령하기 시작한다. 1949년까지 국공내전이 진행되는 동안 공산당은 국민당을 산동성에서 축출하고 중화인민공화국을 건국한다. 중화인민공화국 건국 후 핑위안성(平原省)이라는 성급 행정구역을 산동성과 허난성의 일부 지역을 분리해 설립했으나, 1952년 개편하여 현재의 모습을 갖추게 되었다.

■ **지리 및 기후**

산동성은 대체로 평평한 지형인데 동쪽의 반도 지형은 200m 정도의 구릉 지형이고, 서쪽은 화북 평원의 일부를 이루고 있으며, 성의 중앙은 타이산(泰山)을 중심으로 400m 정도의 산지를 형성하고 있다. 서해와 접해 있고 한국과도 가까워서 예로부터 한반도의 여러 국가와 교류가 많은 지역이었다.

산동성은 온대 기후의 특징을 보이며, 봄과 가을이 비교적 짧고 여름과 겨울이 긴 특징을 보인다. 연평균 기온은 11~14℃이며 1월 평균 기온은 -5~1℃이고, 7월 평균 기온은 24~28℃를 기록하고 있다. 연평균 강수량은 550~950mm이며 지역별로 남동쪽에 많은 비가 내리고 북동쪽으로 갈수록 강수량이 적어진다. 강수량의 계절 분포가 불균등하여 연간 강수량의 60~70%가 여름에 집중되어 있다.

■ 경제

2020년 기준 산동성의 GDP는 7조 3,129억 위안(한화 약 1,345조 5,000억 원), 1인당 GDP는 72,619위안(한화 약 1,336만 원)을 기록했다.

산동성은 중국 내에서 경제적으로 풍요로운 지역에 속하며 여러 대기업이 산동성에 입주해있다. 경작 가능한 토지가 풍부한 중국의 주요 농업 지역으로 특히 밀, 면화, 땅콩이 중국에서 가장 많이 생산되고 있다. 이외에도 사과, 배, 포도 등 과수 재배도 활발하며 옥수수와 고구마 등 구황작물도 많이 재배되고 있다.

산동성은 바다를 접하고 있어 어업이 발달했는데, 우리나라와 배타적 경제 수역(EEZ)을 접하고 있는 만큼 불미스러운 사고가 자주 발생한다. 서해에서 불법 조업을 하다가 잡히는 어선 대부

중국을 대표하는 맥주인 칭다오 맥주

분이 산동성의 어선이다.

한편 황하 하류에 유전이 있어 석유 화학 공업이 발달했고, 철강, 제지 등의 산업도 활발하다. 산동성을 대표하는 기업으로는 세계적으로 유명한 칭다오 맥주, 중국 최대의 가전제품 기업 하이얼 등이 있다.

■ **교육**

산동성에는 124개의 대학이 있다. 이 중 985공정에 포함된 학교는 산동대학교(山东大学), 중국해양대학교(中国海洋大学), 산동대학교 위해캠퍼스(山东大学威海), 하얼빈 공업대학교 위해캠퍼스(哈尔滨工业大学威海) 4개 학교가 있고 211공정에 포함된 학교는 985에 속한 학교 4곳과 중국석유대학교(中国石油大学)가 있다.

■ **교통**

산동성은 예로부터 바닷길을 통해 한반도 및 주변 국가들과 교류했으며, 개혁개방의 이후 더욱 활발한 무역을 이어가고 있다. 연해 항만 처리량이 중국 내 2위를 기록하고 있다. 주요 항구는 칭다오항구, 르자오항구, 옌타이항구, 웨이하이항구 등이 있다. 내륙 교통은 베이징과 상하이 등 동부 연안으로 이어지는 고속도로가 연결되어 있고 철로도 전국으로 뻗어 있다.

산동성에는 10개의 민간공항이 있다. 이 중 가장 규모가 큰 곳은 지난야오챵국제공항(济南遥墙国际机场)과 칭다오자오둥국제공항(青岛胶东国际机场)이다. 야오챵국제공항에서는 25개의 항공사가 중국 전역으로 운항하고 있고 국제선은 18개의 항공사가 전 세계로 운항하고 있다. 지난야오창국제공항에서는 한국행을 운항하는 항공사가 5곳이나 있으며 북한의 고려항공도 평양행 비행기를 운항하고 있다. 칭다오자오둥국제공항, 옌타이펑라이국제공항, 웨이하이다수이보국제공항 등이 한국행 노선을 운항하고 있다. 칭다오자오둥국제공항은 동북아의 허브 공항을 목표로 최근 개항했다.

■ 관광지

산동성에는 6개의 역사 문화 도시와 12개의 AAAAA(5A)급 관광지가 있다. 공자의 고향으로 유명한 산동성 곡부에는 공자마을이 조성되어 있어 많은 관광객이 찾고 있다.

취푸 삼공(曲阜三孔)

취푸 삼공은 지닝에 위치한 공자 관련 유적지로 AAAAA(5A)급 관광명승지이자 유네스코 세계문화유산이다. 취푸 삼공은 공묘(孔庙), 공부(孔府),

취푸 삼공의 전경

대명호의 야경

공림(孔林) 3곳으로 이루어져 있다. 공묘는 공자 사후 지어진 사당이고, 공부
는 공자의 직계 장자와 장손들이 사는 저택이다. 중국 명·청 시기의 황제 궁
궐 다음으로 큰 규모를 자랑하는데, 실제로 공자의 후손들이 이곳 공부에 거
주 중이기도 하다. 공림은 공자와 그 후손들의 묘군으로 가족 공동묘지라고
볼 수 있다. 중국에서 규모가 가장 크고 오래된 한 집안의 묘군이다.

대명호(大明湖)

지난은 지하철을 뚫지 못할 만큼 많은 양의 지하수가 매장되어 있고, 대
명호(大明湖)와 표돌천(趵突泉), 흑호천(黑虎泉), 오룡담(五龙潭) 등 3,000개의
샘물이 있어서 '물의 도시'로 불리기도 한다. 대명호에는 선조들의 업적을
기리기 위한 여러 사원이 있으며, 과거 중국의 왕조는 이곳에서 고대 사람
들을 애도하고 시를 짓기도 했다. 호수 주변에는 수양버들이 우거져 있어서
고대 중국의 정취를 더해주고 있으며 야경이 아름답기로 유명하다.

칭다오 맥주박물관(青岛啤酒博物馆)

칭다오 맥주박물관은 칭다오 맥주의 역사를 보여주는 곳으로, 국가지정 AAAA(4A)급 관광명승지이다. 1897년 독일이 칭다오를 할양받고 1903년에 독일에서 맥주 생산 설비와 원재료 등을 들여와 본격적으로 맥주 생산에 돌입했는데, 당시의 장비와 건물을 보존하여 2001년 박물관으로 만들었다. 맥주 제조 과정을 관람하고 다양한 맥주를 시음할 수 있어 연간 120만명이 찾을 정도로 인기가 있다.

법화원(法华院)

법화원은 통일신라시대 장보고가 산동성 웨이하이에 세운 신라인의 불교 사찰이다. 당시 당나라와 신라와의 연락기관 역할도 했으며, 많은 신라의 승려가 수행을 위해 머물렀다. 무종(845년) 때 불교 탄압으로 인해 크게 훼손되었으나 일본 승려 엔닌이 저술한『입당구법순례행기』의 내용을 근거로 1998년에 중건됐다. 이곳에는 장보고를 기리는 비석과 건립 취지도, 장보고 공원 등이 있다.

칭저우 고성(青州古城)

칭저우 고성은 웨이팡에 있으며, 국가지정 AAAAA(5A)급 관광명승지이다. 고대 9주 중 하나로 '천하제일주'라고 불렸던 칭저우에는 고성뿐만 아니라 관아, 민가 등이 잘 보존되어 명·청 시기의 거리를 재현했다. 옛

칭저우 고성의 전경

거리를 연상시키는 120여개의 골목들이 이어져 관광객들에게 소소한 볼거리를 제공한다.

지금까지 소개한 관광지 외에도 5.4운동[21]을 기념하기 위해 만든 5·4 광장, '중국의 희망봉'이라 언급되는 성산두(成山头), 중국 5대 명산 중 동악으로 불리는 타이산(泰山) 등이 있다.

■ 대표 음식

산동성 요리는 루차이(鲁菜)라고도 불리며, 중국의 8대 요리에 속한다. 지리적 특성으로 해산물 요리가 다양하게 발전했으며 과거 독일, 영국의 조계지 영향으로 이국적인 요리도 남아있다.

산동성 요리는 옌타이시를 발상지로 하는 자오둥차이(胶东菜), 지난시를 발상지로 하는 지난차이(济南菜), 곡부시 부근에서 독자적으로 발달한 특수한 공부차이(孔府菜) 3개의 유형으로 나뉜다.

로우모하이선(肉末海蔘)

로우모하이선은 해삼을 잘게 다져 만든 요리로, 자오둥차이 계열에 속한다. 해삼을 주재료로 돼지고기와 브로콜리 등도 첨가하여 만든다.

파웬커바오위(扒原壳鲍鱼)

파웬커바오위는 전복을 푹 삶은 요리로, 자오둥차이 계열에 속한다. 중국

---

21) 1919년 5월 4일 베이징의 학생들이 일으킨 항일운동이자 반제국주의, 반봉건주의 혁명운동.

고대에 전한을 멸망시키고 신나라를 세운 왕망이 전복을 굉장히 좋아해서 이 요리가 만들어졌다는 설이 있다.

탕추황허리위(糖醋黄河鲤鱼)

탕추황허리위는 황허에서 나는 잉어를 주재료로 한 요리로, 지난차이 계열에 속한다. 잉어를 땅콩기름에 튀긴 탕추황허리위는 겉은 바삭하고 속에서는 톡 쏘는 신맛과 달콤한 맛이 어우러져 인기가 좋다.

이핀쇼우타오(一品寿桃)

이핀쇼우타오는 공부차이 계열에 속하는 요리로, 공자 후손의 생일상에 올라가는 특별한 요리이다. 복숭아 모양의 떡 중앙에 목숨을 뜻하는 '寿'가 쓰여 있는 것이 특징이며 장수를 기원하기 위해 생일상에 올린다.

11.
저장성(浙江省)

2022 항저우 아시안게임 개최지

- **약칭** 절(浙, 저)

- **성도** 항저우(杭州)

- **면적** 105,550km²

- **인구** 약 6,400만 명(인구 순위 8위)

- **민족 비율** 한족 : 99.1%, 서족 : 0.37%, 투자족 : 0.12%, 먀오족 : 0.12%

■ **행정구역**

[11개 지급시] : 항저우(杭州, 부성급), 닝보(宁波, 부성급), 후저우(湖州), 자싱(嘉兴), 진화(金华), 리수이(丽水), 취저우(衢州), 샤오싱(绍兴), 타이저우(台州), 원저우(温州), 저우산(舟山)

저장성은 북쪽으로 상하이, 서쪽으로 안후이성, 남쪽으로 푸젠성과 경계를 접하고 있다. 저장이라는 명칭은 저장성 일대에 흐르는 첸탕강(钱塘江)의 옛 이름인 저장(浙江)에서 유래했다.

■ **역사**

저장성은 벼 재배의 흔적이 확인된 신석기 시대 허무두 문화의 발상지였으나, 고대 국가는 중원 지역에 비해 늦게 성립됐다. 춘추전국시대에는 이민족의 국가였던 월나라가 위치했었으나 멸망 후 초나라의 영역으로 들어가게 된다. 이후 진나라, 초한쟁패기를 거쳐 한나라가 세워지고 저장성 일대는 제후국에 속했는데 민월과 동월이라는 이름으로 잠시 독립하기도 한다.

삼국시대에는 손권의 오나라가 이 지역에 건국되어 위, 촉과 천하를 두고 경쟁했다. 사마의가 권력을 잡은 위나라가 천하를 통일하고 진나라를 건국하지만 얼마 가지 않아 북방 이민족의 침입으로 강남으로 밀려나며 강남 지역에 동진을 건국하게 된다. 수나라, 당나라를 거쳐 남송시대에는 임안(临安, 오늘날의 항저우)이 남송의 수도가 되면서 강남 지역은 더욱 빠르게 발전한다. 그러나 남송도 원나라에 멸망하고 중국 전체가 이민족의 통치 아래에 놓이게 된다. 이후 명나라가 건국되며 이때부터 '저장'이라는 이름으로 불리기 시작한다.

　이후 명·청 시대를 거쳐 중화민국의 지배를 받게 되고 중일전쟁 당시 일본군에 의해 점령되어 왕징웨이(汪精卫) 정권이 이곳에 수립되기도 했지만 이후 국민 정부에게 돌아온다. 중일전쟁이 끝나고 곧바로 국공내전이 발발했고 1946년 장강을 도하한 공산당에게 저장성은 점령된다. 이후 중화인민공화국이 건국되며 현재의 모습을 이어가고 있다.

■ 지리 및 기후

　저장성은 산과 구릉이 전체 면적의 74%를 차지하고 있고 대부분 지역이 해발 200~1,000m에 위치한다. 이 중 가장 높은 산은 셴샤링산(仙霞岭山)으로 높이는 1,433m이다.

　저장성의 기후는 아열대 계절풍 기후에 속하며 연평균 기온은 15~18℃이고 1월 평균 기온은 3~9℃, 7월 평균 기온은 26~28℃이다. 연평균 강수량은 1,200~2,000mm로 5, 6월이 장마철이고 이후에는 태풍이 자주 온다.

■ 경제

　2020년 기준 저장성의 GDP는 6조 5,000억 위안(한화 약 1,198조 2,750억 원), 1인당 GDP는 101,000위안(한화 약 1,861만 원)을 기록했다.

　저장성은 장쑤성과 더불어 예로부터 '물고기와 쌀의 고장(鱼米之乡)'이라 불리며 어업과 벼농사가 발전했다. 오늘날에도 대표작물은 쌀이며 밀이 뒤를 잇고 있다. 저장성은 바다를 접하고 있는 지리적 특성상 어업이 활발한데 항저우 일대는 민물어업과 양식업 모두 발달하였다.

저장성은 중국의 주요 차(茶) 산지 중 하나로 항저우의 용정차(龙井茶)는 세계적으로도 유명하다. 또한 저장성의 비단도 품질이 좋기로 유명하며 장쑤성에 이어 전국 2위의 비단 생산지이다.

저장성의 공업은 전자제품, 직물 등을 생산하는 경공업이 주를 이룬다. 저장성 일대는 명·청 시대부터 수공업과 상업이 발전했는데 당시 발달했던 수공업을 토대로 소자본, 소규모 산업이 발전했고 지금의 경공업 중심 지역으로 이끌었다.

■ 교육

저장대학교 정문

저장성에는 109개의 대학이 있다. 이 중 중국의 교육 정책인 985공정에 포함된 학교는 저장대학교(浙江大学)가 유일하며 211공정에 포함된 학교는 저장대학교(浙江大学)와 저장대학교 닝보공과대학(浙江大学宁波理工学院)이 있다.

▪ 교통

저장성은 산지가 70%를 차지하는 지리적 특성으로 육로 교통이 좋은 편은 아니다. 대신 철도와 내륙 수운을 기반으로 교통망을 형성했다. 철도는 저장성 지역 곳곳은 물론이고 상하이, 광저우, 베이징 등으로 뻗어있고, 내륙 수운은 장쑤성, 광동성에 이어서 중국에서 3위를 기록할 정도로 잘 구축되어 성내의 68% 시·현과 연결되고 있다. 주요 내륙 항구로는 항저우항, 자싱항, 후저우항 등이 있다. 연안에는 국경 출입구 역할을 하는 닝보항, 원저우항, 타이저우항 등이 있으며 이외에도 외국 선박의 해상 물품하역소로 이용되는 41개의 항구가 있다.

저장성에는 8개의 민간공항이 있다. 이 중 가장 규모가 큰 곳은 항저우샤오산국제공항(杭州萧山国际机场)이다. 항저우샤오산국제공항은 동방항공과 에어차이나를 비롯해 24개의 항공사가 중국 전역으로 운항하고 있으며, 국제선은 38개의 항공사가 아시아 전역과 사이판, 미국, 유럽까지 운항하고 있고 한국행 노선은 제주도, 청주, 김해, 인천행 노선이 있다.

▪ 관광지

저장성은 '시와 그림의 저장(诗画浙江)'을 모토를 중국 최고의 관광지로 발돋움하기 위해 노력하고 있다.

헝디엔 월드 스튜디오(横店影视城)

헝디엔 월드 스튜디오는 진화시에 있으며 국가지정 AAAAA(5A)급 관광명승지이다. 광저우 거리, 홍콩 거리, 진나라 시대 궁궐, 명·청 시대 궁궐,

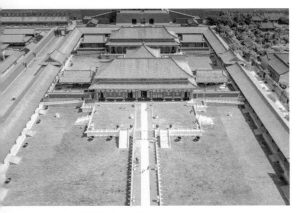
헝디엔 월드 스튜디오 전경

홍군 장정 기념관, 당나라 정원, 원명신원 등 몇 천 년의 역사를 뛰어넘는 스튜디오들이 설립되어 있다. 1996년 이곳에서 영화 〈아편전쟁〉을 촬영하기 위해 광저우 거리 스튜디오를 건설했고 이후에 〈형가자진왕(荆轲刺秦王)〉, 〈영웅(英雄)〉 등의 스튜디오가 건설되었다. 현재는 13개의 대형 스튜디오들이 있고 이곳에서는 영화 촬영뿐만 아니라 다양한 공연도 개최하고 있다.

우전(乌镇)

우전은 자싱시에 있으며, 국가지정 AAAAA(5A)급 관광명승지이다. 옛 모습이 잘 보존된 대표적인 수향마을 우전은 청나라 말기 건축 양식으로 지어진 건물들 사이로 징항대운하(京杭大运河)의 물이 흐르는 풍경이 장관이다. 우전에는 유명 소설가 마오둔(矛盾)의 생가와 기념관, 백련탑(白莲塔) 등의 볼거리가 있다.

용유 석굴(龙游石窟)

용유 석굴은 취저우시에 있으며, 국가지정 AAAA(4A)급 관광명승지이다. 이곳은 오랜 시간 존재 자체가 알려지지 않았고 이 지역 사람들은 동굴의 웅덩이 물을 식수로 사용하며 살아왔다. 어느 날 웅덩이에서 엄청난 크기의 물고기가 잡혀 사람들의 호기심을 자극했고 마을 주민 4명이 동굴의 물을 퍼내기 시작하면서 존재가 드러나게 됐다.

용유 석굴의 내부

용유 석굴은 고대 지하 인공 동굴로 세계 최대의 규모이며 석굴의 역사는 정확히 밝혀진 바 없으나 212년 혹은 그 이전에 건축되었을 것으로 추정한다. 현재 대중에게는 5개의 석굴만 개방하고 있으며, 아직도 알려지지 않은 지하 동굴이 많아 발굴 가치가 높다. 현재 중국에서는 용유 석굴을 자칭 '세계 9대 불가사의'로 부르며 홍보하고 있다.

설두산(雪窦山)

설두산은 닝보시에 있으며, 국가지정 AAAAA(5A)급 관광명승지이자 국가삼림공원이다. 산 정상에서 흘러나오는 물이 백색인데, 마치 눈이 흘러나오는 구멍 같다고 하여 설두라고 부르게 되었다. 설두산에는 첸장옌폭포(千丈岩瀑布), 먀오가오타이(妙高台), 산인탄폭포(三隐潭瀑布)와 같은 다양한 15개의 폭포로 유명하며 묘고봉에는 타이완의 국부라 불리는 장제스의 별장 묘고대(妙高台)가 있다.

지금까지 소개한 관광지 외에도 장제스 옛집, 샹산 스튜디오(象山影视城), 중국이 낳은 가장 위대한 문학가이자 사상가 루쉰(鲁迅)의 생가가 있는 루쉰

설두산의 전경

고리(魯迅故里), 소동파(苏东坡)와 같은 문인들의 사랑을 받은 아름다운 호수 서호(西湖) 등이 유명하다.

■ 대표 음식

저장성 요리는 저차이(这菜)라고 불리기도 하며, 중국 8대 요리 중 하나이다. 내륙의 민물고기와 동중국해의 해산물, 구릉에서 생산되는 채소 등 식재료가 풍부해서 다채로운 요리가 있으며 주로 담백한 맛이 특징이다.

동파육(东坡肉)

동파육은 우리에게도 익숙한 요리로, 통삼겹살에 간장 및 향신료를 넣어 조리한 음식이다. 널리 알려진 유래는 북송의 학자이자 정치가인 소동파가 지방관으로 재직하고 있을 때 그 지방 사람들이 돼지고기 요리법을 모르자 직접 동파육을 개발해 나눠주었다는 것이다.

동파육

서호초어(西湖醋鱼)

서호초어는 잉어를 주재료로 식초, 간장, 전분 등을 넣어 삶은 요리로 걸쭉하고 새콤한 맛이 강하다.

용정차(龙井茶)

용정차는 항저우시에서 재배되는 중국의 대표적인 차로, 중국의 10대 명차에 속하며 그중 가장 으뜸으로 손꼽힌다. 용정차는 짙은 향, 부드러운 맛, 비취 같은 녹색, 아름다운 잎새 라는 4가지 특징을 가지고 있어 사절(四绝)이라고 호평받는다. 원나라 때 처음 재배하기 시작한 용정차는 청나라 강희제 시대에 공차(贡茶, 황제에게 바치는 차)로 인정받았다.

전래되는 이야기에 따르면 강희제의 손자인 건륭제가 서호를 방문했을 때 용정차를 대접받았는데 그 맛에 감명받아 용정차 밭에 벼슬을 내렸다고 한다.

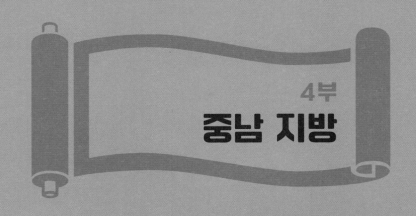

4부

중남 지방

12.
허난성(河南省)

중화 문명의 발상지

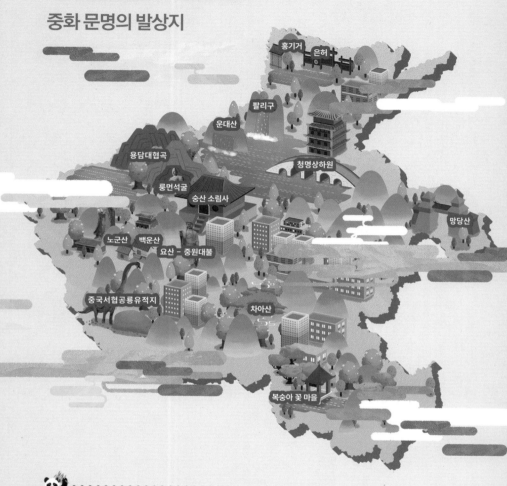

- **약칭** 예(豫, 위)

- **성도** 정저우(郑州)

- **면적** 167,000km²

- **인구** 약 9,900만 명(인구 순위 3위)

- **민족 비율** 한족 : 98.75%, 후이족 : 1.04%, 몽골족 : 0.09%, 만주족 : 0.06%

■ **행정구역**

[17개 지급시, 1개 성 직할 현급시[22]] : 정저우(鄭州), 안양(安阳), 허비(鹤壁), 자오쭤(焦作), 카이펑(开封), 뤄허(漯河), 뤄양(洛阳), 난양(南阳), 핑딩산(平顶山), 푸양(濮阳), 산먼샤(三门峡), 상추(商丘), 신샹(新乡), 신양(信阳), 쉬창(许昌), 저우커우(周口), 주마뎬(驻马店), 지위안(济源,성 직할 현급시)

허난성은 중국의 중앙에 위치해 섬서성, 산시성, 후베이성, 안후이, 산동성 등 여러 지역과 경계를 맞대고 있다. 허난이라는 명칭은 황허의 남쪽에 자리 잡고 있다는 뜻에서 유래되었다.

■ **역사**

허난성은 중화 문명의 발상지로, 소설에서 자주 등장하는 중원도 허난성에 위치한다. 문헌상 중국 최초의 국가로 알려진 하나라가 허난성 일대에 자리를 잡고 건국했으며, 이후로도 상나라와 주나라가 이 지역에 건국되면서 허난성의 도시를 수도로 삼고 허난성 일대에 자리를 잡았다.

이후 한나라가 지금의 시안에 수도로 자리를 잡았으나 국가가 혼란스러워지자 낙양(洛阳)으로 수도를 옮기기도 했다. 뤄양은 삼국시대에 위나라의 수도로도 활약했다. 원나라 시기부터 수도가 베이징으로 옮기고 강남 지방의 개발이 본격화되면서 중국의 중심은 허난성이 아닌 동부 해안과 강남으로 옮겨갔다.

---

22) 3급 행정단위 중 하나로, 본래 행정단위는 3급의 현급시지만 부성급시처럼 경제와 법률에 대해 독립적 권한을 가진 현급시를 말한다.

신해혁명으로 인해 청나라가 붕괴 된 이후 중국 국민당의 지배를 받았고 중국 국공내전 중 화이하이에서 공산당이 승리하면서 허난성에서 국민정부는 물러나고 공산당의 지배를 받게 되었다. 1949년 중화인민공화국이 수립되고 지금의 허난성과 산동성의 일부 지역을 합쳐서 펑위안성(平原省)을 만들었으나, 1952년에 펑위안성이 해체되면서 일부가 허난성에 편입되었고, 현재의 허난성이 완성되었다.

■ 지리 및 기후

허난성의 지형은 서고동저의 특징을 보이며, 중동부, 남서쪽 지역에는 충적 평원(冲积平原), 남양 분지(南阳盆地)가 있다. 예전 중국의 왕조들이 대부분 이 일대를 수도로 삼은 이유는 허난성 일대가 땅이 비옥하면서 평야가 많았기 때문이다.

허난성의 기후는 아열대 대륙성 계절풍의 특징을 보이며, 연평균 기온은 10.5~16.7℃이다. 연교차는 조금 큰 편이라 1월의 평균 기온은 0℃인데 7월에는 27~28℃까지 올라간다. 연평균 강수량은 407~1,290mm정도이며, 보통 6~8월에 강수량이 집중돼 있다. 2021년 여름 허난성에 시간당 200mm가 내리는 역대급 폭우로 인해 큰 피해가 발생하기도 했다.

■ 경제

허난성의 2020년 GDP는 약 5조 4,000억 위안(한화 약 975조 7,000억 원), 1인당 GDP는 55,348위안(한화 약 1,000만 원)을 기록했다.

허난성은 황허의 남쪽에 위치해 비옥한 평야가 많으며 강수량이 풍부해 농업이 발달했다. 현재 경작지가 687.1만ha로 중국에서 두 번째로 넓은 경작지를 보유하고 있다. 주요 작물로는 대두, 밀, 옥수수, 쌀 등이 있고 특히 대두는 중국에서 두 번째로 많은 생산량을 자랑한다. 축산업도 발달하여 중국 전체 생산량의 많은 부분을 차지한다.

허난성은 지하자원을 바탕으로 석탄, 석유, 화학, 기계, 전자 등 공업 방면에서 많은 성과를 거두고 있다. 허난의 북부 지역은 장비 제조업, 철강, 석탄, 석유 화학 공업이 주류 산업이며, 서부 지역은 석탄 화학, 금 가공, 서남 지역은 방직, 농산물 가공 등이 유명하다.

한편 허난성을 지탱하는 산업은 자동차 산업이며, 대표적인 기업으로 위통(宇通), 샤오린(少林), 하이마(海马) 등이 있다. 이 중 위통의 버스가 전국 버스의 4분의 1을 차지할 정도로 많은 판매량을 자랑한다.

2016년 매장량이 무려 105t에 이르는 초대형 금광과 1천 900만t의 납, 아연광을 잇달아 발견하며 더욱 풍부한 지하자원을 보유한 도시로 명성을 떨쳤다. 허난성은 과거 중국 중원이라 불렸던 지역으로 수많은 고대 문물과 유적이 있으며, 이런 특성을 살려 많은 관광객을 유치하려 노력하고 있다. 예로부터 상업이 발달하여 양곡 도매, 건축 재료, 석탄, 농산물 도매 시장 등 국가급 도매 시장이 모여 있는 중국의 대표적인 상업 지역이기도 하다.

■ **교육**

허난성에는 151개의 대학이 있다. 이 중 211공정에 포함된 학교 정저우 대학교(郑州大学)가 유일하며 985공정에는 어떠한 대학도 포함되지 않았다.

■ **교통**

허난성의 교통은 과거부터 중국의 수도 역할을 한 덕분에 외부 교통망이 잘 구성되어 있다. 외부로 나가는 철도는 중국 전역으로 연결되어 있고, 고속도로망 발전이 다른 성에 비해 우수하다. 성 내 고속도로의 총 길이는 6,966.7km이며, 성 끝의 도시 간 고속도로도 개통됐고, 9개의 국도가 성 내의 각 시·현과 진 등 작은 행정구역까지 연결돼 있어 성 내의 교통이 편리하다.

허난성에는 4개의 민간공항이 있다. 이 중 가장 규모가 큰 곳은 정저우신정국제공항(郑州新郑国际机场)이다. 남방항공과 서부항공을 비롯해 28개의 항공사가 중국 전역으로 운항하고 있으며, 국제선은 30개의 항공사가 아시아와 북미, 유럽 일부 지역까지 운항하고 있다. 이 중 한국행 노선은 남방항공의 인천, 제주행 노선과 대한항공과 이스타항공의 인천행 노선이 있다.

현재 허난성은 지난 2019년 중국 교통부에서 시행하고 있는 '교통 강국 건설' 프로젝트의 첫 번째 시범 지역으로 지정됐다. 교통 강국 건설은 전국적으로 하루 생활권을 만들고 전 세계 도시로 배송을 2, 3일 안으로 하겠다는 1차 목표와 2060년까지 스마트, 친환경 교통 환경을 만들기 위해 첨단 교통수단을 개발하고 청정에너지, 신에너지를 이용한 교통수단을 완성하겠다는 계획을 말한다.

■ **관광지**

허난성에는 중국의 8대 고도(古都) 중 4개 도시 정저우, 뤄양, 카이펑, 안양이 있으며, 역사적으로 매우 중요한 지역이다. 역사적 유물이 풍부하여

14개의 AAAAA(5A)급 관광지와 171개의 AAAA(4A)급 관광지가 있다.

숭산 소림사(嵩山少林寺)

숭산 소림사는 덩펑(登封) 숭산(嵩山)에 위치한 사찰로, 국가지정 AAAAA
(5A)급 관광명승지이다. 464년 북위 시기에 인도로부터 불교를 전파받은
후 495년 북위 효문제의 명으로 소림사를 창건했다. 이때 수행 방법으로 무
술을 도입했는데, 이 무술이 세계적으로 유명한 소림 쿵푸로 발전했다. 소
림사는 건축할 당시에는 구조가 단순했으나 명·청 시기를 거치며 증축되어
웅장해졌다. 건물의 실내는 벽화로 장식되어 있는데 현재까지도 훌륭한 보
존 상태를 유지하고 있다.

소림사의 전경(좌)과 탑림(우)

소림사에서 서쪽으로 약 300m 거리에는 소림사 승려들의 묘지인 탑림
(塔林)이 있다. 당, 송, 원, 명, 청 시기에 지어진 248개의 탑이 존재하는데, 탑
들이 마치 숲처럼 모여 있어서 탑림이라고 부른다. 한편 소림사가 위치한
숭산은 중국의 오악에 포함되는 명산으로 유명하다.

룽먼 석굴(龙门石窟)

룽먼 석굴은 뤄양에 있으며, 국가지정 ＡＡＡＡＡ(5A)급 관광명승지, 유네스코 세계문화유산, 국가주요문화유물보호단위로 지정되어 있다. 북위 효문제 시기부터 당나라 시대까지 지어진 2,300여 개의 석굴과 조각들로 이뤄진 룽먼 석굴은 북위 시기에 조성된 석굴이 30%, 당나라 시기가 60%를 차지하고 있다고 한다. 암벽을 따라 늘어선 굴 안에 불상이 모셔져 있는데, 10만여 점이 넘는 불상들이 크기와 표정, 자세 모든 것이 다양하게 제작됐다. 대표적인 불상으로는 루서나 대불이 있는데, 루서나 대불은 당시 유일한 여자 황제 측천무후를 본 따 제작했다는 전설이 있다. 구양둥(古阳洞) 동굴은 룽먼 석굴에서 가장 예술적 가치가 높은 동굴로 꼽힌다. 하지만 오랜 세월 방치되면서 훼손이 된 곳도 많다. 도굴꾼의 표적이 되었으며, 문화대혁명 당시 홍위병들에 의해 파손된 흔적도 있다.

중국의 3대 석굴 중 하나인 룽먼 석굴

상추 고성(商丘古城)

상추 고성은 중국의 4대 고성, 국가지정 AAAA(4A)급 관광지, 국가역사문화도시, 국가주요 문화유물보호단위로 지정되어 있다. 명나라 정덕제 시기에 축성되어 500여 년의 역사를 가지고 있으며, 당시의 행정구역에서 이름

상추 고성의 전경

을 가져와 구이더푸청(归德府成)이라 불리기도 한다. 고성이 위치한 상추는 고대 국가인 주나라의 도성을 거치며 3,000년 역사를 가진 고도(古都)이다.

상추 고성은 고대 중국의 풍수지리를 접목하여 축성한 건축물로 3가지 특징이 있다. 팔괘 이론을 기초로 성곽을 만들었고, 호수 위에 지어졌으며, 기존의 상추성 내에 또 지어진 성으로 성중성(城中城)이라는 것이 그 특징이다. 이러한 구조는 중국 내에서도 매우 드물다.

신농산(神农山)

신농산은 자오쭤에 있으며, 국가지정 AAAAA(5A)급 관광명승지, 세계지질공원, 국가중점명승지로 지정됐다. 전설에 따르면 중국 신화에 등장하는 염제 신농씨는 신농산에서 곡물을 기르고, 100가지 약초에 독이 있는지 맛을 보고, 제단을 세웠다고 한다.

주요 명소로는 쯔진딩(紫金顶)이라는 봉우리가 있는데 베이딩(北顶)이라도 불리며 높이가 1,028m에 달한다. 봉우리의 절벽에는 1만여 그루의 백학송(白鹤松)이 자라고 있다. 윈양사(云阳寺), 린촨사(临川寺) 등의 절과 롱지장

성(龙脊长城) 등의 명승지가 있다.

정저우 황허 풍경구(郑州黄河风景名胜区)

정저우 황허 풍경구는 국가지정 AAAA(4A)급 관광명승지, 국가급풍경명승구(7차)로 지정됐다. 1970년대 정저우시정부가 도시의 식수 문제와 관개 문제 해결을 위해 2년 동안 망산제관참(邙山提灌站)을 건설했으며, 이후 이것을 기초로 지금의 풍경구를 조성했다.

황허 풍경구의 주요 명승지로는 염황이제석조(炎黄二帝石塑), 우룽펑 풍경구(五龙峰景区), 악산사(岳山寺) 등의 3개 경구, 40개의 명소가 있다. 이 중 염황이제석조는 산을 조각해서 중국 신화에 나오는 염제(炎帝)와 황제(皇帝)를 조각해놓은 것으로 산 높이와 조각의 높이를 합치면 무려 100m에 이른다. 조각상 중앙에는 염제와 황제에게 제사를 지낼 수 있도록 제단을 세웠다.

지금까지 소개한 관광지 외에도 당나라의 시성 두보(杜甫)의 고향마을을 그대로 보존한 두보고리(杜甫故里)가 있고 서유기의 작가 오승은(吴承恩)이 서유기를 집필한 장소, 1998년 드라마 서유기의 촬영 장소로 알려진 차야산(嵖岈山) 등의 관광지가 있다.

▪ 대표 음식

허난성 요리는 위차이(豫菜)라고도 불리며, 중국 중원 요리의 특성을 그대로 가져왔다. '중국 요리의 창시자', '중국 요리의 조상'으로 유명한 이윤(伊尹)이 허난성 출신이다.

탕추롼류위베이면(糖醋软熘鱼焙面)

탕추롼류위베이면은 식초와 설탕에 조리된 물고기와 구운 면으로 만든 요리이다. 요리의 주재료는 황허 중하류에서 잡힌 잉어이고, 소스와 국수 등을 얹어서 마무리한다. 카이펑에 방문하면 꼭 먹어야 하는 음식으로 꼽힌다.

튀긴 돼지고기(炸紫酥肉)

튀긴 돼지고기는 100년의 역사를 가진 허난성의 특색 요리로, 겉모습은 마치 치킨과 비슷하다. 돼지고기를 삶고, 재우고, 다시 튀기는 것을 반복하여 오리구이와 비슷한 맛을 내며, 기름기가 별로 없어 담백한 맛이 일품이다.

칭탕바오위(清汤鲍鱼)

칭탕바오위는 전복이 주재료인 요리이다. 전한과 후한 사이에 잠시 존재했던 왕조인 신나라를 세운 왕망이 기력을 회복하기 위해 전복을 즐겨 먹었다는 기록이 있으며, 다른 왕조의 귀족과 왕들도 전복을 '바다의 보물'이라 부르며

칭탕바오위

자주 찾았다. 현재도 역시 보양식으로 널리 사랑받고 있다.

13.
후베이성(湖北省)

적벽대전이 발발했던 지역

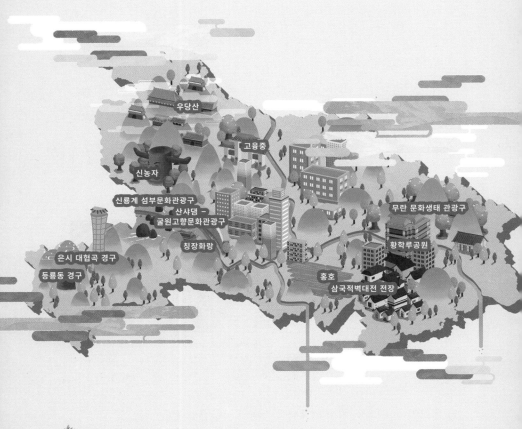

우당산

고융중

신농자

신룽계 섬부문화관광구

산샤댐 -
굴원고향문화관광구

청장화랑

무란 문화생태 관광구

황학루공원

은시 대협곡 경구

등룽동 경구

홍호
삼국적벽대전 전장

- **약칭** 악(鄂, 어)

- **성도** 우한(武汉)

- **면적** 185,900km²

- **인구** 약 5,700만 명(인구 순위 10위)

- **민족 비율** 한족 : 95.6%, 투자족 : 3.6%, 먀오족 : 0.36%, 후이족 : 0.13%

■ 행정구역

[12개 지급시, 1개 소수민족 자치주 : 우한(武汉, 부성급), 황스(黄石), 스옌 (十堰), 이창(宜昌), 샹양(襄阳), 어저우(鄂州), 징먼(荆门), 황강(黄冈), 셴닝(咸宁), 수이저우(随州), 샤오간(孝感), 징저우(荆州), 은시투자족먀오족자치주(恩施土 家族苗族自治州)

후베이성은 동쪽으로 안후이성, 북쪽에는 허난성, 서쪽에는 충칭, 남쪽으 로는 후난성과 경계를 맞대고 있다. 후베이라는 명칭은 후난성과 마찬가지 로 중국에서 4번째로 큰 호수인 둥팅호(洞庭湖)의 위쪽에 위치하여 후베이 성이라 명명됐다.

■ 역사

춘추시대의 후베이성 지역은 초나라 영토에 속해 있었으며, 그 당시 후베 이성 일대는 변두리에 속해 중원에 있던 국가들의 남만족(南蛮族) 취급을 받 았으나, 이후 춘추시대가 끝난 후 전국시대에 접어들면서 전국칠웅 중에서 진나라와 강자를 다투는 강국이 됐다. 이후 초한 전쟁에서 유방이 이끄는 한나라군에 패배해 멸망한다.

삼국시대 후베이성 일대는 형주(荆州)라고 불리며, '천하를 차지하려면 이 지역을 차지해야 한다.'라는 평가를 받을 정도로 전략적 요충지였다. 처음 에는 유비의 촉한(蜀汉)이 이곳을 점령했으나, 위나라에 의해 밀려나고 촉한 은 쓰촨성 일대에 자리 잡게 된다. 이후 북방 이민족의 침입이 시작된 후 한 족 왕조들이 남쪽으로 밀려 내려오며 한족의 땅이 된다.

1911년에 현재 후베이성의 성도인 우한에서 우창 봉기가 일어나면서 청나라는 무너지고, 중화민국이 건국된다. 중일전쟁 당시 중화민국은 후베이성과 허난성 지역에 항일 기지를 건설하여 항전했다. 1949년 국공내전이 종료되고 후베이성은 중화인민공화국의 영토에 속하여 현재에 이르게 된다.

■ 지리 및 기후

후베이성은 중부와 남부에는 평야가 많지만, 성 경계선을 따라 많은 산이 분포한다. 약 56% 정도가 산과 구릉으로 구성되어 있다. 지역별로 고도 차이가 심한데 동부지역이 해발고도 30m 정도라면 서부 지역은 1,000m에 달한다.

후베이성의 기후는 온난 습윤 기후의 특징을 보이며, 강우량이 풍부하고, 전반적으로 따뜻하다. 연평균 기온은 15~17℃지만, 여름에는 중국의 4대 화로라고 불릴 정도로 무더운 날씨가 지속된다. 7월의 평균 기온이 27~29℃이며, 최고 기온은 40℃ 이상까지 올라간다. 1월의 평균 기온은 2~4℃로 대체로 평범한 겨울 날씨를 보인다. 그러나 엄청난 혹한이 오기도 하는데 성의 서부 고도가 높은 지역에는 -25℃까지 기온이 내려가기도 한다. 연평균 강수량은 800~1,600mm 정도이며, 대체로 성의 남서부 지역에 비가 내리고 북쪽으로 갈수록 강수량이 감소한다.

■ 경제

후베이성의 2020년 기준 GDP는 4조 3,443억 4,600만 위안(한화 약 778

조 1,592억 원), 1인당 GDP는 73,300위안(한화 약 1,313만 원)을 기록했다.

후베이성은 후난성과 마찬가지로 양쯔강, 둥팅호와 같은 하천과 호수 덕분에 '어미지향(鱼米之乡)'으로 불릴 만큼 쌀농사와 어업이 발달했다. 이외에도 밀과 차 농사가 발전했다.

후베이성은 전통적인 중국의 공업기지로서, 특히 장비 제조업이 발달하였다. 청나라 시기부터 산업화가 시작되어 철, 구리 등과 같은 광물 자원을 바탕으로 성도인 우한을 중심으로 제철공장, 철도 공장 등을 설립, 아시아에서 가장 큰 철강 연합 기업이자 중국 최대 중공업 기지가 됐다. 또한 중국의 3대 자동차 기지로 불리는 동펑(东风)자동차를 중심으로 650여 개의 자동차 관련 기업들이 포진하고 있다.

후베이성은 코로나19가 제일 처음 발병한 지역으로 경제에 직격탄을 맞게 되어 전년도 대비 GDP가 감소했다. 그 중 3차 산업은 2020년 1분기 -44.9%를 기록했고, 숙박업, 요식업 등의 매출이 모두 마이너스를 기록했다. 그러나 2020년 하반기부터 다시 빠르게 반등하기 시작했고, 2021년 매 분기 10%의 성장률을 이뤄내고 있다

■ 교육

후베이성에는 129개 대학이 있다. 이 중 211공정에 포함된 학교는 7곳으로 우한대학교(武汉大学), 화중과기대학교(华中科技大学), 화중농업대학교(华中农业大学), 화중사범대학교(华中师范大学), 중남재경정법대학교(中南财经政法大学), 우한이공대학교(武汉理工大学), 중국지질대학교(中国地质大学)가 있고, 985공정에는 우한대학교와 화중과기대학교 2개의 학교가 포함됐다.

후베이성은 대학교의 수가 중국에서 두 번째로 많을 정도로 교육에 대한 열정이 높은 지역으로, 많은 한국 유학생들이 후베이성에서 유학 중이다.

■ 교통

우한항

중국 전역으로 나가기 위해서는 후베이성 철로를 무조건 거쳐야 할 정도로 후베이성은 중국 중부의 중심지이며, 교통로 중 내륙 수로가 특히 발달하였다.

후베이성의 내륙 수로는 9개 성으로 뻗어 나가는 길목이며 양쯔강과 한수이강(汉水江)을 중심으로 화중(华中) 지역의 호수와 하천을 연결하는 커다란 내륙 수로를 구축했다. 수로의 전체 길이는 총 8,637km이며 이 수로는 우한과 황스 등의 도시로 외국 선박의 출입도 허가된다.

후베이성의 고속도로는 총 길이는 6,860km에 달하며, 6개의 공항이 존재한다. 가장 규모가 큰 곳은 우한톈허국제공항(武汉天河国际机场)이며, 남방항공과 동방항공을 비롯해 20개의 항공사가 중국 전역으로 운항하고 있으며 국제선은 23개의 항공사가 해외로 운항하고 있다. 이 중 한국으로의 운항은 대한항공의 인천행 노선, 동방항공의 인천행 노선이 있다.

■ **관광지**

후베이성은 코로나19로 인식이 좋지 않은 지역이지만, 형주(荊州)가 삼국지의 전략적 요충지로 등장하며, 삼국지 관련 명소와 아름다운 자연으로 자국 내에서는 볼거리가 많은 곳으로 유명하다.

산샤댐 관광구(三峡大坝旅游区)

산샤댐 관광구 전경

산샤댐 관광구는 이창에 위치했으며, 국가지정 AAAAA(5A)급 관광명승지이다. 양쯔강 중상류에 위치해 후베이성 이창의 협곡을 잇는 산샤댐은 높이 185m, 길이 2,309m, 너비 135m에 달하며 최대 저수량은 390억 톤, 연간 발전량은 847억kw로 명실상부한 세계 최대의 댐이다. 1997년 민간에게 개방하면서 관광구로 발전시켰다. 한때 구글어스에서 산샤댐이 비틀어져 보여 붕괴 위험이 있다는 루머가 있었는데, 현재는 안정적으로 운영되고 있다.

신농자 풍경구(神农架风景区)

신농자가 새겨진 바위

신농자 풍경구는 후베이성의 북서부 지역에 위치해 이창(宜昌)과 스엔(十堰)에 맞닿아 있다. 국가지정 AAAAA(5A)급 관광명승지로 세계지질공원이자, 국가자연보호구역이다. 신농자 풍경구의 명칭은 고대 신농씨의 가족이 이곳에 거주했다는 설에서 유래했다. 이 풍경구의 봉우리들은 대부분 해발 3,000m 이상이며 '중국 중부지방의 지붕'이라고 불린다. 독창적이고 신비한 분위기를 내는 높은 산과 울창한 숲을 보러 해마다 많은 관광객이 찾는다.

황학루(黄鹤楼)

황학루의 야경

황학루는 우한에 위치한 누각으로 후난성의 악양루(岳阳楼), 장시성(江西省)의 등왕각(滕王阁)을 포함해 중국 강남 3대 명루 중 하나이며 국가지정 AAAAA(5A)급 관광명승지이다. 삼국시대 오나라의 초대 황제인 손권이 군사적 목적으로 처음 지었는데, 이후 오랜 세월 전쟁, 화재 등으로 명나라, 청나라 시기에만 10차례에 걸친 보수와 재건이 이루어졌다. 황학루는 아름다운 건축물뿐만 아니라 북송 시대 때부터 도교의 성지로 유명했으며, 당나라의 유명 시인 최호(崔颢)와 이백(李白), 백거이(白居易) 등이 묘사한 절경으로 더욱 유명해졌다. 1927년 마오쩌둥이 우한을 방문하여 황학루를 보고 감탄하며 시를 남기기도 했다.

무란산 풍경구(木兰山风景区)

국가지정 AAAAA(5A)급의 관광명승지이자 국가지질공원, 국가자연보호구이다. 애니메이션 〈뮬란〉의 배경이 되는 지역이다. 무란산은 해발 582m의 도교와 불교 신앙이 공존하는 종교의 성지로 매년 두 종교의 신자들과 많은 관광객이 방문하고 있다. 또한 7억 5천만 년 된 각섬석 편암이 넓게 분포되어 지질학적 가치가 크다. 매년 뮬란 사원회, 뮬란 등반 축제 등의 행사가 열리고 있다.

삼국 적벽대전 전장(三国赤壁古战场)

삼국 적벽대전 전장은 셴닝에 위치한 국가지정 AAAAA(5A)급 관광명승지로, 중국의 고대 7대 전투 중 유일하게 원래의 모습을 유지하고 있다. 삼국시대 위나라와 오나라 사이에 벌어졌던 전쟁, '적벽대전'의 장소로서 그 당시 지역의 모습을 재현했다. 위나라 조조의 군대와 오나라 손권의 군대가

무란산 풍경구 전경

맞붙었던 강가의 절벽에는 적벽대전에서 오나라가 승리한 뒤 오나라의 장수 주유(周瑜)가 썼다는 적벽(赤壁)이라는 글자가 적혀있으며, 이러한 역사적 볼거리 외에도 다양한 문화체험을 할 수 있는 관광지로 개발됐다.

지금까지 소개한 관광지 외에도 도교의 성지라고 불리는 우당산(武当山)과 대자연의 풍경을 느낄 수 있는 은시대협곡(恩施大峡谷), 장강삼협(长江三峡)에 위치한 산샤인가풍경구(三峡人家风景区) 등의 관광지가 있다.

■ 대표 음식

후베이성의 요리는 추차이(楚菜)라고도 불리며, 민물고기가 주재료인 요리가 많이 발달했다. 대표적인 지역 요리로 우한 요리(武汉菜), 징저우와 이창 지역의 징이 요리(荆宜菜), 후베이성 북방의 맛을 나타내는 스엔 지역의 샹윈 요리(襄郧菜), 어동남 요리(鄂东南菜)가 있다.

우창 생선찜(清蒸武昌鱼)

우창 생선찜은 우한 지역에서 생산되는 민물 생선을 주재료로 닭고기 육수로 간을 해서 식감이 매우 부드럽고 향이 좋다고 한다. 마오쩌둥이 이 지역을 방문해 양쯔강에서 수영을 하고 나서 '물은 오직 창사(长沙) 물을 마시고 고기는 우창 생선만을 먹어라'라고 칭찬했다고 전해진다.

러간면(热干面)

러간면은 기름기가 많고, 칼로리가 높지만 맛이 좋아 후베이성 지역 사람

들의 아침 식사로 사랑받고 있다. 우한은 여름에 기온이 매우 높아 음식이
변질되는 것을 막기 위해 식용 알
칼리를 면에 첨가해서 조리하였는
데, 이것이 러간면의 기원이라고
한다. 러간면은 먹는 사람이 재료
를 선택할 수 있어서 기호에 따라
다양한 맛을 즐길 수 있다.

러간면

판롱 요리(蟠龙菜)

판롱 요리는 후베이성 10대 고전 요리 중 하나로, 조리 비법은 후베이성
무형문화유산에 등록돼 있다. 명나라 제11대 황제 명무제 시대에 만들어졌
으며, 500년의 역사를 자랑한다. 주요 재료는 계란, 생선, 돼지고기, 양파,
생강이며 맛은 담백하고 향이 은은하고 오래 퍼진다고 한다. 판롱 요리는
징먼(荆门)에 속해 있는 중샹(钟祥)현 주민들의 결혼식, 장례식 등에서 빠질
수 없는 주요 잔치 요리이다.

14.
후난성(湖南省)

양쯔강 문명의 발상지

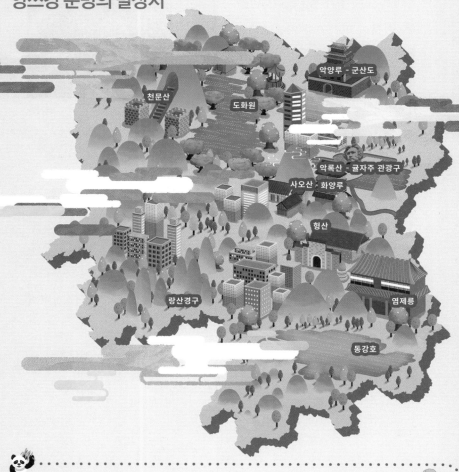

천문산

도화원

악양루 - 군산도

악록산 - 귤자주 관광구

사오산 · 화양루

형산

랑산경구

염제릉

동강호

- **약칭** 상(湘, 샹)

- **성도** 창사(長沙)

- **면적** 211,800km²

- **인구** 약 6,600만 명(인구 순위 7위)

- **민족 비율** 한족 : 89.8%, 투지아족 : 4.2%, 먀오족 : 3%, 동족 : 1.3%

■ 행정구역

[13개 지급시, 1개 소수민족 자치주] : 창사(长沙), 주저우(株洲), 샹탄(湘潭), 헝양(衡阳), 사오양(邵阳), 위에양(岳阳), 창더(常德), 장자제(张家界), 이양(益阳), 뤄디(娄底), 천저우(郴州), 용저우(永州), 화이화(怀化), 샹시투자족먀오족자치주(湘西土家族苗族自治州)

후난성은 서쪽으로 구이저우성, 동쪽으로 장시성, 북쪽으로 후베이성, 남쪽으로 광둥성과 접해 있다. 후난이라는 명칭은 성이 둥팅호의 아래쪽에 위치해 있다는 의미이다.

■ 역사

후난성은 약 1만 년 전부터 인류가 거주했으며, 양쯔강 문명 발상지로 발전했다. 이후 춘추전국시대까지는 중원과의 거리가 멀어 한나라 시기까지도 변방 취급을 받았다. 삼국시대에도 남만족 등 한족이 아닌 이민족들이 후난성 일대를 지배했으나, 남북조 시대부터 북방 이민족들이 중원으로 내려오면서 한족들이 중국 남부로 밀려났고 후난성 일대도 중국에 동화되기 시작했다. 송나라 때부터 한족이 완전히 지배하게 되면서 군, 현 등의 행정구역이 정비됐다. 그러나 이때 당시 후난성에 거주하고 있던 이민족들과 갈등이 있었고, 후난성의 먀오족들이 반란을 일으키기도 했다. 원나라, 명나라, 청나라 시기에도 중국 중원의 지배 아래 있었으나, 남방계 민족과의 갈등은 계속되어 명나라와 청나라 때 먀오족들이 다시 대규모 반란을 일으키기도 했다.

신해혁명으로 청나라가 멸망하고 여러 군벌이 후난성 일대에 자리를 잡으려고 치열한 경쟁이 일어나기도 했다. 또한 마오쩌둥이 고향인 샹탄에서 1927년 추수 봉기를 일으킨 사건 이후 공산당 역사에서 매우 중요한 지역으로 여겨지고 있다. 이후 국공내전 종료 후 국민당이 타이완으로 밀려나고 중국은 공산당의 지배하에 들어온다.

■ 지리 및 기후

후난성은 난링산맥(南岭), 우링산맥(武陵) 등의 산으로 둘러싸여 있고, 영토의 80%가 산과 구릉이다.

후난성의 기후는 아열대와 비슷한데 덕분에 빛, 열, 수자원 등을 풍부하게 활용할 수 있다는 장점이 있다. 한편 겨울 평균 기온은 4℃ 정도이나 영하로 떨어지는 날이 많고, 여름 평균 기온은 26℃~29℃이지만 30℃ 이상 넘어가는 날이 부지기수일 정도로 연교차가 크다. 연평균 강수량은 1,200~1,700mm 정도이며, 봄과 초여름까지 우기로 보고 이후 여름부터 겨울까지는 건기이다. 7월 초 장마철이 끝나면 다시 극심한 가뭄에 시달린다.

■ 경제

2020년 기준 후난성의 GDP는 4조 1,781억 4900만 위안(한화 약 749조 580억 원), 1인당 GDP는 약 63,305위안(한화 약 1,134만 원)을 기록했다.

후난성에는 양쯔강과 둥팅호가 위치해 벼농사가 가장 많이 발달했다. 둥팅호 부근 지역에서는 모시 생산이 활발하고, 차의 재배도 이뤄진다.

후난성의 2차 산업은 공업화가 진행되면서 빠른 발전을 이루고 있다. 예전에는 뤄디(娄底)의 광산이 유명했으나, 공업화 이후로 철강, 기계, 전자류 등의 산업 발전이 이루어졌고 지속해서 성장하고 있다.

후난성은 마오쩌둥과 류샤오치(刘少奇), 펑더화이(彭德怀)의 고향으로, 관광객이 꾸준히 찾고 있다. 또한 우리나라 사람들이 특히 많이 방문하는 장자제(张家界)와 창사(长沙)가 후난성에 있어 관광 수입이 매년 오르고 있다.

후난성의 미디어 기업 후난위성TV는 후난성의 경제 규모와 인구에 비해 대외적으로 널리 알려져 있다. 후난위성TV가 소유한 MANGO TV는 중국의 텐센트, 알리바바, 바이두가 보유한 인터넷TV 채널과 비슷한 위상을 가지고 있다.

■ 교육

후난성에는 총 109개의 대학이 있다. 211공정과 985공정에 모두 포함된 학교는 후난대학교(湖南大学)와 중남대학교(中南大学), 중국 인민해방 국방과학기술대학교(中国人民解放军国防科学技术大学)가 있고 211공정에 포함된 학교는 후난사범대학교(湖南师范大学)이다.

후난대학교

■ 교통

후난성은 중국 남부 지역 교통의 중심지로, 여러 지역으로 나가는 도로와 철도들이 빽빽하게 밀집되어 있다. 철도의 길이는 5,021km이며 창사역, 샹탄역 등 성 내 총 21개의 역이 있으며, 이 중 창사에만 크고 작은 12개의 역이 자리 잡고 있어 창사시가 중국 남부 지역 교통의 중추 역할을 하고 있다.

후난성에는 10개의 민간공항이 있다. 이 중 가장 규모가 큰 곳은 창사황화국제공항(长沙黄花国际机场)이다. 남방항공을 비롯해 36개의 항공사가 중국 전역으로 운항하고 있고 해외 운항은 총 40개의 항공사가 전 세계로 운항하고 있다. 이중 한국으로의 운항은 대한항공과 아시아나항공의 인천행 노선과 상하이항공의 부산행 노선이 있다. 창사황하국제공항과 더불어 장자제허화국제공항도 이착륙이 많이 이루어지고 있는 공항이다. 창사황하국제공항보다는 규모가 작은 편이지만 한국인들이 많이 방문하는 지역으로 대구, 부산, 인천 등으로 가는 한국행 노선을 운항하고 있다.

■ 관광지

후난성은 고원지대에서 볼 수 있는 경이로운 자연경관이 많고 마오쩌둥과 류샤오치의 고향으로 공산당 역사 관련 기념관이 많다.

장자제 무릉원(张家界武陵源)

무릉원은 장자제에 있으며, 국가지정 AAAAA(5A)급 관광명승지이자, 세계자연유산이다. '사람이 태어나서 장자제에 가보지 않았다면, 100세가 되어도 어찌 늙었다고 할 수 있겠는가?(人生不到张家界, 百岁岂能成老翁?)'

162 중국도감

라는 말이 있을 만큼 장자제의 풍
경은 아름답기로 유명해서 관광
객의 발길이 끊이질 않는다.

장자제에서 가장 유명한 곳은
장자제 국가삼림공원, 톈즈산(天
子山) 등과 함께 풍경구가 조성된
무릉원(武陵源) 풍경구이다. 무릉
원 풍경구는 면적이 392km²이고
수억 년의 풍화를 거친 카르스트

무릉원의 석림

지형과 400여 종의 야생 동물, 850여 종의 식물 등이 서식하고 있어 볼거리
가 풍성하다. 3,000여 개의 봉우리들이 각기 다른 모습으로 솟아 봉우리 숲
과 협곡으로 구성하여 화려한 풍경을 자랑한다. 신비한 기운이 가득한 수많
은 동굴, 계곡, 폭포 등이 있어서 자연에서 볼 수 있는 모든 풍경을 이곳 무
릉원에서 볼 수 있다.

노사성 유적(老司城遗址)

노사성 유적은 샹시투지아족먀오족자치주에 있으며, 국가지정 AAA
A(4A)급 관광명승지이다. 노사성 유적은 대십국(五代十国) 시기부터 청나라
까지 이어져 온 옛 성 유적지이다. 당나라 멸망 후 마은(马殷)이 현 창사(长沙)
시 부근에서 남초(南楚)라는 국가를 세운 데서 시작되어, 이후 남송(南宋) 시
기에 이 지역 부근에 노사성(老司城)을 건립하고 통치했다. 현재 이곳에 남
아있는 대부분은 명나라 때 재건된 건물들이다.

랑산 풍경구(崀山风景名胜区)

랑산 풍경구의 풍경

랑산 풍경구는 소양시에 있으며, 국가지정 AAAAA (5A)급 관광명승지이자 국가 지질공원, 유네스코 세계자연유산에 지정됐다. 랑산 풍경구는 전형적인 중국의 단하지모(丹霞地貌) 자연 풍경구로, 오랜 세월 풍화작용을 거친 여러 산, 봉우리, 동굴, 계곡 등이 아름다운 풍경을 만들어내고 있다. 크게 6곳의 코스로 구성되어 있는데 이 중 푸이장(夫夷江) 풍경구는 대나무 뗏목 체험을 할 수 있는 코스이고, 톈성차오(天生桥), 쯔샤둥(紫霞峒), 라자오펑(辣椒峰), 톈이샹(天一巷), 바자오자이(八角寨) 등의 다양한 풍경구가 있다.

동강호(东江湖)

동강호는 천저우시에 위치한 106km² 크기의 호수이다. 국가지정 AAAAA(5A)급의 관광명승지이다. 동강호 주위의 산, 호수, 댐, 동굴, 폭포, 안개, 숲, 암석 등이 조화를 이루어 아름다운 광경을 연출한다. 유람선 승선 후 호수 내에

동강호에서 어업을 하는 어민들

있는 섬과 석회암 동굴 등을 관광할 수 있다. 동강호의 계곡에서 래프팅을 할 수 있고, 인근에 사원, 문화거리, 박물관 등이 조성돼 있어서 다양한 관광을 즐길 수 있다.

지금까지 소개한 관광지 외에도 후난 난산 국립공원(湖南南山国家公园)과 같은 자연 풍경구가 있고, 중국 공산당 1세대의 기념관들이 많다.

■ 대표 음식

후난성의 음식은 샹차이(湘菜)라고도 불린다. 우리나라에서는 쓰촨성의 요리가 매운 것으로 유명하지만, 실제 중국에서는 후난성의 요리가 더욱 맵기로 유명하다. 쓰촨성의 매운 요리가 입술과 혀가 얼얼한 것이라면, 후난성의 요리는 모든 종류의 매운맛을 느낄 수 있다.

창사 취두부(长沙臭豆腐)

창사 취두부는 겉모습은 새까맣지만 속은 매우 부드럽고, 기름기가 없으며 후난성의 요리답게 매운맛이 강하다. 하지만 취두부는 그 명성대로 냄새가 매우 독하다. 원재료는 두부이기 때문에 단백질이 풍부하고, 요구르트와 같은 식물성 유산균이 풍부하다.

창사 취두부

두오쟈오위토우(剁椒鱼头)

두아쟈오위토우는 생선 머리 위
에 다진 고추가 얹어진 요리이다.
후난성의 고추는 특히 맵기로 유명
하기 때문에 각오를 단단히 해야
한다.

두오쟈오위토우의 유래는 청나
라 문인 황종현(黃宗宪)과 관련 있

두아쟈오위토우

다고 한다. 청나라 용정제 시기 모종의 사건으로 도피생활을 하게 된 황종
현은 마지막에 후난성의 작은 마을에 자리 잡고 살게 됐다. 당시 한 농부가
연못에서 잡은 고기로 생선 머리 찜 요리를 대접했는데 여기서 영감을 받아
이후 황종현이 요리사에게 이 요리를 개발하도록 지시해 지금의 두오쟈오
위토우를 완성했다고 한다.

용저우 피오리(永州血鴨)

용저우 피오리는 태평천국 운동의 지도자가 용저우 시를 공격하기 전 부
하들을 배불리 먹여야겠다고 생각해서 어두워지기 전 요리를 지시했으나,
당시 요리사가 오리를 손질할 시간이 부족하여 오리의 피와 함께 그대로 요
리했는데 그 맛이 좋아서 지금까지 이어져 오고 있다고 한다. 이후 후난성
지역 서민 가정 요리로 인기가 많다.

15.
광동성(广东省)

중국 최대 경제 규모

단샤산

렌저우 지하강

안남비 다전

성호

백운산

뤄푸산

시쟈오산

창룽

혜주 서호

선전화교타운

카이핑디아오로우

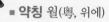

- **약칭** 월(粵, 위에)

- **성도** 광저우(广州)

- **면적** 177,900km²

- **인구** 약 1억 2,600만 명(인구 순위 1위)

- **민족 비율** 한족 : 98.51%, 쫭족 : 0.67%, 야오족 : 0.24% 투자족 : 0.16%

▪ 행정 구역

[21개 지급시] : 광저우(广州, 부성급), 선전(深圳, 부성급) 칭위안(清远), 샤오관(韶关), 허위안(河源), 메이저우(梅州), 차오저우(潮州), 자오칭(肇庆), 윈푸(云浮), 포산(佛山), 동관(东莞), 후이저우(惠州), 산웨이(汕尾), 제양(揭阳), 산터우(汕头), 잔장(湛江), 마오밍(茂名), 양장(阳江), 장먼(江门), 중산(中山), 주하이(珠海)

광동성은 서쪽으로 광시좡족자치구, 북쪽으로 후난성, 북동쪽으로 푸젠성과 경계를 맞대고 있다. 광동이라는 지명은 오나라 시기에 후한 13주 중 하나인 교주(交州)를 나눠서 광주(广州)를 설치하고, 이후 송나라 시대에 광남서로(广南西路)와 광남동로(广南东路)로 나눴는데 여기서 광남동로를 줄여 광동로(广东路)라 했으며 이것이 지금의 광동이 됐다.

▪ 역사

광동은 고대에 링난(岭南) 문화가 발생했던 지역으로, 구석기 시대부터 인류가 살았던 흔적이 남아있다. 진나라가 광동성 일대를 점령하기도 했으나, 진시황 사후 진나라의 장수였던 임오(任嚣)와 조타(赵佗)가 옛 광동 지역과 베트남 북부 지역을 점령하고 남월(南越)이라는 국가를 건국했다. 이후 남월은 중국 중원과는 동떨어진 독자적인 국가로 있다가 한나라 무제 당시 강력했던 한나라에 의해 멸망했다. 그러나 남월 멸망 후에도 광동성은 주위 지역들과 마찬가지로 중원에서 너무나 멀리 떨어진 미지의 지역이었기 때문에 직접 통치하기는 어려웠다. 당나라까지도 중원의 통치를 받았으나, 지리적 위치 때문에 계속해서 소외된 지역으로 남았다가, 명나라 시기부터 해상 무역의 거점으로 발전하면서 인구가 늘어나고 외국 자본이 유입되면서 부유한 지역으로 거듭나기 시작했다.

청나라 멸망 이후 광동성 일대는 국민당이 통치하고 있었으며, 중일전쟁 당시 일본의 공격에 광저우 일부 지역이 함락당한 적 있으나, 1945년 8월 15일 일본이 2차 세계대전에서 항복을 선언하며 다시 국민당의 통치 아래에 들어왔다. 이후 국공내전 시기에 국민당이 공산당에 밀려 수도를 광저우로 이전했으나, 결국 국민당은 타이완으로 밀려나고 중국은 1949년부터 중화인민공화국이 통치하고 있다. 현재 광동성은 덩샤오핑 시기 개혁개방 선언 이후 끊임없이 발전하여 현재 중국 내 인구 1위이자 가장 부유한 지역으로 성장했다.

■ **지리 및 기후**

광동성 북쪽에는 난링산맥(南岭)이 있고, 동북부는 우이산맥(武夷)이 있다. 북쪽에서 아래쪽으로 내려오면 바다에 가까워지면서 평야가 늘어나고 계곡, 분지 지형이 보인다.

광동성은 아열대성 기후의 특징을 보인다. 연평균 기온이 19~24℃에 달하며, 1월 평균 기온은 16~19℃로 우리나라가 한겨울일 때 광동성에서는 반팔을 입고 있다. 7월의 평균 기온은 28~29℃로 덥고 습한 날씨를 보인다. 연평균 강수량은 1,300~2,500mm지만 건기와 우기의 격차가 심하고 4월~9월의 강수량이 연간 강수량의 80%를 차지한다. 따라서 홍수와 가뭄이 빈번하고 태풍이 자주 발생한다.

▪ 경제

2020년 기준 광동성의 GDP는 10조 4,000억 위안(한화 약 1,872조 2,000억 원), 1인당 GDP는 82,700위안(한화 약 1,488만 원)을 기록했다. 광동성은 고대부터 실크로드의 주요 항구로 활약했고, 명·청 시기까지 국가 무역 항구로 성장했다. 이후 1978년 덩샤오핑의 개혁개방 정책 아래 폭발적인 성장을 이루며, 현재 광동성 GDP가 대한민국의 GDP를 넘어섰다.

광동성은 30% 정도만이 평야로 구성되어 있어 전통적으로 농업이 발달하기 힘든 구조였다. 그래서 예전에도 상업과 무역이 주된 산업이었다. 개혁개방 이후 광동성에는 5개의 경제특구 중 3개(선전, 주하이, 산터우)가 설치됐고, 중국의 공업단지와 외국 기업들이 광동성으로 들어오기 시작했다. 주강 삼각주는 물론이고 동관, 성도인 광저우 등에 여러 기업이 입주했다.

한편 개혁개방 이후 값싼 노동력의 메리트를 가진 광저우로 의류 공장들이 들어오기 시작했고, 세계 최대 의류 생산도시로 성장했다. 광동성의 경제는 주강 삼각주에 있는 도시들이 이끌어가고 있다고 볼 수 있으며, 주강 삼각주 중심 지역이 광동성 전체 GDP의 80.7%를 차지하고 있다. 현재도 중국의 많은 사람들이 광동성으로 유입되고 있고, 외국의 많은 선진 기업들이 광동성으로 입주하고 있다.

리커창 총리는 지난 2017년 웨강아오다완구(粵港澳大湾区) 발전 계획을 발표해, 광저우, 심천, 주하이, 포산, 후이저우, 동관, 중산, 장먼, 자오칭 등 광저우 9개 도시와 홍콩, 마카오 등 특별행정구를 포함해 거대 광역 경제권을 건설하겠다는 대형 프로젝트를 발표했다. 이 계획에 포함된 도시들은 광동성 내에서도 GDP와 인구가 상위권에 속하는 도시들로 중국은 이 광역 경제권을 중국 내에서 최대의 첨단 제조업 기지로 발전시키고 최후에는 미국의 실리콘 밸리에 필적하는 광역 경제권을 만들겠다는 목표를 내세웠다.

■ 교육

광동성에는 154개의 대학이 있다. 211공정에 포함된 학교는 5곳으로 중산대학교(中山大学), 화남이공대학교(华南理工大学), 기남대학교(暨南大学), 화남사범대학교(华南师范大学), 산터우대학교(汕头大学)가 있고, 985공정에 포함된 학교는 중산대학교, 화남이공대학교이다.

■ 교통

광동성의 교통은 이미 한나라 시기부터 고대 실크로드 해상무역의 중심지로서 바닷길이 발달해 있었다. 명나라 시기에 쇄국정책으로 인해 잠시 문을 닫았던 적도 있지만, 청나라 때 개방하면서 그 이후로 계속해서 중국의 최대 무역 지역이자 가장 많은 배가 오고 가는 해상 교통의 중심지이다.

육상 교통은 주강 삼각주에서 1시간 생활권을 만들기 위해 지역 내에 많은 다른 도시로 가는 버스 노선을 만들었고, 그 외 광동성 외부로 나가는 도로와 철도도 잘 정비되어 있다.

광동성에는 10개의 민간공항이 있다. 이 중 가장 규모가 큰 곳은 광저우 바이윈국제공항(广州白云国际机场)이다. 동방항공과 남방항공을 비롯해 26개의 항공사가 중국 전역으로 비행기를 운항하고 있고 국제선은 35개의 항공사가 아시아는 물론이고 북미, 유럽까지 비행기를 운항하고 있다. 이 중 한국행 노선은 중국 남방항공이 인천, 김해행 노선을 운항하고 있고 아시아나항공도 인천행 노선을 운항하고 있다. 선전바오안국제공항(深圳宝安国际机场)에서도 남방항공과 대한항공, 아시아나항공이 인천행 비행기를 운항하고 있다.

■ 관광지

광동성에는 13개의 AAAAA(5A)급 관광지와 75개의 AAAA(4A)의 관광지가 있다. 골프 리조트와 같은 현대적인 관광 코스가 있는가 하면, 중국인들이 가장 존경하는 인물로 꼽는 쑨원의 고향을 복원하여 조성한 관광명승지도 있다.

광저우 백운산 풍경구(广州白云山风景名胜区)

광저우 백운산 풍경구는 국가지정 AAAAA(5A)급 관광명승지이다. 예전부터 아름다운 풍경으로 유명해 당나라 시기부터 많은 사람이 방문했다.

백운산에서 바라본 광저우의 야경

백운산에는 불교와 도교의 사원들이 자리 잡고 있는데 중일전쟁 당시 일본 군이 많은 유적과 사원을 파괴했으나, 중화인민공화국 건국 이후 복원을 거쳐 현재의 모습이 완성됐다. 백운산에는 사원은 물론이고 조각공원(雕塑公园), 윈타이 화원(云台花园) 등이 있다.

중국 정부는 백운산에 많은 나무와 식물을 심어 숲을 조성했는데, 이 숲은 '광저우의 폐'라고 불리며 도시 공기 정화에 도움이 되고 있다. 한편 백운산에서 바라보는 광저우 시내의 야경이 매우 아름답기로 유명하다.

단샤산(丹霞山)

단샤산은 샤오관에 있으며, 국가지정 AAAAA(5A)급 관광명승지이자 세계자연유산, 세계지질공원이다. 680여 개의 절벽, 붉은 사암 봉우리가 모여 있어 장관을 이룬다. 이곳은 전 세계 단하지형 중에서 가장 전형적이고 조형미가 뛰어나다고 평가받고 있다. 또한 멸종위기 식물과 1급 보호 동

단샤산의 풍경

물들이 많이 서식하고 있다. 단샤산은 창라오펑(长老峰), 샹룽호(翔龙湖), 진강(锦江), 양위안산(阳元山), 4곳의 풍경구로 나뉘는데, 아름다운 자연과 더불어 다양한 형태의 불당이 모셔져 있다.

쑨원 고향 관광구(孙中山故里旅游区)

쑨원 고향 관광구는 광동성 중산에 있으며, 국가지정 AAAAA(5A)급 관광명승지이다. '중국의 국부(国父)'로 불리는 쑨원의 호를 따서 국부기념관이 지어졌으며, 쑨원의 출생부터 활약했던 모습 등을 전시하고 있다. 신해혁명기념공원, 쑨원의 옛 저택도 공개되어 있다. 이곳은 쑨원이 이끌었던 중국 민주화 운동의 정신이 깃든 곳으로 중국인들에게 역사적 의의가 깊으며 공연과 3D, 4D 영화도 관람할 수 있다.

웨슈공원(越秀公园)

웨슈공원은은 국가지정 AAAA(4A)급 관광명승지이고, 광저우에서 가장 오래된 공원이자 가장 큰 공원이다. 중화민국 시기에 쑨원이 웨슈산(越秀山) 인근을 공원으로 만들 것을 제안했고, 중일전쟁 종전 후 광저우를 되찾아 이 제안을 현실화했다.

공원의 대표적인 명소로는 중산 기념비, 명나라 성벽 등이 있다. 중산 기념비는 쑨원을 기리기 위해 세워진 기념비로 쑨원의 유언이 새겨져 있다. 중산 기념비는 광저우의 상징이자 국가중점문명보호단위로 지정됐다. 중산 기념비 뒤쪽으로 가면 약 200m 길이의 성벽이 울창한 숲에 숨겨져 있는데 이것은 명나라 시대 성벽이다. 이 성벽은 광저우에서 유일하게 보존 중인 명나라 성벽이자 가장 오래된 성벽으로 600년 이상의 역사가 있다. 이외에도 광저우 미술관, 소무제의 무덤도 있다.

렌저우 지하강(连州地下河)

렌저우 지하강은 칭위안에 있으며, 국가지정 AAAAA(5A)급 관광명승지이다. 약 2억 년 전 지각변동으로 생성됐으며 현재 전체 면적은 약 6만 m2에 이른다. 지상에는 카르스트 지형 동굴이 있고, 지하에는 강이 흐르며 동굴에는 종유석과 폭포, 숲, 계곡이 있다. 지하의 강에는 내부의 화려한 조명이 종유석, 석순, 석주를 비춰 신비한 분위기를 풍긴다.

렌저우 지하강의 내부

지금까지 소개한 관광지 외에도 청나라 시기에 발발했던 아편전쟁의 유물과 유적 등을 보존하고 있고, 창룽 관광리조트(广州市长隆旅游度假区) 등의 호화 골프 관광지가 있다.

■ **대표 음식**

광둥요리는 웨차이(粤菜)라고 불리기도 하며, 베이징, 상하이, 쓰촨 지역의 요리와 함께 중국의 4대 요리로 인정받는다. '먹는 것은 광동에서'라는 말이 있을 정도로 세계적으로 유명한 요리이다. 예전부터 외국과의 교류가 많은 지역으로 정통 중국요리와 국제요리가 조화를 이루어 발전했다.

거위 구이(烧鹅)

남송 말기에 송나라의 오리구이가 광동성에 유입되었는데, 광동성에는 오리가 많지 않아서 거위를 대신해 만든 것을 계기로 거위 구이 요리가 발전했다. 광저우에서 특히 유명하며 껍질을 바짝 구워서 식감이 좋고 덮밥 형식으로 먹기도 한다.

새끼 돼지 통구이(烤乳猪)

새끼 돼지 통구이는 광동성을 대표하는 요리이다. 과거 한 가정집에 큰 화재가 발생하여 주인이 망연자실한 가운데 갑자기 향긋한 냄새가 온 동네에 퍼졌고, 냄새를 따라가 보니 집에서 키우던 새끼

새끼 돼지 통구이

돼지가 불에 타 죽어있었다고 한다. 그 맛을 보았더니 매우 좋아 이것을 요리로 개발하여 판매했다는 전설이 있다. 껍질이 바삭하고 기름기가 빠져 담백하며 고기가 부드러워 인기가 좋다.

비둘기 요리(红烧乳鸽)

주재료는 비둘기지만, 우리가 흔히 생각하는 길거리의 비둘기가 아니라 품종 개량을 하여 사육된 비둘기를 사용한다. 겉은 바짝 구워 바삭하고, 속은 부드러운데 닭고기처럼 푸짐한 양을 기대할 수는 없다.

비둘기 요리

16.
하이난성(海南省)

동방의 하와이

야노다 열대우림

빈랑곡

분계주도

난산 대소동천

난산 문화관광구

오지주도

- **약칭** 경(琼, 충)
- **성도** 하이커우(海口)
- **면적** 35,354km²
- **인구** 약 1,000만 명(인구 순위 28위)
- **민족 비율** 한족 : 82.6%, 이족 : 15.5%, 먀오족 : 0.8%, 티베트족 : 0.6%

▪ 행정구역

[4개 지급시, 5개 성 직할 현급시, 4개 성 직할 현, 6개 성 직할 자치현]: 하이커우(海口), 산야(三亚), 산샤(三沙), 단저우(儋州), 우지산(五指山), 원창(文昌), 충하이(琼海), 완닝(万宁), 동팡(东方), 딩안현(定安县), 둔창현(屯昌县), 청마이현(澄迈县), 린가오현(临高县), 바이샤이족자치현(白沙黎族自治县), 창장이족자치현(昌江黎族自治县), 러동이족자치현(乐东黎族自治县), 링수이족자치현(陵水黎族自治县), 바오팅이족먀오족자치현(保亭黎族苗族自治县), 충중이족먀오족자치현(琼中黎族苗族自治县)

하이난성은 중화인민공화국에서 가장 큰 섬이자, 최남단 지역이라 동남아시아 국가들과 지리적으로 가까우며 하이난성 좌우로 베트남, 필리핀 등이 위치한다.

▪ 역사

아주 오래전 하이난성은 한족이 아닌 하이난성의 원주민 이족(黎族)이 지배하던 땅이었다. 이후 한나라 한무제가 지배를 하였지만 중원에서 너무나 먼 곳이었기 때문에, 외딴섬이었던 하이난섬을 관리할 수 없었고 관리 인원들이 철수했다.

삼국시대에는 오나라의 손권이 하이난섬으로 인간 사냥[23]을 보내기 시작했다. 원나라 시기 이전까지는 중원에서 매우 먼 유배지 취급을 했으며, 이곳으로 유배를 가게 되면 다시는 돌아오지 못한다고 여겨 장례식까지 치르

---

23) 오나라의 인구가 타 국가에 비해 부족해 다른 지역에 있는 이민족들을 포획, 납치, 회유했던 행위

고 갈 정도였다.

이후 원·명·청을 거치며 확실한 중국의 영토로 자리 잡는다. 1926년 국민당의 국민혁명군은 하이난섬을 점령해 하이난 특별행정구라는 행정구역으로 통치했으며, 국공내전이 종료된 후에도 이어진다. 그러나 1950년 5월 1일 공산당의 인민 해방군이 하이난에 상륙한 후 국민당은 타이완으로 철수한다. 하이난은 광동성에 속해 있다가 1988년 성급 행정구역으로 승격된다.

시진핑 정부는 하이난성을 일대일로 정책의 해상 실크로드 중요지점으로 지정, 2018년 하이난성 자유무역항 건설 계획을 발표했다.

■ 지리 및 기후

하이난성은 섬 중앙에 우지산(五指山)이 있고, 주위에 여러 봉우리가 있다. 그리고 섬 외곽으로 나가면서 구릉, 평야가 나타난다. 대부분 산은 해발고도 500~800m 사이이며, 가장 높은 우지산(五指山)은 해발고도가 1867.1m이다.

기후는 북부와 남부로 나눌 수 있는데 북부는 아열대, 남부는 열대 기후이다. 여름이 길고 겨울이 매우 짧거나 없으며 연평균 기온은 22~27℃이며, 1월 평균 기온도 17~24℃이다. 연간 강수량이 1,000~2,600mm이며, 동남아 지역과 비슷하게 우기와 건기가 뚜렷하다. 우기는 5월에서 10월 사이이며, 이때 연 강수량의 70~90%가 내린다.

■ 경제

2020년 하이난성의 GDP는 약 5,532억 3,900만 위안(한화 약 99조 6,000억 원), 1인당 GDP는 약 55,000위안(한화 약 990만 원)을 기록했다.

하이난성의 1차 산업은 주요 수출 자원 역할을 한다. 기후 특성상 벼의 3모작이 가능하고, 고무 생산과 어업 등 생산량이 풍부하다.

하이난성은 중국 본토에 비해 공장의 수가 적어 환경오염이 비교적 심각하지 않고, 동남아시아에 가까운 지리적 특성상 열대 기후와 이국적인 경관을 가지고 있어 중국인과 외국인들이 많이 방문하는 지역으로, 관광업으로도 많은 이익을 거둔다.

■ 교육

하이난성에는 전문대학을 포함해 21개의 대학이 있다. 985공정에 포함된 학교는 없으며, 211공정에는 하이난대학교(海南大学) 한 곳만 포함되어 있다.

■ 교통

본래 섬이라는 특성상 외부와의 교통이 불편하고 폐쇄적이었으나, 1988년 광동성에서 분리하여 성급 행정구역으로 승격된 뒤 해상, 육로, 항공 교통로가 개방적으로 변화했다. 섬 내부의 육로는 하이난성이 관광지로 주목받으면서 교통로 개발이 지속되고 있다. 2020년 기준 하이난성의 고속도로 길이는 1,255km로 5년 사이에 길이가 50% 이상 증가했다.

외부와 이어주는 해상로가 가장 활발한데, 하이커우항(海口港), 빠쉬항(八所港), 양푸항(洋浦港), 산야항(三亚港) 등 4개 항은 외국 선박의 출입도 허용한다. 이외에도 9개의 중소형 항구가 있다.

하이난성에는 4개의 민간공항이 있다. 이 중 가장 규모가 큰 곳은 하이커우메이란국제공항(海口美兰国际机场)과 산야봉황국제공항(三亚凤凰国际机场)이다. 하이커우메이란국제공항은 총 40개의 항공사가 169개 노선을 운영하고 있고 동남아 국가와 러시아행 노선도 있으며, 한국의 아시아나항공과 티웨이항공에서 서울행 노선도 운영하고 있다. 제2공항으로 꼽히는 산야봉황국제공항은 중국 93개 도시로의 노선과 해외 6개 노선이 있으며 제주항공 서울 노선과 에어부산 부산 노선이 있다.

■ **관광지**

하이난성은 동남아에 가까워 1년 동안 날씨가 덥거나 따뜻해 중국인들이 선호하는 휴양지이다.

난산 문화 관광구(南山文化旅游区)

난산 문화 관광구는 산야시에 있으며, 국가지정 AAAAA(5A)급 관광명승지이다. 하이난의 보물로 알려진 108m의 해상 관음상은 최고의 관광 명소이다. 거대한 규모로 조성된 공원인 이곳에는 불교 문화 교류센터, 난산사(南山寺)와 수짜이 쇼핑거리(素斋购物街) 등이 있다.

난산 문화 관광구의 전경

난완 원숭이섬(南湾猴島)

난완 원숭이섬은 링수이현에 있으며, 국가지정 AAAA(4A)급 관광명승지이다. 세계에서 유일하게 섬으로 분리된 원숭이 자연보호구역이다. 이곳에는 400종에 이르는 열대 식물과 100여 종의 동물들이 서식하고 있다. 섬에 출입하기 위해서는 케이블카를 이용하거나 배를 탄다. 섬에서 수많은 원숭이를 가까이에서 볼 수 있으며, 특정

난완 원숭이섬의 원숭이들

시간에는 원숭이들의 서커스를 볼 수 있고 관광객이 참여하는 연극 프로그램도 진행한다. 관광할 때 주의할 점은 주머니나 가방에 절대 손을 넣지 않아야 한다는 것이다. 원숭이들이 먹이를 주는 줄 알고 달려들기 때문에 자칫 위험해질 수 있다.

하이커우 석산 화산 국가지질공원(海口石山火山群国家地质公园)

하이커우 석산 화산 국가지질공원은 하이난성의 성도 하이커우에 있으며, 국가지정 AAAA(4A)급 관광지이자, 세계지질공원이다. 마지막 분화가 13,000년 전에 일어난 중국에서 몇 개 없는 휴면 화산군 중 하나이다. 공원의 총면적은 108km²이고 40개의 분화구와 30개 이상의 용암 터널이 있으며, 다양한 화산 분화구와 용암석, 용암 터널을 관람할 수 있다.

루후이토우 공원(鹿回头山顶公园)

루후이토우 공원의 전경

빈랑곡의 입구

　루후이토우 공원은 산야시에 있으며, 국가지정 AAAA(4A)급 관광지이다. 총면적은 82.88ha에 이를 만큼 매우 크다. 하이난 관광에서 야경 명소로 꼽히는 이곳은 정상에 오르면 산야강과 산야시 전경을 볼 수 있는데 일몰과 야경이 아름답기로 유명하다. 정상에 있는 사슴 조각상 또한 공원의 명소이며, 국가보호급 식물이 있는 산야시의 자연 보호 핵심 구역이기도 하다.

빈랑곡(檳榔谷)

　빈랑곡은 산야시에 위치한 국가지정 AAAAA(5A)급 관광지이다. 열대우림이 울창하게 펼쳐져 있고, 1만 그루가 넘는 빈랑나무가 있어 빈랑곡이라고 부른다. 빈랑곡은 하이난성의 소수민족인 이족(黎族)과 먀오족(苗族)의 생활상을 엿볼 수 있고 전통 공연을 관람할 수 있는 민속촌이다. 이족의 전통

방염직수기예는 유네스코 무형문화유산으로 선정됐다. 소수민족들의 생활 체험뿐만 아니라 수륙양용 차량 체험과 루지 등의 체험 또한 할 수 있다.

중국의 대표적인 휴양지인 하이난성에는 싱룽열대식물원(兴隆)과 5A급 관광지인 우즈저우섬(蜈支洲島) 등의 많은 관광지가 있다.

■ 대표 음식

하이난성이 섬인 만큼 해산물이 주재료로 사용되며 중국 본토보다는 간이 약한 편이다. 동남아시아 국가들과 인접해 동남아식 조리법의 영향을 많이 받았다.

해남계반(海南鸡饭)

해남계반은 닭고기를 백숙처럼 요리해 밥과 마늘 간장소스와 함께 먹는 음식이다. 고단백 저지방 음식 중 하나로 비타민A 함량이 높고 체력 증진 등에 도움이 된다고 한다.

허러시에(和乐蟹)

허러시에는 완닝의 특산품인 게 요리이다. 완닝시 허러항구(和乐港) 부근에서 수확하는 게는 다른 지역 게에 비해 기름기가 적고 담백한 맛과 독특한 향을 가지고 있다. 찜

허러시에

과 볶음 등으로 다양하게 요리한다.

지아지아(加积鸭)

지아지야는 오리가 주재료인 요리로 하이난에서는 오리고기가 닭고기보다 저렴하여 널리 이용된다. 찜, 조림, 구이 요리로 다양하게 즐긴다.

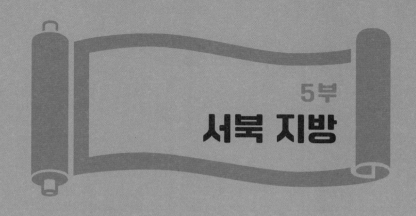

5부

서북 지방

17.
섬서성(陝西省)

중국 왕조 1300년 수도

섬북 민요박물관

옌안 혁명기념지

황제릉

대명궁

진시황 병마용박물관

법문사

태백산

화청지

화산

대안탑 - 대당부용원

금삼협

- ■ **약칭** 섬(陝, 산), 진(秦, 진)

- ■ **성도** 시안(西安)

- ■ **면적** 205,800km²

- ■ **인구** 약 3,900만 명(인구 순위 16위)

- ■ **민족 비율** 한족 : 99.5% 후이족 : 0.39%, 만주족 : 0.14% 몽골족 : 0.02%

■ 행정구역

[10개 지급시(地級市)] : 시안(西安, 부성급), 셴양(咸阳), 바오지(宝鸡), 퉁촨(铜川), 웨이난(渭南), 옌안(延安), 위린(榆林), 한중(汉中), 안캉(安康), 샹뤄(商洛)

섬서성은 중국의 중앙에 위치해 간쑤성, 충칭, 후베이성, 산시성, 네이멍구자치구와 경계를 접하고 있다. 섬서성이라는 명칭은 허난성의 산현(陝县) 서쪽에 위치한다는 뜻이다. 섬서성을 한어병음에 따라 표기하면 'shanxi'인데, 중동부에 위치한 산시성과 혼동되기 쉬우므로 'shaanxi'로 표기하기도 하며 구분을 위해 한자식 독음인 섬서성으로 표기한다.

■ 역사

춘추전국시대 진나라가 섬서성 일대에서 전성기를 맞이하고, 중국 최초의 통일 왕조를 세웠으나 진시황 사후 혼란 끝에 멸망한다. 이후 섬서성의 시안(당시 장안)은 유방이 건국한 한나라의 수도로서 활약하고 잠시 허난성 뤄양으로 옮겼던 시기도 있었지만 대부분 시안이 한나라의 수도 역할을 했다. 한나라 멸망 후 수나라, 당나라 시기에도 중국의 수도 역할을 이어갔다. 특히 당나라 시기 섬서성과 시안은 실크로드의 중심지 역할은 물론, 인구 100만 명이 넘는 대도시로써 매년 많은 외국인이 방문했고, 통일 신라와 발해의 유학생들도 당나라에서 공부하기 위해 방문하기도 했다.

그러나 이후 섬서성 일대는 서쪽과 북쪽에서 침입해오는 이민족들에 의해 흔들리기 시작한다. 원나라가 건국되면서 원나라는 수도를 시안이 아닌 동부 연안의 베이징으로 옮긴다. 명나라 시기에도 수도는 난징과 베이징이었고, 명나라 말기 군주들의 폭정과 잇따른 흉작으로 흉흉해진 민심은 이자성이 일으킨 난으로 폭발하게 되고 명나라는 멸망을 맞이한다.

여진족이 세운 청나라가 멸망하고 1935년 마오쩌둥이 대장정 끝에 옌안 소비에트를 열었고, 공산당은 섬서성, 간쑤성, 닝샤후이족차지구 지역을 일대로 세력을 구축했다. 당시 국민당 정부는 섬서성 일대의 공산당을 토벌하려 했으나, 국민당의 군벌 장쉐량이 장제스를 감금하는 '시안 사변'이 발생하고 제2차 국공 합작이 이루어져 중국 공산당은 옌안 지역에서 더욱 확고히 세력을 구축할 수 있었다. 1945년 중일전쟁이 끝난 후 국민당이 섬서성 일대를 지배했으나, 국민당이 국공내전에서 패하면서 중화인민공화국의 시대는 시작된다.

■ 지리 및 기후

섬서성은 북부의 황토고원(黃土高原), 중부의 관중평원(关中平原), 남부의 친링산맥(秦岭)과 다바산(大巴)을 경계로 한중(汉中)지역으로 나뉜다. 고대부터 중부에 위치해 있는 관중평원을 중심으로 농업이 발달하며 여러 왕조의 수도가 들어섰다.

섬서성의 기후는 북부와 남부로 나뉘는데 북부는 온대기후, 남부는 아열대기후의 특징을 보인다. 북부의 연평균 기온은 7~12℃, 남부는 14~16℃이다. 북부는 강수량이 적으며 남쪽으로 내려오며 강수량이 많아진다. 강수량은 340~1,240mm로 지역별로 편차가 큰 편이다.

▪ 경제

2020년 기준 섬서성의 GDP는 2조 6,181억 8,600만 위안(한화 약 470조 691억 1,400만 원), 1인당 GDP는 67,500위안(한화 약 1,212만 원)을 기록했다.

섬서성은 황허가 흐르고, 관중평원 등이 중심에 있어서 예전부터 농업이 발달했다. 벼농사와 북부의 황토고원에서 이루어지는 말, 돼지 등의 축산업이 섬서성 1차 산업의 주요 수입원이다.

또한 섬서성 북부에는 석탄 매장량이 약 1,400억 톤에 달하며, 천연가스의 매장량도 5,800억m³, 석유 11억 톤 등 다양한 자원이 매장되어 있다. 이러한 자원과 더불어 에너지 산업, 첨단 제조업, 건축업 등의 산업이 발달했다.

섬서성 중 시안은 관광산업이 크게 발전했다. 중국의 여러 왕조의 수도 역할을 하며 병마용(兵馬俑), 대안탑(大雁塔), 성벽(城墻) 등의 수많은 유적지를 남겨 매년 많은 관광객을 유치하고 있다.

현재 중국이 시행하고 있는 일대일로 사업에서 시안은 육상 실크로드의 시작점으로써 큰 의미를 지닌다. 중국 정부는 시안부터 독일까지 이어지는 육상 실크로드를 2049년까지 완성한다는 목표 국가 간 운송시스템 완비에 박차를 가하고 있다.

▪ 교육

섬서성에는 109개의 대학이 있다. 985공정에 포함된 학교는 시안교통대학교(西安交通大学), 서북공업대학교(西北工业大学), 서북농임과기대학교(西安农林科技大学)가 있고, 211공정에 속한 학교는 서북대학교(西北大学), 시안전자과기대학교(西安电子科技大学), 섬서사범대학교(陕西师范大学), 장안대학교(长安大学), 제4 군사의과대학교(第四军医大学)가 있다.

■ **교통**

섬서성의 교통은 고대에는 발달했으나 이후 중국의 중심에서 벗어나며 크게 발전을 이루지 못했다. 그러나 중화인민공화국 건국 이후 철도 교통 개발로 현재 중국 전역으로 이어지는 철로를 구축했고, 실크로드 경제 벨트 육상로의 시작점으로 더욱더 발전할 것으로 보인다. 철로와 함께 도로도 고속도로 포함 4만 6,564km의 도로를 구축하고 있다.

섬서성에는 5개의 민간공항이 있다. 이 중 가장 규모가 큰 곳은 시안셴양 국제공항(西安咸阳国际机场)이다. 남방항공과 동방항공을 비롯해 중국 국내 23개의 항공사가 중국 전역으로 운항하고, 국제선은 30개의 항공사가 주로 아시아 지역으로 운항하고 이 중 대한항공과 아시아나항공이 인천으로 운항하며, 에어부산이 김해행 노선을 운항하고 있다.

■ **관광지**

섬서성은 고대 중국 여러 국가의 수도였던 지역으로 특히 진나라와 당나라 시기의 유적이 많고, AAAAA(5A)급 관광 명소 8개가 있다.

진시황릉(秦始皇陵)

진시황릉은 시안에 있으며, 국가지정 AAAAA(5A)급 관광명승지이다. 1974년 진시황릉이 발굴되면서 많은 부장품이 쏟아져 나올 때 병마용도 당시 발굴된 유적 중 하나이다. 1호갱부터 3호갱까지 발굴되었다. 진짜 진시황릉은 우리가 흔히 알고 있는 병마용이 아니라 아직 발굴되지 않은 거대한 언덕이라고 추정하고 있다.

현재 중국은 병마용을 발굴하며 병마용의 병사들이 몇천 년간 땅속에 묻혀 있다가 외부로 나오면서 변색되고 파손되는 등 훼손에 대한 우려로 발굴 기술이 완벽해질 때까지 무리하게 진행하지 않겠다고 선언했다. 진시황릉을 발굴하고 복원하는 데에는 수백 년이 걸릴 것으로 예상된다.

화산(华山)

화산은 웨이난에 위치한 중국 오악 중 하나인 명산이자, 국가지정 AAAAA(5A)급 관광명승지이다. 화산의 가장 높은 봉우리는 2,160m이며 험준한 지형으로 유명하다. 흔히 우리가 보는 벽면에 구멍 뚫린 난간에 기대어 벽을 짚으며 산을 타는 장면 대부분이 화산에서 찍힌 장면이다. 이 코스를 이용하려면 필히 안전 요원들이 주는 장비를 착용하고 등반해야 한다.

화산의 풍경

대안탑(大雁塔)

대안탑은 시안에 있는 국가지정 AAAAA(5A)급 관광명승지이다. 당나라 고종은 돌아가신 어머니 문덕 황후를 기리기 위해 648년 츠언쓰(慈恩寺,

병마용

자은사)를 건립했고, 서유기의 삼장법사로 잘 알려진 현장법사가 인도에 불
교 순례를 다녀온 후 가져온 산스크리트 경전을 번역하고 보관하기 위해 사
찰 안에 대안탑을 건설했다. 츠언쓰는 전쟁 등으로 심하게 훼손됐고 지금의

대안탑

대안탑만 모습 그대로 남아 자리를 지키고 있다. 대안탑 주변에 대당불야성(大唐不夜城)이라는 거리를 조성해서 시안의 대표적인 관광지로 발돋움했다. 당나라 시대의 화려했던 도시 분위기를 재현하여 여러 행사를 개최하고 먹거리를 판매하고 있다.

대당부용원(大唐芙蓉园)

대당부용원의 야경

국가지정 AAAAA(5A)급 관광명승지인 대당부용원은 당나라 시기의 부용원 유적지를 재현한 문화테마파크이다. 연못이 공원 면적의 30% 이상을 차지하고 있고 12개의 문화 테마 구역으로 나누어져 있으며, 당나라 시기 찬란했던 문명을 재현했다. 매일 밤 분수 쇼, 레이저 쇼 등 관광객을 유치하는 행사를 개최하고 있다.

당 화칭궁(唐华清宫)

당 화칭궁은 국가지정 AAAAA(5A)급 관광명승지이자 국가중점문물보호단위이다. 흔히 화청지(华清池)로 알려져 있으며, 당나라 태종이 처음 탕취안궁(汤泉宫)을 세웠고 이후 현종이 화칭궁으로 개칭했다. 이곳은 현종이

양귀비를 만나던 곳으로 잘 알려져
있다.

화칭궁은 역사적으로 정치의 중심
지였으며 안녹산의 난(안사의 난)으로
폐허가 됐으나, 5대 10국 시기에 복
원됐고, 근대에는 장쉐량이 장제스를
감금했던 시안 사변이 발생하기도 했
다. 이곳은 당나라 시기부터 내려오
는 온천으로도 유명하다.

화칭궁의 연못

■ **대표 음식**

섬서성 요리(陝西菜)는 섬서성, 간쑤성(甘肅省), 닝샤(寧夏), 칭하이(青海),
신장(新疆) 등의 요리를 포함한 북서부 요리를 통칭하는 말이다.

로우지아모(肉夾饃)

로우지아모는 섬서성식 햄버거
라고 볼 수 있다. 돼지고기, 양고
기, 소고기, 닭고기 등을 주재료로
잘게 다져서 익힌 빵 사이에 넣어
서 먹는다. 시안에서 흔히 볼 수 있
는 길거리 음식이고, 특히 후이민
제(回民街, 회족거리)에 많다.

섬서성식 햄버거

양로우파오모(羊肉泡馍)

양로우파오모는 양고기를 얇게 썰고 면과 빵 등을 함께 육수에 넣어 끓이는 요리이다. 북송 시기 한 시인이 맛에 대해 칭찬하는 글을 남길 정도로 많은 이의 사랑을 받아온 음식이다. 섬서성 지역을 방문할 시 꼭 먹어야 하는 음식으로 꼽힌다.

량피(酿皮)

량피

량피는 중국 서북부의 전통음식이지만, 섬서성의 량피가 특히 유명하고 인기가 많다. 일종의 면 요리인데 오래전 진시황 때부터 만들어지기 시작했다고 한다. 당시 섬서성 일대가 심각한 가뭄에 시달려 벼농사가 흉작이었는데, 오래된 쌀을 가루로 만들어 국수를 만들었다고 하며, 이것이 현재 량피의 전신이다.

빵빵면(biangbiang面)

빵빵면은 섬서성의 특색 요리로, 중국어 병음을 입력해도 나오지 않는 한 자이기 때문에 어색한 표현이지만 빵빵면으로 표기한다. 벨트처럼 두꺼운 면이 특징이다. 빵빵면의 기원에 대해서는 여러 가지 설이 있는데 대표적으로 진(秦)나라 시기 전쟁으로 징병된 군인들에게 고향의 맛을 느끼게 하려고 국수를 제공했는데, 전쟁이 끝나고 고향 셴양(咸阳)으로 돌아간 군인이 빵빵면을 만들었다는 이야기가 있다.

18.
칭하이성(青海省)

중국 최대의 소금 생산지

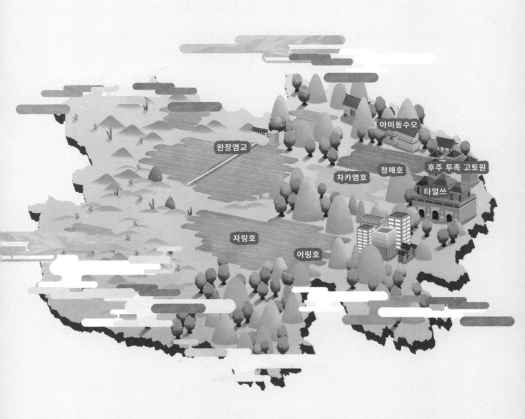

아미동수오

완장염교

차카염호

청해호

후주 투족 고토원

타얼쓰

자링호

어링호

- **약칭** 청(青, 칭)

- **성도** 시닝(西宁)

- **면적** 721,000km²

- **인구** 약 590만 명(인구 순위 30위)

- **민족 비율** 한족 : 54.5%, 티베트족 : 20.7%, 후이족 : 16%, 투족 : 4%

■ 행정구역

[2개 지급시, 6개 소수민족 자치주] : 시닝(西宁), 하이둥(海东), 하이베이티
베트족자치주(海北藏族自治州), 황난티베트족자치주(黄南藏族自治州), 하이난
티베트족자치주(海南藏族自治州), 궈뤄티베트족자치주(果洛藏族自治州), 위쉬
티베트족자치주(玉树藏族自治州), 하이시몽골티베트족자치주(海西蒙古族藏
族自治州)

칭하이성은 동쪽으로 간쑤성, 서쪽으로 티베트자치구, 북쪽으로 신장웨
이우얼자치구, 남쪽으로 쓰촨성과 경계를 접하고 있다. 칭하이라는 명칭은
중국에서 가장 큰 호수인 칭하이호(青海湖)에서 유래되었다.

■ 역사

아주 오래전 칭하이성에는 창족(羌族)이라는 민족이 거주하고 있었고, 기
원전 61년에 한나라가 창족을 평정하고 칭하이성 일대에 7개의 현을 설치
한다. 이 시기부터 칭하이성에 한족들이 유입됐으며, 한족과 창족들이 함께
거주하게 된다.

4세기에는 토욕혼족(吐谷浑族)이 칭하이성 지역에 유입되고 토욕혼국을
건국하고 300여 년 동안 칭하이성을 지배한다. 이 시기에 칭하이성은 실크
로드의 길목으로 서방과 중국을 잇는 무역에 공헌한다. 이후 7세기에 토욕
혼국은 수나라에 의해 멸망되고 칭하이성 일부 지역은 수나라의 통치를 받
게 된다.

수나라 이후에도 토번, 티베트, 준가르와 같은 이민족의 통치를 계속 받

았으며, 이후 청나라 강희제 시기에 외몽골과 함께 준가르로부터 빼앗아 청나라의 지배를 받게 된다. 1911년 신해혁명으로 청나라가 멸망하고 칭하이성은 북양 군벌의 지배를 받는다. 칭하이성은 간쑤성에 속해 있었으나 1928년 중화민국의 군벌 펑위샹의 주도로 독립하게 된다.

중화민국 군벌이 지배하던 시기에 티베트는 칭하이성을 티베트 고유의 영토로 간주해 침공했으나 중화민국 군벌 마부팡이 지휘하는 회족(후이족) 군대에 패전해 군벌의 지배를 받았고 1949년 중국 공산당이 국민당을 타이완으로 밀어내면서 칭하이성도 중화인민공화국에 속하여 현재에 이르고 있다.

■ **지리 및 기후**

칭하이성은 티베트고원의 동북쪽에 위치하고 있어 전체적으로 고도가 높다. 시닝만 해도 해발고도 2,275m의 고지대이며, 칭하이호(青海湖)도 해발 3,205m에 위치해 있다. 고지대에 위치한 탓에 춥고 건조한 편으로, 일부 고원 지역에서는 한대기후도 나타난다.

칭하이성의 연평균 기온은 -5.1~9.0℃이며, 1월 평균 기온은 -17.4~ -4.7℃, 7월 평균 기온은 5.8~20.2℃를 기록하고 있다. 칭하이성을 방문할 때는 여름에도 긴 옷을 챙겨가는 것이 좋다. 칭하이성은 알프스·히말라야 조산대에 위치한 곳으로 지진이 자주 일어나며 지난 2010년 대지진이 발생해 많은 사상자가 발생했고, 2021년에도 규모 7.3의 대지진이 발생하기도 했다.

칭하이성의 경제는 중국 전체에서 가장 작은 규모에 속한다. 2020년 칭하이성의 GDP는 3005.92억 위안(한화 약 54조 2000억 원), 1인당 GDP는 48,981위안(한화 약 882만 원)을 기록했다.

칭하이성의 목축업

칭하이성은 넓은 면적에 비해 인구수가 적어 산업 발전이 더디고, 많은 주민들이 1차 산업에 종사하고 있다. 대체로 소, 야크, 돼지 등을 유목하여 도축하는 목축업에 종사한다. 칭하이성을 방문해 차를 타고 도심 외곽으로 조금만 벗어나도 길에서 야크나 소 등의 동물들이 길가에 돌아다니는 모습을 볼 수 있다.

한편 석유의 생산지이기도 한데, 석유 대부분이 차이다무 분지(柴达木盆地)에 매장되어 있다. 석유와 천연가스 등은 칭하이성 경제에 매우 중요한 자원으로 활용되고 있다.

■ 교육

칭하이성에는 12개의 대학교가 있다. 이 중 10곳이 시닝에 있으며 하이동에 칭하이고등직업기술대학(青海高等职业技术学院), 하이시몽골티베트족자치주에는 칭하이차이다무직업기술대학(青海柴达木职业技术学院)이 있다.

■ 교통

칭하이성의 교통은 열악한 편이다. 성도 시닝의 경우는 그나마 양호하지만 관광 목적으로 방문한 경우 관광지가 도심에서 떨어져 있고 관광지 간의 거리도 상당히 먼데다 버스 등의 대중교통이 없어서 택시를 하루 대여하는 서비스를 이용해야한다.

칭하이성에서 외부로 향하는 교통은 본래 폐쇄적이었으나, 2006년 7월 시닝에서 시짱(티베트)의 라싸(拉萨)까지 연결되는 칭짱철도의 전 구간이 완공됐으며, 철도의 운행 거리는 1,100여km이다. 현재는 인근의 시안, 청두 등 대도시와 철도 연결이 되어있다.

항공 교통으로는 시닝차오지아바오국제공항(曹家堡国际机场)이 있으며, 이 공항이 칭하이·티베트고원의 교통 허브이다. 그러나 외국으로 나가는 비행기는 많지 않은데 중국 남방항공의 말레이시아 쿠알라룸푸르행 노선과 쓰촨항공의 베트남 나트랑행 노선 총 2편이 있다.

■ 관광지

칭하이호(青海湖)

칭하이호는 하이베이티베트족자치주, 하이난티베트족자치주 등 넓은 지역에 걸쳐 있는 호수이다. 칭하이성 이름의 유래가 된 호수로서, 중국 최대의 호수이자 염호(盐湖)이다. 수평선이 보여 바다로 착각할 만큼 넓으며 물도 소금물이어서 이름에 '바다 해(海)'가 들어갔다고 한다. 면적은 4,317km²로 충청남도의 절반쯤 되는 매우 넓은 호수이다. 11월부터 3월까지는 얼음이 얼어 넘실거리는 파도를 볼 수는 없지만, 호수의 중간까지 걸어 들어가는 체험을 할 수 있다. 소금호수의 특성상 소금도 산출하고 있다.

칭하이호

차카염호(茶卡盐湖)

차카염호는 하이시몽골티베트자치주에 위치한 소금호수이다. 차카염호의 주위는 4계절 눈 덮인 산들로 둘러싸여 있고 호수의 표면은 매우 맑아 날

씨가 좋을 때 방문하면 하늘이 수면에 그대로 비치는 장관을 연출하고 있어 '중국 하늘의 거울(中国的天空之镜)'이라 불린다. 중국 내 친환경 소금 생산지로도 유명하여, 소금이 기차로 운송되는 모습도 지켜볼 수 있다.

차카염호

귀덕국가지질공원(贵德国家地质公园)

귀덕국가지질공원은 하이난티베트자치주에 위치한 국가공원으로 국가

지정 AAAA(4A)급 관광명승지이다. 지질공원이라는 이름에 걸맞게 지층, 단층 등을 볼 수 있으며 칭짱고원의 지질 변화와 황허의 역사 등을 볼 수 있다. 공원 내의 단하지형은 기이한 지형을 자랑하고 있으며, 다양한 색의 지층을 볼 수 있다.

귀덕국가지질공원

타얼쓰(塔尔寺)

　타얼쓰는 시닝에 위치한 국가지정 ＡＡＡＡＡ(5A)급 관광명승지이다. 티베트어로는 '군번셰바린(滚本贤巴林)'이라고 하며, 그 뜻은 '10만 마리의 사자가 울부짖는 불상의 미륵사'이다. 타얼쓰는 명나라 홍무제 12년(1379년)에 건립되었다. 티베트불교 거루파(格鲁派)의 6대 사원으로 꼽히며, 샤오진와쓰(小金瓦寺), 다징탕(大经堂), 다추팡(大厨房), 주젠뎬(九间殿), 징탕(经堂), 포타쓰(佛塔寺)로 구성되었고, 티베트와 중국의 양식이 결합한 건축 양식을 이루고 있다. 타얼쓰는 칭하이에서도 가장 뛰어난 국가 문화유산으로 꼽히고 있고 중국 북서부 티베트 불교의 중심지로 중국과 동남아에서 높은 평가를 받고 있다.

타얼쓰

■ 대표 음식

칭하이성은 소수민족이 많은 지역이기 때문에 음식의 색, 향, 맛, 형태 모두 여러 소수민족의 풍습이 뒤섞여져 있다. 주로 소고기, 양고기와 밀가루 위주의 식재료를 사용한다.

가미엔피엔(尜面片)

가미엔피엔은 칭하이성의 가정식으로, 우리의 수제비와 비슷하다. 반죽을 손으로 직접 빚어 손가락 크기만큼 뜯어 끓는 물에 살짝 익힌 후 바로 먹을 수 있는 음식이다. 가미엔피엔은 음식에 들어가는 재료와 조리방법에 따라 튀김을 하거나, 소고기, 양고기 등을 첨가해서 만들어 먹기도 한다.

양창미엔(羊肠面)

양창미엔은 양의 창자로 만든 순대가 들어있는 면 요리로, 손질한 양의 대창과 곱창 안에 파, 생강, 후추 등으로 간을 한 밀가루를 넣어 순대를 만들고, 순대를 끓여낸 육수에는 무와 파, 마늘을 넣어 국물을 완성하는 요리이다. 칭하이성을 대표하는 요리이다.

투훠궈(土火锅)

투훠궈는 칭하이성 주위의 서북 지역에서 유행하는 음식인데 소수민족의 훠궈라고 할 수 있다. 투훠궈는 보통의 훠궈와는 다르게 재료가 국물에 담긴 채로 나온다. 야크

투훠궈

고기가 들어가는 것이 특징인데, 청하이성을 방문하게 된다면 꼭 먹어봐야

하는 음식 중 하나이다.

19.
간쑤성(甘肅省)

실크로드의 중심지

월아천

자위관

칠채단하

빙링사 세계문화유산

쿵퉁산

마이지산

- **약칭** 감(甘, 간)

- **성도** 란저우(兰州)

- **면적** 455,900km²

- **인구** 약 2,500만 명(인구 순위 22위)

- **민족 비율** 한족 : 91.2%, 후이족 : 4.7%, 둥샹족 : 1.8%, 티베트족 : 1.7%

■ 행정구역

[12개 지급시, 2개 소수민족 자치주] : 란저우(兰州), 자위관(嘉峪关), 진창(金昌), 바이인(白银), 톈수이(天水), 우웨이(武威), 장예(张掖), 핑량(平凉), 주취안(酒泉), 칭양(庆阳), 딩시(定西), 룽난(陇南), 린샤후이족자치주(临夏回族自治州), 간난티베트족자치주(甘南藏族自治州)

간쑤성은 동쪽으로 섬서성과 맞닿아 있고, 남쪽으로는 쓰촨성과 서쪽으로는 칭하이성과 경계를 맞대고 있다. 간쑤라는 명칭은 장예시의 과거 이름인 감주(甘州)의 감(甘)과 주취안시의 과거 이름인 숙주(肃州)의 숙(肃)을 가져와서 정한 것이다.

■ 역사

간쑤성은 춘추전국시대에 동남부는 진나라에 속했고 서부는 서융(西戎)에 속했다. 이후 한나라에 들어서는 서역으로 진출하는 실크로드의 중요한 기지 역할을 하게 된다. 오호십육국 시대에는 불교가 전래되어 둔황 막고굴(莫高窟), 마이지산 석굴(麦积山石窟), 병령사 석굴(炳灵寺石窟) 등 많은 불교 관련 유적지를 남겼다. 당나라 시기에도 서역으로 향하는 교통로로서 간쑤성 일대가 중요시됨에 따라 관내도(关内道), 롱우도(陇右道), 산남도(山南道)를 설치해 간쑤성 일대를 관리, 감독했다.

이후 1884년 청나라 시기에 신장이 분리됐으며, 1929년 중화민국 정부 당시에 칭하이와 닝샤를 성급 행정구역으로 분리 독립시키면서 간쑤성의 기본 틀이 완성됐다. 1954년에 닝샤성이 간쑤성에 병합되었다가 1957년에 닝샤성이 분리되면서 닝샤후이족자치구로 독립, 지금의 간쑤성이 완성됐다.

▪ 지리 및 기후

간쑤성은 기형적으로 길쭉한 지형을 이루고 있는데, 동북방은 몽골고원, 서남방은 티베트고원 권역으로 지리적 경계가 뚜렷하게 구분돼 있다. 간쑤성의 북동쪽에는 고비사막이 지나고, 남서쪽에는 해발고도 5,000m의 치롄산맥(祁連山)이 지나고, 이 사이로 과거 실크로드의 중요한 역할을 했던 하서주랑(河西走廊)이 간쑤성을 통과한다.

간쑤성은 황토고원, 칭하이·티베트고원, 네이멍구고원 등 3개의 고원이 만나는 지점에 있어 지형이 복잡하고 지역마다 고도차가 큰 산, 분지, 평야, 사막이 있는 산악 고원 지형이다. 이로 인해 해발고도 1,000m 이상인 지역이 대부분이다.

기후는 춥고 건조한 편이다. 1월 평균 기온은 -8.5℃, 7월 평균 기온은 20.5℃ 연간 강수량은 약 300mm이며 스텝 기후에 속해 여름에 강수량이 집중되는 특징을 보인다.

▪ 경제

2020년 간쑤성의 GDP는 9,016억 7,000만 위안(한화 약 162조 5400억 원), 1인당 GDP는 약 34,919위안(한화 약 630만 원)으로 중국의 모든 성을 통틀어 가장 낮은 1인당 GDP를 기록했다.

간쑤성은 광활한 영토와 다량의 광물 자원을 보유하고 있으나 척박한 자연환경으로 산업이 발전하기 어려운 상황이다. 이런 이유로 1차 산업에 종사하는 인구가 많다. 대체로 목축업과 농업이 주를 이루는데 2020년 간쑤성의 곡물 생산량은 사상 최초로 1,200만 톤을 넘어섰다. 돼지, 양, 소, 낙타, 야크 등의 목축업이 활발한데 간쑤성의 하곡마(河曲馬)는 매우 우수한 품종이다.

간쑤성은 중공업 중에서 석유화학, 전력 기계, 모방직 등의 산업에 주력하고 있다. 특히 유전은 주취안에서 생산되고 성도인 란저우로 운송되어 가공되고 있는데, 이에 따라 란저우에는 석유화학공업이 발달했다. 이외에도 진창시는 중국에서 니켈의 도시라고 불리며 높은 생산량을 자랑한다.

■ **교육**

간쑤성에는 총 37개의 대학이 있으며, 211공정과 985공정에 포함된 학교는 란저우대학교(兰州大学)가 유일하다.

란저우 대학교 정문

■ 교통

과거 간쑤성은 실크로드로 유명했으나, 근대 시대의 교통은 낙후되어 있었다. 그러나 중국 정부의 대대적인 건설을 통해 서북과 동부지역을 연결하는 교통의 중심지로 떠올랐다. 철도의 운행 거리는 약 2,319km이며, 중국 정부 수립 후 건설된 톈란(天兰), 란신(兰新), 바오란(包兰), 란칭(兰青) 등의 노선이 있다.

간쑤성의 민간 공항은 란저우중촨국제공항(兰州中川国际机场)을 비롯해 10개가 있으며, 이 중 란저우중촨국제공항은 중국 전역으로 향하는 노선이 있고, 해외로 향하는 노선은 일본(오사카, 나고야), 싱가포르, 방콕, 쿠알라룸푸르, 프랑크푸르트, 두바이 등의 9개의 노선이 있다.

■ 관광지

간쑤성은 고원과 산에 둘러싸여 아름다운 자연을 볼 수 있으며 과거 실크로드의 중심지로 당시 전래된 불교 관련 관광지들이 많다.

둔황 막고굴(敦煌莫高窟)

둔황 막고굴은 주취안시에 위치한 중국의 4대 석굴 중 하나이자 세계문화유산, 국가지정 AAAAA(5A)급 관광명승지이다. 북조 시기부터 원나라 시대에 걸쳐 만들어져 735개의 동굴로 구성되어 있다.

최초로 만들어진 시기는 오호십육국 시대 366년으로 추정되는데, 승려 낙준(乐僔)이 암벽에 석굴을 파고 불상을 조각한 것을 시작으로 보고 있다. 이후 계속해서 석굴의 수를 늘려갔으나 실크로드 무역이 쇠퇴하면서 둔황

둔황 막고굴

막고굴도 사람들에게서 잊혀 갔다. 1949년 저우언라이(周恩来)의 지시로 1961년 전국 중점문물보호단위로 지정되어 다시 많은 관광객이 찾고 있다.

장예 국가지질공원(张掖郭嘉地质公园)

간쑤성 장예에 위치한 국가지질공원은 칠채단하 풍경구(七彩丹霞风景区)라고 불리기도 하며, 국가지정 AAAAA(5A)급 관광명승지이다. 장예 국가지질공원은 호수였던 지형이 지각변동으로

장예 국가지질공원의 풍경

융기된 형태로, 여러 광물질을 지닌 호수 바닥이 건조한 기후를 만나서 다양한 색채를 띠게 되었다. 이곳은 나무 한 그루 자라지 않는 언덕들이 붉은색, 고동색, 흰색, 푸른색 등 일곱 가지 색을 띠고 있어 칠채산(七彩山)이라고 하기도 한다.

마이지산 석굴(麦积山石窟)

마이지산 석굴은 톈수이(天水)에 있으며, 중국의 4대 석굴 중 하나이자 국가지정 AAAAA(5A)급 관광명승지이다. 오호십육국 시기에 불교가 중국으로 전파되며 굴을 파고 불상을 만들기 시작했다고 한다. 이후 북위부터 청나라까지 10여 개 왕조에서 석굴을 파고 보수를 해 같은 둔황 막고굴 다음의 중국 제2대 예술 석굴이 되었다. 마이지산이라는 이름은 주위보다 142m 높은 산봉우리 형상이 '농가에서 보리를 쌓아 놓은 모양'과 같다고 하여 명명되었다.

마이지산의 풍경

자위관 문화유적 풍경구(嘉峪关文物景区)

자위관 문화유적 풍경구

자위관 문화유적 풍경구는 국가지정 AAAAA(5A)급 관광명승지이다. 고대 실크로드 교통의 요충지 역할을 했으며, 명나라와 만리장성의 서쪽 끝 지역이다. 현재 중국의 만리장성 성문 중에서 가장 온전한 형태를 보존하고 있으며, 이를 기념하는 만리장성 박물관이 있다.

밍샤산 월아천 풍경구(鸣沙山月牙泉风景名胜区)

밍샤산 월아천 풍경구는 주취안시에 있으며, 국가지정 AAAAA(5A)급 관광명승지이다. 풍경구의 주요 명소로는 초승달처럼 생긴 샘이 있는 월아천과 작은 모래 알갱이로 이루어진 밍샤산이 있다. 밍샤산은 적색, 황색, 녹색, 백색, 흑색 5가지의 색이 있어 종종 아름다운 광경을 만들어내기도 한다. 밍샤산을 포함한 풍경구의 면적은 31,200km²에 달하며, 밍샤산 초승달 풍경구는 1994년에 국가중점명승지로 지정됐고, 이와 함께 '중국의 5대 사막'으로 선정되었다. 풍경구에서는 낙타 트래킹 체험을 할 수 있으며, 모래 스키, 사막 버기, 오토바이 체험 등의 많은 프로그램이 있다.

지금까지 소개한 관광지 외에도 중산교라고도 불리는 황허 제1교(中山桥, 黄河第一桥), 장예시의 대불사(大佛寺) 등이 있다.

■ 대표 음식

간쑤성의 음식은 룽차이(龙菜)라고 불리기도 하며, 중국 본토의 맛과 간쑤성 소수민족들의 특색이 섞여 있는 맛을 느낄 수 있다.

란저우 라면(兰州拉面)

란저우 라면은 란저우의 향토 음식 중 하나로, 특유의 소고기 육수와 면 제조법으로 많은 인기를 끌고 있다. 이미 간쑤성을 넘어서 중국 전역에서 판매되고 있을 정도로 유명한 음식이다.

중국 대표 음식 란저우라면

천수장수면(天水浆水面)

천수장수면의 조리법은 간단하다. 미나리와 거여목 등의 나물들을 이용하여 육수를 만들고, 면을 첨가하여 완성한다. 천수장수면은 여름철 음식으로 시원하고 상쾌해 피로를 풀고 체력을 회복시켜주는 효능이 있다고 한다.

란저우 새끼돼지구이

란저우 새끼돼지구이는 간쑤 지방의 유명한 향토 음식이다. 10kg 이하의 흑돼지를 도축한 후 숯불에 뜸을 들여가며 굽는 요리로 현지인뿐만 아니라, 타지역 중국인, 외국인들도 간쑤성을 방문하게 되면 꼭 먹는 음식이다. 육질이 부드럽고 맛이 좋아 인기가 많다.

초승달 모양이 뚜렷한 밍샤산 월아천 풍경구

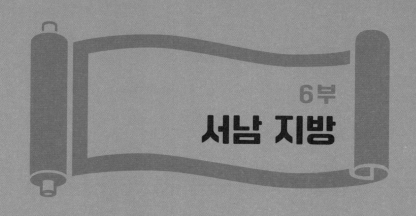

6부
서남 지방

20.
쓰촨성(四川省)

유비가 건국한 촉한, 삼국지의 무대

구채구

황룡풍경구   광무산   검문관

강성 관광구

낭중고성   주덕 고향

두장옌   덩샤오핑 옛 집

원촨 특별 관광지

벽봉협

하이로거우   어메이산

낙산대불

간즈 다오청 야딩 국립공원

■ **약칭** 천(川, 촨), 촉(蜀, 슈)

■ **성도** 청두(成都)

■ **면적** 485,000km²

■ **인구** 약 8,300만 명(인구 순위 5위)

■ **민족 비율** 한족 : 94.5%, 이족 : 2.5%, 티베트족 : 1.5%, 창족 : 0.3%

■ 행정구역

[18개 지급시, 3개 소수민족 자치주] : 청두(成都, 부성급), 메이산(眉山), 쯔양(资阳), 쑤이닝(遂宁), 난충(南充), 러산(乐山), 야안(雅安), 더양(德阳), 멘양(绵阳), 광위안(广元), 다저우(达州), 바중(巴中), 네이장(内江), 쯔궁(自贡), 이빈(宜宾), 루저우(泸州), 판즈화(攀枝花), 광안(广安), 간쯔티베트족자치주(甘孜藏族自治州), 아바티베트족창족자치주(阿坝藏族羌族自治州), 량산이족자치주(凉山彝族自治州)

쓰촨성은 서쪽으로는 티베트자치구, 북쪽으로 칭하이성, 간쑤성, 산시성, 남쪽으로는 윈난성, 동쪽으로는 구이저우성, 충칭과 접하고 있다. 북송 시절 쓰촨성 일대에 있던 익주로(益州路), 재주로(在州路), 이주로(利州路), 기주로(气州路), 4개의 길을 '천협사로(川峡四路)'라고 불렀는데 쓰촨은 이 천협사로의 줄임말이다.

■ 역사

쓰촨성 지역은 춘추전국시대 파촉(巴蜀)이 있던 곳으로 토지가 비옥하고 인구가 많았으며, 자원이 풍부한 광야가 천 리나 뻗어있었다고 한다. 비옥한 토지와 주변의 험난한 지형이 천연의 요새가 되어 쓰촨성 일대는 주변의 강대국들이 항상 노리는 지역이었다. 진나라가 쓰촨성 일대를 정복하고 크게 성장하기 시작했으며, 진나라가 초나라의 항우에 의해 멸망한 후에 한나라를 건국한 유방이 쓰촨성 일대의 영주가 된다.

삼국시대에 들어서는 우리에게 익숙한 『삼국지』 주인공인 유비가 쓰촨성의 청두에 촉한을 건국하게 된다. 이런 이유로 청두 근교에는 제갈량의 무덤인 무후사와 유비의 무덤도 함께 자리 잡고 있다. 수나라와 당나라 시기에 쓰촨성 지역은 양주, 검남 등의 이름으로 불렸으며, 당나라 시기에 안사의 난, 황소의 난 등의 반란이 일어나자 당나라 조정은 쓰촨성으로 잠시 조정을 옮기기도 한다. 이후 북송, 원, 명, 청 등 국가의 지배를 받았다.

신해혁명으로 청나라가 멸망하고 여러 군벌들이 세운 독립 정권의 지배를 받게 된다. 그러나 장제스의 북벌로 장제스의 국민정부 아래로 들어가게 된다. 1937년 중일전쟁이 발발하고 국민정부의 수도 난징이 점령당하자 장제스는 수도를 쓰촨성의 충칭으로 옮긴다. 1945년 8월까지 충칭이 국민당의 수도 기능을 했고, 1945년 일제가 패망하면서 다시 국민당의 지배를 받게 된다. 이후 국공내전이 발발하고 국민당이 패배하며 타이완으로 물러나고 쓰촨성에 남아있던 국민당의 남은 세력까지 제거한 후 쓰촨성은 중화인민공화국의 소속이 된다. 1996년에는 쓰촨성의 최대 도시였던 충칭이 직할시로 분리되었다.

■ **지리 및 기후**

쓰촨성 서부에는 티베트고원이 있고 중부와 동부는 분지 지형이다. 동북쪽에는 섬서성과 접해 있는데 그 경계를 큰 산맥이 가로지르고 있다. 이로인해 과거 쓰촨성으로 출입하기 위해서는 섬서성의 한중(汉中)지역을 통과하거나 가파른 산맥을 통과하거나, 장강의 험난한 계곡인 장강삼협(长江三峡)을 통과해야 했다.

쓰촨성의 기후는 동부, 남서부, 북서부 3개 지역으로 구분할 수 있는데,

동부는 열대기후에 속한다. 동부는 일 년 내내 따뜻하고 습하며, 연평균 기온 16~18°C를 유지한다. 남서부는 아열대기후에 속하며 연평균 기온이 12~20°C를 기록하고 건기와 우기가 뚜렷한 특징을 보인다. 북서부는 고산기후의 특징을 보이며 연평균 기온이 4~12°C 정도이다.

쓰촨성은 겨울에도 영상의 기온을 기록할 정도로 온화한 기후를 가지고 있으나 일조량은 중국에서 가장 적은 지방으로, 흐린 날씨로 유명한 영국 런던의 절반 수준이다.

쓰촨성은 유라시아판과 인도판이 충돌하는 지역이라 지진이 매우 잦으며, 2008년 규모 8.0의 대지진으로 약 6만 9천 명의 사망자가 발생했다. 2021년 7월에도 규모 4.8의 지진이 발생했다.

■ 경제

2020년 쓰촨성 GDP는 4조 8,598억 위안(한화 약 875조 7,503억 원), 1인당 GDP는 59,987위안(한화 약 1,082만 원)을 기록했다.

쓰촨성은 분지 지형이며 역사적으로 '풍요의 성'으로 알려진 만큼 중국의 많은 국가가 탐내는 땅이었다. 성도인 청두는 '하늘이 내린 곳간'이라 불릴 정도로 예로부터 농업이 활발했다. 중국 전체 곡물 생산량의 40% 이상을 쓰촨성이 차지하고 있다. 쓰촨성은 중국 서부에서 가장 큰 공업 중심지이다. 촉한 시절부터 유명했던 비단을 포함해 쓰촨성 지하에 매장되어 있는 수많은 지하자원을 이용해 석탄, 에너지 산업이 발달했으며, 최근에는 IT, 신에너지산업 등이 빠른 속도로 발전하고 있다.

쓰촨성은 중국 국내 유통의 중심으로서 '5,000위안을 벌면 1만 위안을 쓰는 곳이 청두'라고 할 정도로 소비산업의 중심지이다. 대표적인 소비 지구로 중국의 명동이라 불리는 쭝푸루(总府路)와 대형 쇼핑단지 IFS몰이 있는 춘시루(春熙路)등이 있다.

■ 교육

쓰촨성에는 126개의 대학이 있다. 이 중 211공정에 포함된 곳은 전자과학기술대학(电子科技大学), 쓰촨대학(四川大学), 서남교통대학(西南交通大学), 쓰촨농업대학(四川农业大学), 서남재경대학(西南财经大学)이다.

■ 교통

쓰촨성은 예로부터 '촉도(蜀道)를 통행하는 것은 하늘에 오르기보다 어렵다'라는 말이 있을 정도로 과거 교통 상황이 좋지 않았다. 그러나 중화인민공화국 건국 이후로 지속적으로 철로를 건설했고, 현재는 중국 내륙 교통의 중심지이다.

쓰촨성의 주요 공항은 18개이고, 이 중 가장 규모가 큰 곳은 청두쐉류국제공항(成都双流国际机场)으로 중국 남서부의 교통의 허브 역할을 하고 있다. 중국 전역의 노선을 가지고 있고, 해외 운항 노선도 다양하다. 2021년 6월 27일부터 운항이 시작된 청두티엔푸국제공항(成都天府国际机场)은 청두쐉류국제공항의 2배 정도 크기로 쓰촨성의 또 하나의 교통 허브가 될 것으로 기대를 하고 있다.

■ **관광지**

쓰촨성은 『삼국지』의 촉한이 위치했던 지역으로 유비, 제갈량 등 유명한
인물들의 유적지와 더불어 7개의 세계문화유산이 있을 정도로 관광지가
많다.

청두 판다기지(成都大熊猫繁育研究基地)

청두 판다기지는 국가지정 AA
AA(4A)급 관광명승지이다. 쓰촨
성 하면 가장 먼저 판다를 떠올리
는 사람들이 많을 것이다. 청두 판
다기지는 자이언트 판다 같은 멸
종위기에 처한 야생 동물 보호를
위해 설립한 연구 기지이다. 중국
정부는 자이언트 판다를 다른 국
가에 임대하는 형식으로 수출을

청두 판다기지의 자이언트 판다

하고 있다. 전 세계 동물원에 있는 모든 자이언트 판다는 여전히 중국 소유
이며, 중국 정부는 자이언트 판다의 매매를 금지한다.

판다를 보기 위해서는 아침 일찍 가는 것이 좋은데 판다의 특성상 활동량
이 매우 적고, 아침에 밥을 먹을 때 가장 많이 활동하기 때문이다. 이곳에서
는 자유롭게 돌아다니는 래서판다도 관람할 수 있다.

무후사(武侯祠)

무후사는 청두시에 있으며, 국가지정 AAAA(4A)급 관광명승지이자, 국가중점 문물보호단위이다. 한소열묘(汉昭烈庙)라고도 불리는데 촉한의 군주였던 유비, 촉한의 승상이었던 제갈량의 제사를 모신 사당으로 1,500년

무후사

의 역사를 가지고 있다. 사당 내부에는 촉한의 역사적 인물들을 나타내는 토우가 41점이 있으며, 토우들은 서열순으로 배치되어 있다.

무후사 바로 옆에는 진리(锦里) 거리가 있다. '진리'는 비단 마을이라는 뜻인데, 과거 촉한 시절 제갈량의 지휘 아래 비단의 질을 높여 촉나라의 비단을 명품으로 만들고자 했던 역사를 잇고자 거리를 조성한 것이다.

낙산대불(乐山大佛)

낙산대불은 러산시에 있으며, 국가지정 AAAAA(5A)급 관광명승지이다. 링윈대불(凌云东佛)이라고도 불리며 중국 최대 크기의 석불로 높이 71m, 어깨 너비 28m, 머리 너비 10m에 달하는 초대형 석불이다. 당나라 때 승려 해통(海通)이 배가 안전하게 지나다니기를 기원하며 조각을 시작했으며, 그가 세상을 떠나자 지엔난(贱男)의 절도사 위고(韦皋)가 90년의 시간을 거쳐서 완성했다고 한다.

조각 당시에는 금빛과 화려한 빛깔로 장식돼 있고 13층 목조 누각으로 덮어 보호했으나, 누각은 명나라 말기에 불에 타 없어졌고, 장식품들은 시간이 지나면서 풍화되어 훼손됐다. 그러나 중국 정부에서 꾸준히 관리하며 복원시켜 낙산대불은 어메이산(峨眉山)과 함께 1994년 유네스코 세계문화유산으로 지정됐다.

낙산대불

어메이산(峨眉山)

어메이산은 러산시에 있으며, 국가지정 AAAA(4A)급 관광명승지이고, 세계문화유산, 세계자연유산으로 지정되었다. 아름다운 풍경과 '중국 4대 불교 명승지'로 유명하다. 어메이산은 예전부터 도교의 성지였으나, 불교가

어메이산에서 보는 일출

전래되고 융성하면서 불교의 성지로 탈바꿈되었다.

어메이산에는 복호사(伏虎寺), 우심사(牛心寺), 금정사 등의 절이 있고 정상에는 항상 차가운 기운이 감돌며, 늘 구름과 안개에 덮여 있어 '불광(佛光)' 현상을 볼 수 있다. 어메이산에는 5,000여 종의 식물과 2,300여 종의 동물이 서식한다고 알려져 있다.

구채구 국가자연보호구(九寨沟国家级自然保护区)

구채구 국가자연보호구는 아바티베트족창족자치주에 있으며, 국가지정 AAAAA(5A)급 관광명승지이자, 세계자연유산이다. 구채구는 골짜기 안

가을의 구채구

에 아홉 개의 장족마을이 있다는 뜻에서 그 이름이 유래되었다.

구채구라는 단어는 창족의 마을에서 유래한 것으로 알려졌다. 총면적이 720km²에 달하는데 140여 종이 넘는 다양한 조류와 멸종위기 동물인 자이언트 판다, 진쓰허우(金丝猴)라 불리는 황금 원숭이를 비롯해 희귀 동식물들이 서식한다. 에메랄드 빛 호수와 폭포, 동화 속 세계 같은 자연 풍경으로 많은 관광객이 찾는다.

지금까지 소개한 관광지 외에도 콴짜이샹즈(宽窄巷子), 황룡 풍경구(黄龙风景名胜区) 등의 유명 관광지가 있다.

■ 대표 음식

쓰촨성 요리는 베이징, 광둥, 상하이와 함께 중국 4대 요리로 불린다. 흔히 촨차이(川菜)라 부르며 쓰촨성의 요리는 맵기로 유명한데, 보통 한국에서 느낄 수 있는 칼칼한 매운맛과는 다르게 입술과 혀를 얼얼하게 만드는 매운맛이다.

후이궈로우(回锅肉)

후이궈로우는 쓰촨성의 농촌에서 시작됐으며 언제 만들어졌는지는 확실치 않아 북송 시대라는 주장과 청나라 시대라는 주장이 분분하다. 삶은 돼지고기에 두반장을 넣어 볶은 요리로 우리나라의 제육볶음과 비슷하며 쓰촨 고전 10대 요리 중 하나이다.

마파두부(麻婆豆腐)

마파두부는 청나라 때 청두에서 개발된 요리로, 쓰촨의 후추인 초피와 빨간 고추를 듬뿍 넣어 강력한 매운맛이 매력적인 음식이다. 원래 마파두부에는 소고기를 넣어 요리했으나 돼지고기를 넣기도 하

마파두부

고, 최근에는 마파두부가 유명세를 타면서 전 세계인의 입맛에 맞게 조리법에 변화를 주기도 한다.

부처폐편(夫妻肺片)

부처폐편은 소 내장을 얇게 잘라 매운 양념장에 볶은 요리이다. 부처(夫妻)는 1930년대 청두에서 한 부부가 곱창을 비롯한 소 내장을 청두 골목을 돌아다니며 팔았다는 데서 유래한 이름이다. 부처폐

부처폐편

편은 소두피(牛头皮), 우심(牛心), 우설(牛舌), 소 천엽(牛肚) 등이 주재료이며 식감이 좋고 가격도 저렴해 서민들이 즐겨 먹는 음식 중 하나이다.

21.
구이저우성(贵州省)

마오타이주 원산지

츠수이단샤

범정산

백리두견

쩐위엔고성

청암고전

용궁풍경구

황궈수폭포

장강

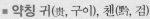

- **약칭** 귀(贵, 구이), 첸(黔, 검)

- **성도** 구이양(贵阳)

- **면적** 176,167km²

- **인구** 약 3,800만 명(인구 순위 17위)

- **민족 비율** 한족 : 62.1%, 먀오족 : 12.2% 부이족 : 7.9%, 동족 : 4.6%,

  투자족 : 4%, 이족 : 2.4%

■ 행정구역

[6개 지급시, 3개 소수민족 자치주] : 구이양(貴阳), 준이(遵义), 류판수(六盘水), 안순(安顺), 비지에(毕节), 퉁렌(铜仁), 첸동난먀오족동족자치주(黔东南苗族侗族自治州), 첸난부이족먀오족자치주(黔南布依族苗族自治州), 첸시난부이족먀오족자치주(黔西南布依族苗族自治州)

구이저우성은 서쪽으로는 윈난성과 접하고 북쪽으로 쓰촨성, 남쪽과 동쪽으로는 각각 광시좡족자치구, 후난성과 접하고 있다. 구이저우라는 명칭은 현재 성도인 구이양의 옛 이름인 구이저우(贵州)에서 유래했다.

■ 역사

춘추전국시대 예랑(夜郎)이라는 국가가 구이저우성 일대에서 기세를 떨쳤고, 나름 확고한 국가체계를 갖추었던 것으로 평가받고 있다. 이후 세력이 약해졌지만 전한 시대까지는 존속했고 기원전 25년 한무제 시기에 남월 원정을 하며 예랑국이 멸망하고 구이저우 지역에 한나라의 군, 현이 설치됐다.

그러나 구이저우성은 중원에서 거리가 매우 멀어서 토착 영주를 통해서 통치하는 토사(土司)제도라는 간접 통치를 시행했으며, 당나라 시기에는 검중도로 승격되기도 했다. 이후에도 구이저우성은 계속 토사제도를 시행하고 변방 오랑캐의 땅이라 취급받다가 원나라, 명나라를 거치며 중국에 완전히 흡수됐다. 원나라는 대리국을 멸망시키며 구이저우성을 지배하며 몽골 만호부를 설치했고, 명나라 시기에는 유학 교육을 받아야만 토사를 세습할 수 있는 제도를 시행했다. 이 시기에 구이저우라는 지명을 사용했다.

청나라 시기에 지금의 영토를 거의 확정 지었으며, 청나라가 멸망하고 중화민국 시기에 공산당 대장정의 경유지 중 한 곳이 됐고, 1935년 1월 준이(遵义)에서 개최된 회의에서 마오쩌둥이 공산당 권력을 확고히 잡게 된 계기가 된다. 1949년 국공내전을 거친 후 국민당 세력이 중국에서 물러난 후 중화인민공화국이 구이저우성까지 점령해 현재에 이른다.

■ **지리 및 기후**

구이저우성은 서쪽이 높고 동쪽으로 갈수록 낮아지는 서고동저의 지형을 가지고 있다. 평균 해발고도가 약 1,100m 정도의 고원지대가 대부분이고 영토 중 92.5%가 산과 구릉으로 구성되어 있다. 또한, 80% 이상이 석회암으로 덮여 있어, 중국에서도 유명한 카르스트지대이다. 2007년에 중국 남방 카르스트 중 하나로 세계유산에 등록됐다.

구이저우성은 아열대고원기후의 특징을 보이며, 여름에는 시원하고 겨울에는 따뜻하다. 1월 평균 기온은 3~6℃이고 7월 평균 기온은 22~25℃이다. 연평균 강수량은 1,000~1,400mm로, 건기와 우기가 뚜렷한 특징을 보인다. 또한, 광시 쪽에서 오는 습한 공기와 지형의 영향을 받아 1년 중에 150일 정도는 날이 흐리고 습도가 70%를 넘는 날이 많다.

■ **경제**

2020년 구이저우성의 GDP는 1조 7,826억 5,600만 위안(한화 약 321조 2,524억 원), 1인당 GDP는 49,200위안(한화 약 886만 6,000원)을 기록했다.

구이저우성은 현재 심각한 재정난에 시달리고 있으며 부채 비율 또한 GDP 대비 111.6%로 중국 지방정부 중 세 번째로 높다.

구이저우성의 주된 1차 산업은 곡물, 과일, 차 생산과 축산업이며, 약재 생산량도 풍부해 중국의 4대 약재 산지 중 하나로 꼽힌다. 구이저우성의 2차 산업은 성 내에서 가장 큰 활약을 보이고 있다. 지형을 이용한 수력발전 자원과 석탄, 보크사이트 등의 광물 자원이 풍부하게 존재해 중국 내에서는 '자원의 보고'라고 불리고 있다.

한편 구이저우성의 가장 대표적인 산업은 주류산업이다. 마오타이주(茅台酒)는 구이저우의 경제에 큰 역할을 하고 있다. 최근 마오타이주 회사의 지분을 매각해 구이저우 정부의 재정에 도움을 주기도 했다.

3차 산업은 다른 산업들에 비해서는 크게 활약하지 못하고 있고, 관광 수입 또한 코로나19로 인해 예전에 비해서 많이 줄어든 상태이나, 관광업은 코로나19의 상황에 따라 다시 변화할 것으로 보인다.

■ 교육

구이저우성에는 75개의 대학이 있다. 이 중 985공정에 포함된 학교는 없으며 211공정에 포함된 학교는 구이저우대학교(贵州大学)가 유일하다.

■ 교통

구이저우성은 90%가 산과 구릉으로 구성된 험난한 지형으로 인해 교통이 매우 불편해 물류 운송은 대부분 인력이나 말에 의존했으나, 중화인민공화국 건국 후 대규모 건설을 하여 사방으로 뻗어 나가는 교통망을 구축했다. 구이저우성 정부는 재정난에 시달리고 있지만, 마오타이주 회사의 지분을 매각하면서까지 도로 건설을 지속하고 있다. 이번 13차 5개년 계획으로 구이저우성은 5,000억 위안(한화 약 90조 원)을 투입해 도로 네트워크 완비와 고속도로의 건설에 박차를 가하고 있다.

구이저우성에는 11개의 민간공항이 있다. 이 중 가장 규모가 큰 곳은 구이양룽둥바오국제공항(贵阳龙洞堡国际机场)으로 중국 국내선은 총 25개 항공사가 106개의 도시로 운항을 하고 있으며, 해외 항공은 12개의 항공사가 14개의 도시로 운항하고 있다. 이중 한국의 항공편은 대한항공이 인천과 구이양을 잇는 노선을 운영하고 있다.

■ 관광지

구이저우성은 중국에서 지정한 AAAAA(5A)급 관광지가 5곳이 있으며, AAAA(4A)급 관광지도 95곳이나 있다.

황귀수 폭포(黄果树瀑布)

황귀수 폭포는 안순에 위치한 세계 최대의 폭포군이자 국가지정 AAAAA(5A)급 관광명승지이다. 황귀수 대폭포를 중심으로 여러 크기의 폭포 18개로 구성되었는데, 황귀수 대폭포의 크기는 높이 74m, 너비 81m에 달한다. 황귀수 폭포를 세상에 알린 명나라 지리학자이자 여행가인 서하객(徐霞客)은 황귀수 폭포를 '진주를 두드리고 옥을 깨뜨리듯이 물방울들이 마구 튀는데, 물안개가 하늘로 솟아오르는 진귀한 장관'이라고 평가했다.

황궈수 폭포의 풍경

용궁 풍경구(龙宫风景名胜区)

용궁 풍경구는 안순에 위치한 국가지정 AAAAA(5A)급 관광명승지이

용궁 풍경구의 내부

다. 총면적은 60만km²이며, 중국 내에서 가장 아름다운 동굴과 다양한 카르스트 지형을 보유하고 있어 '대자연의 기적'으로 평가받고 있다. 용궁 풍경구는 카르스트 지형의 동굴, 계곡, 폭포, 절벽 등이 놀랍도록 조화롭게 이

루어져 중국 최대의 동굴 법당, 중국 최대의 동굴 폭포, 세계에서 가장 낮은 방사선량 보유고 등의 별칭이 있다.

마령하 협곡(马岭河峡谷)

마령하 협곡은 첸시난부이족 먀오족자치주의 싱이(兴义)에 있으며, 국가지정 AAAA(4A)급 관광명승지이다. 마령하 협곡은 싱이 국가지질공원(兴义国家地质公园)의 내부에 위치해 있고, 폭 50~150m, 높이 120~280m로 웅장함과 아름다움을 겸비하고 있는 관광지이다.

마령하 협곡

마령하 협곡에서 머지않은 거리에 만봉림(万峰林)이 있는데 만봉림은 평평한 지역에 카르스트 봉우리가 솟아 있는 지형으로 전동차를 타고 관람할 수 있다.

백리두견(百里杜鹃)

백리두견은 비제시에 위치해 있는 진달래 숲으로, 국가지정 AAAAA(5A)급 관광명승지이다. 협곡 구릉지대에 펼쳐져 있는 길이 50km, 폭 1.2~5.3km 크기의 이곳에는 마잉(马樱), 어황(鹅黄), 바이허(百合), 칭롄(清莲) 등 23개의 진달래 품종이 서식하고 있다. 하나의 나무에 최대 7종류의 꽃이 피어있는 것도 볼 수 있으며, 매년 3월에서 5월, 진달래가 만개하는 시기에

백리두견의 전경

많은 관광객이 방문한다.

지금까지 소개한 관광지 외에
도 치슈이(赤水), 먀오족이 모여
사는 마을인 서강천호묘채(西江
千户苗寨), 공산당의 대장정에서
마오쩌둥이 권력을 잡게 된 회
의가 개최된 준이 회의장(遵义会
议会址) 등의 관광지가 있다.

■ 대표 음식

구이저우 요리는 첸차이(黔菜)라고도 알려져 있는데, 구이양(贵阳), 첸베
이(黔北), 소수민족의 요리와 같은 지역별 특색이 강한 다양한 요리가 있다.
쓰촨요리 계통에 포함되며, 쓰촨의 매운맛과 다르게 새콤하고 매운맛이 특
징이다.

카이리 산탕어(凯里酸汤鱼)

카이리 산탕어

카이리 산탕어는 구이저우식 생
선 수프이다. 생선이 주재료로 잉
어나 메기가 사용되며 신맛을 내는
소스, 파 등이 첨가된다.

양랑 라즈지(阳朗辣子鸡)

양랑 라즈지는 구이저우의 특색있는 닭고기 요리이다. 양랑은 구이양에서 76km 정도 떨어진 구이저우성의 한 지역을 지칭하는 것이며, 라즈지는 '매운 닭'이라는 뜻이다. 이름처럼 매운맛이 강하지만 부드럽고 식감이 좋다고 한다.

구이저우 마오타이주(贵州茅台酒)

구이저우는 마오타이주의 원산지로서 마오타이주 회사가 구이저우 준이(遵义)시에 위치해있다. 준이시의 한 마을인 마오타이진(茅台镇)에서 시작된 마오타이주는 52도에서 54도 사이의 도수를 가졌고, 맑고 투명하며 은은한 향기가 매혹

세계의 3대 명주 마오타이주

적인 술이다. 아일랜드의 위스키, 프랑스의 코냑과 함께 세계 3대 명주로 불리며, 재정적으로 불안한 구이저우성에 많은 수입을 가져다주는 효자상품이기도 하다.

22.
윈난성(云南省)

보이차 원산지

- **약칭** 운(云, 윈), 전(滇, 뎬)

- **성도** 쿤밍(昆明)

- **면적** 394,100km²

- **인구** 약 4,700만 명(인구 순위 12위)

- **민족 비율** 한족 : 66.4%, 이족 : 11.1%, 바이족 : 3.5%, 하니족 : 3.3%,
  쫭족 : 2.7%, 다이족 : 2.6%, 먀오족 : 2.4%, 후이족 : 1.5%

■ 행정구역

[8개 지급시, 8개 소수민족 자치주] : 쿤밍(昆明), 취징(曲靖), 위시(玉溪), 푸얼(普洱), 자오퉁(昭通), 바오산(保山), 리장(丽江), 린창(临沧), 디칭티베트족자치주(迪庆藏族自治州), 누장리수족자치주(怒江傈僳族自治州), 다리바이족자치주(大力白族自治州), 더훙다이족징포족자치주(德宏傣族景颇族自治州), 추슝이족자치주(楚雄彝族自治州), 훙허하니족이족자치주(红河哈尼族彝族自治州), 시쐉반나다이족자치주(西双版纳傣族自治州), 원산좡족먀오족자치주(文山壮族苗族自治州)

윈난성은 북쪽으로 쓰촨성, 동남쪽으로 베트남, 서남쪽으로는 미얀마와 경계를 접하고 중국의 서남단에 위치해 외국의 여러 국가와 국경을 맞대고 있다. 윈난이라는 이름은 한나라 시대 윈난성 일대에 설치된 행정구역인 윈난군(云南郡)에서 유래했다.

■ 역사

기원전 3세기 춘추전국시대 초나라 장군 장교(庄蹻)가 윈난성을 점령하여 스스로 전왕(滇王)이라 칭하고, 뎬츠호(滇池湖) 부근에 전나라를 건국한다. 이후 한무제에 점령당하고 중국 통일왕조의 통치를 받게 되며 윈난성 일대는 익주에 편입된다.

『삼국지』에 나오는 맹획이 다스리는 남만이라고 부르는 지역이 바로 윈난성 지역을 의미하는데, 맹획의 남만은 촉한의 승상 제갈량이 군사를 이끌고 윈난성 일대의 부족들을 점령한다. 삼국시대가 진나라에 의해 종식되고 얼마 지나지 않아 위진남북조 시대가 열리면서 윈난성 일대는 동진(东晋), 제나라(齐) 등의 통치를 받고, 수나라 시기에는 남영주총괄부가 설치되며 당나라 시기에는 윈난성 일대를 남영주라고 칭한다.

당나라 이후 혼란기인 오대십국 시기에는 바이족과 먀오족 등 다양한 민족들이 남조, 대리국을 건국하기도 했다. 명나라 시기에도 먀오족과 야오족 등이 윈난성 지역에서 반란을 일으키기도 했으며, 청나라 시기에도 두문수가 바이족과 함께 반란을 일으키고 평남국(平南国)을 건국한다.

청나라가 멸망하고 중화민국 시기에 1928년 윈난도(云南道)에서 윈난성으로 승격됐으며, 1937년 중일전쟁이 발발하고 미얀마와 인접해 있는 윈난성의 일부 지역이 일제에 의해 점령당하기도 한다. 1945년 일제가 패망하고 점령당했던 지역은 국민당으로 돌아왔으나, 1946년 국공 내전이 발발하고 내전 중에 윈난성을 중심으로 하는 국민당의 전계 군벌이 숙청되면서 국민당에 반감을 품고 공산당에 투항하게 되고, 현재의 체제에 이르게 된다.

■ **지리 및 기후**

윈난성은 영토의 87%가 해발 1,000~3,500m의 고원이고, 평야의 면적은 4% 정도에 불과하다. 해발고도가 높고 서남부에 위치해 연교차는 크지 않으나 일교차가 큰 기후 특징을 보인다. 7월의 평균 기온이 19~22℃ 정도이고 1월의 평균 기온은 6~8℃이나, 겨울과 봄이 되면 12~20℃까지 큰 일교차를 보인다.

윈난성의 연평균 강수량은 1,000mm이며, 강수량 분포는 지역별, 시기별로 다른데 우기(5월~10월)에 연 강수량의 85%가 집중되며, 지역별 연간 강수량 분포는 많은 곳은 2,500mm 이상이 내리나 가장 적은 곳은 584mm 정도로 지역별 편차가 크다.

■ **경제**

2020년 윈난성의 GDP는 약 2조 4,500억 위안(한화 약 442조 1,540억 원), 1인당 GDP는 약 52,100위안(한화 약 940만 원)을 기록했다.

윈난성은 기후 특징을 살려 천연고무, 커피, 담배, 한약재 등의 생산량이 중국 내 1위를 유지하고 있으며 사탕수수와 차의 생산량 또한 2위를 기록하고 있다. 특히 차는 보이차의 주산지로 유명하며, 같은 방법으로 발효한 차라도 윈난성에서 생산된 차가 아닐 경우 보이차라는 상표를 붙일 수 없을 정도로 엄격하게 관리하고 있다. 차의 발달과 함께 커피 재배도 활발한데, 최근 커피의 수출이 차의 수출 규모를 넘어서기도 했다.

2차 산업에서 윈난성은 구리, 납, 아연, 알루미늄의 주요 생산지이다. 특히 아연은 홍허하니족이족자치주에 중국에서 가장 많은 양이 매장되어 있다. 이런 자원들과 함께 윈난성은 에너지 산업이 발전했는데 특히 수력발전이 매년 급성장하고 있다.

3차 산업에서는 관광산업의 발전이 눈에 띄는데 2020년 윈난성은 5억명 이상의 관광객을 유치했고 관광 수입은 약 6,477억 위안(한화 약 116조 7,900억 원)을 달성했다.

■ 교육

윈난성에는 총 82개의 종합 대학이 있다. 985공정에 포함된 학교는 없으며, 211공정에는 윈난대학교(云南大学) 한 곳만 포함되어 있다.

■ 교통

윈난성은 춘추전국시대 시기부터 중국과 서아시아, 남아시아 지역을 연결하는 교통의 요충지 역할을 했으나, 1900년대 중반까지 가축을 운송 수단으로 이용하는 등 교통 발전이 매우 더딘 도시였다. 이후 중국 정부의 계획하에 건설이 이뤄졌고 현재 철도의 길이는 약 4,000km에 달하고 청두, 상하이 등의 대도시와 연결되어 있다.

윈난성의 주요 공항은 16개이다. 이 중 가장 규모가 큰 곳은 쿤밍창수이국제공항(昆明长水国际机场)으로 총 30개의 중국 국내 항공사가 중국 전역 122개 도시로 운항하고 있으며, 해외 운항으로는 서울, 오사카, 방콕, 두바이 등 아시아 국가를 포함해 밴쿠버, 시드니 등 총 47개 도시로 운항을 한다. 리장산이국제공항(丽江三义国际机场)도 중국 국내 노선 47개를 포함해 국외 노선 타이베이, 방콕, 싱가포르, 서울 등 4개의 노선도 함께 운항하고 있다.

■ 관광지

윈난성은 중국의 서남단 지역으로 국가지정 AAAAA(5A)급 관광명승지가 8곳 있으며, 여러 소수민족의 풍습이 어우러진 관광 명소가 있다.

리장의 유명 명소 옥룡설산

리장 옥룡설산(丽江 玉龙雪山)

리장 옥룡설산은 중국 서부의 최남단에 있는 고산으로 해발 5,596m이며 국가지정 AAAAA(5A)급 관광명승지이다. 윈난성 하면 가장 먼저 떠오르는 곳이 옥룡설산일 것이다. 옥룡이라는 이름은 산에 쌓인 눈이 마치 은빛 용이 누워 있는 모습과 비슷하다 하여 지어졌다. 이곳에는 약 6,500여 종의 동식물이 서식하고 있고 특히 눈이 없는 지역에는 연중 10개월 동안 여러 다양한 꽃이 만개하여 장관을 이룬다. 빙천공원(冰川公园), 남월곡(蓝月谷) 등으로 이어지는 등산 코스가 있고 모우평(牦牛坪)이라는 평원에서는 가축을 모는 주민의 모습도 볼 수 있다.

리장 고성(丽江古城)

리장 고성은 국가지정 AAAAA(5A)급 관광명승지이다. 옛 모습을 그대로 간직한 마을로, 중국에서 두 번째로 역사문화도시 승인을 받기도 했

리장 고성의 거리

다. 마을의 건물들은 한족, 장족, 바이족 등 여러 민족의 풍습을 합친 나시족만의 양식으로 건축됐다. 마을에는 총 300여 개의 돌로 만든 다리가 있으며, 다리와 강물, 거리, 오래된 건축물들이 어우러져 '동방의 베니스'라고 불리기도 한다. 명·청 시대에는 서북의 차 무역의 요충지로서 역할을 하기도 했다.

쿤밍 석림 풍경구(昆明石林风景区)

쿤밍 석림 풍경구는 국가지정 AAAAA(5A)급의 관광명승지이다. 2억 7천만 년 전 바다였던 쿤밍 석림 일대가 지각운동으로 융기되어 해저 깊은 곳에 있던 석회암들이 육지로 올라온 후, 오랜 세월 동안 풍화작용을 겪으며 지금의 형태를 갖추게 됐다고 한다. 총면적은 350km²에 달하며 석림의 장엄한 광경은 보는 사람들을 압도한다. 현재 전체 부지의 일부만 일반에게 공개하고 있으며 대석림(大师林), 소석림(小石林), 내고석림(乃古石林) 등으로 나누어져 있다. 쿤밍에 여행 오면 반드시 들러야 할 관광 코스이다.

쿤밍 석림 풍경구의 석림

다리 숭성사 삼탑(大理崇圣寺三塔旅游区)

다리 숭성사 삼탑은 다리바이족자치주에 있으며, 국가지정 AAAAA (5A)급 관광명승지이다. 중국 당나라 시기 윈난성에 위치하던 남조 왕국에 의해 건설된 탑이다. 3개의 탑 모두 전형적인 당나라 건축 양식으로 지어졌으며, 역사적, 문화적, 건축적으로 매우 가치가 높은 문화재로 평가받고 있다.

숭성사 삼탑

푸다춰 국립공원(普达措国家公园)

푸다춰 국립공원

  푸다춰 국립공원은 디칭티베트자치주의 샹그릴라시에 위치한 공원이
자 국가지정 AAAAA(5A)급 관광명승지이다. 공원의 총면적은 1,313km²
로 매우 넓으며, 호수와 습지를 비롯한 자연에 원시 어류인 수두열복어, 검
은목두루미 같은 희귀 동식물이 서식하고 있어 원시 생태환경을 온전히
보존하고 있는 것으로 평가받고 있다. 또한, 공원 내부에는 티베트인들이
거주하고 있는 마을이 있어 티베트인들의 생활과 전통 건축물을 엿볼 수
있다.

■ 대표 음식

  윈난성의 음식은 지역별로 특색이 강한데 북동부 지역은 쓰촨성과 인접
해 쓰촨요리와 비슷하고, 서부와 남서 지방의 요리는 미얀마, 라오스 등과

국경을 접하고 있어 여러 소수민족, 티베트, 후이족 등의 영향을 받았다.

치궈지(汽锅鸡)

치궈지는 윈난성식 찜닭이다.
청나라 시기 윈난성 남부에서 시작
된 요리로 닭과 함께 생강, 소금, 파
와 각종 채소를 넣어 3~4시간가량
쪄서 만드는 요리이다. 치궈지는
윈남성 10대 명물 요리로 선정되
기도 했다.

윈난성식 찜닭 치궈지

파인애플밥(菠萝饭)

파인애플밥은 파인애플과 볶음
밥을 조화시켜 만든 음식으로 각
종 영양소, 비타민이 풍부한 요리
이다.

윈난성 특유의 요리 파인애플밥

금전운퇴(金钱云腿)

금전운퇴는 돼지 뒷다리의 살을 발라내어 햄으로 만든 것으로 윈난성 사
람들은 이를 튀김이나, 찜, 조림 등으로 다양하게 요리한다. 그중 찜요리는
향이 강하고 톡 쏘는 듯한 맛을 준다고 한다. 청나라 옹정제 시기부터 널리
알려지기 시작했으며 쑨원도 맛을 본 뒤 극찬했다고 전해진다.

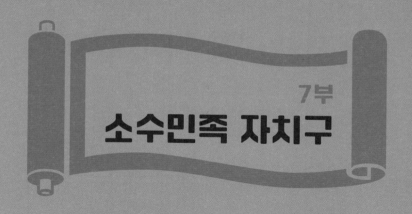

7부

소수민족 자치구

23.
신장웨이우얼자치구
(新疆维尔族自治区)

고대 실크로드의 주요 교역지

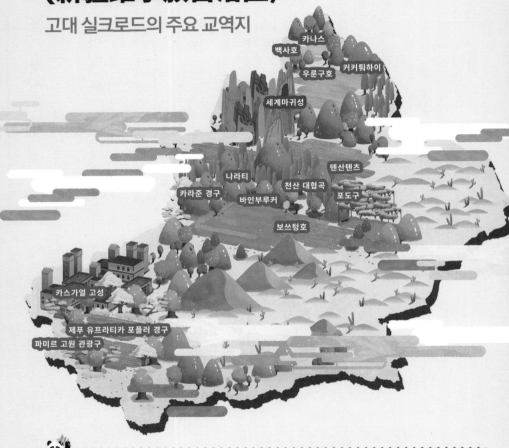

카나스

백사호

우룬구호

커커퉈하이

세계마귀성

텐산텐츠

나라티

카라준 경구

천산 대협곡

바인부루커

포도구

보쓰텅호

카스가얼 고성

제푸 유프라티카 포플러 경구

파미르 고원 관광구

- **약칭** 신(新, 신)
- **성도** 우루무치(乌鲁木齐)
- **면적** 1,664,900km²
- **인구** 약 2,580만 명(인구 순위 21위)
- **민족 비율** 위구르족 : 45.2%, 한족 : 40.5%, 카자흐족 : 6.7%, 후이족 : 4.5%, 키르기스족 : 0.9%, 몽골족 : 0.8%

■ 행정 구역

[4개 지급시, 5개 지구, 4개 소수민족 자치주]: 우루무치(乌鲁木齐), 커라마이(克拉玛依), 투루판(吐鲁番), 하미(哈密), 아러타이(阿勒泰), 타청(塔城), 카슈가르(喀什), 아크수(阿克苏), 허톈(和田), 보얼타라몽골자치주(博尔塔拉蒙古自治州), 창지후이족자치주(昌吉回族自治州), 이리카자흐자치주(伊利哈萨克自治州), 커쯔러쑤키르기스자치주(克孜勒苏克尔克孜自治州), 바인궈렁몽골자치주(巴音郭楞蒙古自治州)

신장웨이우얼자치구는 남쪽으로는 티베트자치구, 남동쪽은 칭하이성, 간쑤성과 북쪽과 서쪽으로는 러시아, 카자흐스탄과 경계를 접하고 있다. 신장이라는 이름은 청나라 건륭제 시기에 새로 얻은 땅이라는 데서 유래했다.

■ 역사

신장은 한나라 때부터 역사서에 등장하기 시작했다. 옛 신장은 서역이라고 불리며, 비단길의 길목으로 고대부터 중국과 중앙아시아, 유럽을 이어주는 중요한 가교 역할을 했다. 한나라 정부는 신장 지역에 기관을 두고 직접 통치하기도 했으나, 한나라 분열 후에는 직접적인 영향력을 미치지 못했다. 한나라 멸망 후 수나라를 거쳐 당나라 시기에 국력이 강해지면서 신장 지역에 직접 기관을 두고 통치하기 시작했다. 당시 당나라의 수도 장안에는 전 세계 사람들이 모이기 시작했는데, 흔히 색목인이라 불리는 사람들은 신장을 지나는 실크로드를 이용하기도 했다.

당나라가 멸망하고 중국은 신장 지역에 대한 영향력을 잃었으며, 위구르

제국이 신장 지역을 지배하기 시작한다. 위구르 제국이 키르기스족에 멸망한 후에는 몽골제국의 지배를 받기도 했다. 이후 카라한 칸국의 영향으로 이슬람교로 개종하기 시작한다. 차카타이 칸국이 멸망한 후에는 모굴리스탄 칸국, 인류 역사상 최후의 유목 국가인 준가르 등의 지배를 받았고 준가르가 멸망한 후 18세기에는 청나라가 신장 지역을 침략한다. 위구르인들은 청나라의 지배에 저항했고 19세기 중반에는 잠시 통일 국가를 건국하기도 했으나, 1876년에 다시 청나라의 지배에 들어갔고 청나라는 신장성이라는 행정구역을 만들어 통치한다.

청나라가 멸망하고 신장 지역은 중화민국 군벌이 통치하게 된다. 그러나 신장 지역의 군벌들이 혼란에 휩싸이고 위구르인들이 봉기를 일으키며 1933년에 동투르키스탄 제1공화국을 수립하게 되나 3개월 만에 멸망한다. 이 사건은 위구르인들의 분리 운동에 큰 영향을 주었고 1944년에 다시 동투르키스탄 제2공화국을 건국해 독립을 선언한다. 그러나 국공내전에서 공산당이 승리하고 소련이 동투르키스탄 제2공화국에 도움을 주지 않자 1949년에 동투르키스탄 제2공화국의 주석은 중국 공산당과의 연합을 선언한다. 1955년 신장웨이우얼자치구로 편입되어 중화인민공화국에 흡수된다.

■ **지리 및 기후**

신장웨이우얼자치구는 동서를 가르는 톈산산맥이 북쪽의 준가르 분지와 남쪽의 타림 분지를 나누는 지형을 이루고 있다. 하지만 분지라고 해도 대부분은 사막과 초원으로 구성되어 있고, 서쪽에는 세계의 지붕이라고 불리는 파미르 고원이 위치해 있다.

신장웨이우얼자치구의 기후는 대륙성 온대 기후의 특징을 보이며 기온차가 매우 크고 강수량이 적은 것이 특징이다. 준가르 분지는 겨울 평균 기온이 -20℃이며 가장 추울 때는 -50℃까지 떨어지기도 한다. 그러나 가장 더운 시기인 7월에는 평균 기온이 33℃ 정도이고 가장 더울 때는 49℃까지 오르기도 한다. 연평균 강수량은 150mm 정도이며 톈산산맥을 기준으로 북쪽이 남쪽에 비해서 비가 더 많이 내린다.

■ 경제

2020년 기준 신장웨이우얼자치구의 GDP는 1억 3,700만 위안(한화 약 253억 원), 1인당 GDP는 약 55,000위안(한화 약 1,015만 원)을 기록했다.

신장웨이우얼자치구는 사막화가 진행되면서 벼와 같은 작물 생산이 어렵지만, 일교차가 큰 기후적 특성상 과일 생산이 용이하다. 포도, 배, 멜론 등이 주요 생산물인데, 특히 하미에서 생산되는 멜론이 유명해서 중국에서는 멜론을 하미과(哈密瓜)라고 부른다.

신장웨이우얼자치구는 넓은 영토만큼 지하자원도 풍부하다. 석유 매장량이 많아서 석유 산업 및 광업이 발달했고, 최근에는 준가르 분지에서 엄청난 양의 원유와 천연가스가 발견되기도 했다. 셰일 가스 또한 신장 지역에 많이 매장돼 있다. 석유와 석유 화학 산업은 신장 경제의 60% 이상을 차지하고 있다.

■ 교육

신장웨이우얼자치구에는 56개의 대학이 있다. 이 중 985공정에 포함된 학교는 없으며, 211공정에 포함된 학교는 신장대학교(新疆大学), 스허즈대학교(石河子大学)가 있다. 신장웨이우얼자치구는 소득 수준과 대학 수와는 별개로 교육 수준이 높은 지역으로, 문맹률이 여타 다른 민족에 비해 매우 낮으며 위구르족의 대학 진학률도 높다.

■ 교통

과거 신장 지역은 실크로드가 지나가는 교역의 중심지였으나, 근대에 들어서는 취약한 교통 문제가 지역 발전의 걸림돌이기도 했다. 그러나 장기간의 개발 끝에 고속도로와 철도가 개통되면서 외부와의 교통이 원활해졌다. 도로는 우루무치와 다른 주요 도시들을 연결하며 철도 역시 외부 여러 지역과 연결돼 있고 상하이까지 연결된 석유 파이프도 건설되어 주요 생산품인 석유의 이송도 편리해졌다.

신장웨이우얼자치구에는 21개의 민간공항이 있다. 이 중 가장 규모가 큰 곳은 우루무치디워푸국제공항(乌鲁木齐地窝堡国际机场)이다. 남방항공과 우루무치항공 등의 항공사를 비롯해 23개의 항공사가 중국 전역으로 비행기를 운항하고 있으며, 국제선은 12개의 항공사가 중앙아시아와 서아시아 지역 위주로 국제선을 운항하고 있다.

■ 관광지

신장웨이우얼자치구는 중국의 서쪽 끝에 위치해 중앙아시아와 경계를 맞대고 있고 다양한 지리적 풍경을 담고 있어서 많은 관광객이 찾는다. 그러나 외국인 출입 통제 지역도 많고 외국인은 지정된 호텔에서만 숙박할 수 있어 여행할 때 주의를 요한다.

화염산(火焰山)

화염산은 투루판에 있으며, 국가지정 AAAA(4A)급 관광명승지이다. 붉은 사암이 햇빛을 받아 반사되어 비치는 모습이 마치 화염이 타오르는 듯

화염산의 풍경

한 모습이어서 화염산이라 불린다. 이곳은 화염산이라는 이름답게 매우 높은 기온을 자랑하는데 여름에 47℃까지 오르며 태양이 직접 내리쬐는 곳은 80℃까지 오른다.

화염산은 16세기 명나라 시대에 나온 소설 『서유기(西游记)』의 삼장법사에 의해 이름이 명명됐고, 서유기를 테마로 한 경관이 조성되어 있다. 화염산에는 세계 최대 규모의 전자 온도계가 설치되어 실시간으로 기온을 확인할 수 있다.

톈산톈츠(天山天池)

톈산톈츠는 창지후이족자치주에 있으며, 국가지정 AAAAA(5A)급 관광 명승지이다. 톈산톈츠는 해발 1,980m 지점에 자연적으로 형성된 고산 빙적호(冰碛湖)이다. 면적은 약 4.9km²이며 평균 수심 40m, 가장 깊은 곳의 수심은 105m에 달한다. 호수 뒤편에 만년설로 뒤덮인 보거다봉(博格达峰)이 있고, 습지, 목초지, 협곡, 사막 등의 다양한 자연경관을 한 곳에서 볼 수 있

톈산톈츠의 빙적호

다. 이곳에는 156여 종의 동물과 191여 종의 식물이 서식하고 있으며, 최근에는 개발이 진행되면서 여름에는 피서지로, 겨울에는 스케이트장으로 이용되고 있다.

포도구(葡萄沟)

포도구는 투루판에 있으며, 국가지정 ＡＡＡＡＡ(5A)급 관광명승지이다. 포도구는 화염산 서쪽에 있는 남북 8km, 동서 2km의 계곡에 있는 포도 재배 지역이다. 화염산 근처에 있어서 물이 부족하지만, 고산에서 녹은 눈이 흘러 주요 수원을 이루고 있는 포의로

포도구의 전경

극하(布衣鲁克河)가 지나고 있어서 포도를 재배하기에 적합하다. 포도구에는 위구르인들의 가옥이 보존되어 생활을 체험할 수 있으며, 포도구 박물관 등의 관광지가 있다.

카나스호 풍경구(喀纳斯湖景区)

카나스호 풍경구는 신장웨이우얼자치구 북쪽 끝의 카자흐스탄, 러시아와의 접경 지역 아얼타이산(阿尔泰山)에 있으며, 국가지정 ＡＡＡＡＡ(5A)급 관광명승지이다. 카나스호는 아얼타이산의 북서부 협곡 해발 1,372m에 위치해 있는 초승달 모양의 호수이다. 길이는 24km, 폭 2km 정도이며 평균

카나스호

수심은 120m, 가장 깊은 곳의 수심은 188m에 달한다. 이 호수에서 카나스 강이 시작되며, 주위에는 계절과 날씨에 따라 호수의 색이 변하는 변색호(変色湖)와 와룡만(卧龙湾) 등이 있다. 카나스호 풍경구에서는 유람선과 레프팅 등의 체험을 할 수 있으며 겨울에는 허무 스노우파크(禾木冰雪乐园)를 개장하여 많은 관광객을 유치하고 있다.

　지금까지 소개한 관광지 외에도 홍산공원(红山公园), 커커투어하이 국가 지질공원(可可托海国家地质公园), 사이리무 호수(赛里木湖) 등이 있는데 아름다운 자연경관으로 많은 관광객이 찾는다.

■ 대표 음식

신장요리는 이슬람 요리의 특징과 더불어 중국 서북 지역 요리의 특징까지 함께 어우러져 독특한 식문화를 가지고 있다.

양고기 통구이(烤全羊)

양고기 통구이는 이름 그대로 양을 통째로 굽는 요리이다. 신장은 이슬람의 영향으로 예로부터 양고기 요리가 유명했다. 양고기 통구이는 손질한 양고기를 먼저 삶은 후에 화덕에 넣고 1시간 정도 굽는 과정을 거치는 요리이다.

양고기 통구이

신장따판지(新疆大盘鸡)

신장따판지는 소수민족 요리에서 많이 사용하는 향신료 냄새가 강하지 않아서 다른 지역의 사람들도 선호하는 음식이다. 따판지는 닭고기를 한입 크기로 썰어서 피망, 감자, 고추, 파 등 야채를 넣고

신장따판지

양념과 함께 볶는 요리로 우리나라의 닭볶음탕과 비슷하다.

신장반면(新疆拌面)

신장반면은 중국 서북 지역의 여러 민족에게 인기가 많은 요리로, 본래 간쑤성 하서회랑(河西回廊) 주민들의 전통 요리인데 주민들이 신장 지역으로 이주하게 되면서 신장을 대표하는 요리가 되었다. 신장반면은 양념과 면이 따로 나오며 기호에 따라 다른 맛을 즐길 수 있는 면요리이다.

24.
티베트자치구(西藏自治区)

세계의 지붕

타쉬룬포 사원　포탈라궁　조캉사원　파송조　아로장포대협곡

- **약칭** 장(藏, 장)

- **성도** 라싸(拉萨)

- **면적** 1,228,400km²

- **인구** 약 360만 명(인구 순위 31위)

- **민족 비율** 티베트족 : 90.4%, 한족 : 8.1%, 후이족 : 0.4%, 문파족 : 0.3%

■ 행정구역

[6개 지급시, 1개 지구]: 라싸(拉萨), 르카저(日喀则), 창두(昌都), 린즈(林芝), 산난(山南), 나취(那曲), 아리(阿里, 지구)

티베트자치구는 한자 독음으로는 서장자치구, 중국어로는 시짱자치구라고 부르며, 북쪽으로는 신장웨이우얼자치구와 북동쪽 칭하이성, 동쪽 쓰촨성, 동남쪽 윈난성, 미얀마와 남쪽으로는 인도, 네팔 등의 국가와 경계를 접하고 있다. 서장이라는 이름은 자치구가 위치한 지역이 옛 티베트 지역의 서쪽 일부이기 때문에 붙여진 것이다.

■ 역사

티베트 지역에는 기원전 6~7세기에 12소방이라고 하는 국가 연맹체가 존재했다고 기록되어 있다. 7세기 초 송찬감포가 티베트에 나뉜 여러 부족 국가를 통일해 토번 왕국을 건국하고 수도를 라싸로 정한다. 토번 왕국은 당시 당나라에 속해 있던 토욕혼을 정벌해서 멸망시키기도 했다. 송찬감포는 친당 정책을 펼치며 당나라와 많은 교역을 했다. 그러나 송찬감포 사후 두 나라는 전쟁으로 인해 적대적으로 돌아서게 된다. 이후 당나라는 토번의 성장세를 막기 위해 공격을 했지만 토번 왕국이 막강해 큰 성과를 거두지 못했다.

이후 8세기에는 토번 왕국이 더욱 강성해져 주변의 국가 파키스탄 북부, 네팔, 인도 북부, 방글라데시, 중국의 서쪽 지역까지 점령해서 하나의 제국을 완성한다. 9세기에 들어와서는 위구르 제국에게 조금씩 밀리며 당나라와 화친 조약을 맺기도 했으나, 국력이 약해지며 쇠퇴의 길을 걷기 시작한다.

멸망하게 된 결정적인 계기는 티베트가 중요하게 여기는 불교에서 시작된다. 지나친 불교 우대 공포정치로 민심을 잃어가고 있었는데, 이를 해결하기 위해 마지막 왕인 랑다르마가 불교 탄압 정책을 펼쳤고, 이에 불만을 가진 불교 승려가 왕을 암살하고 후계자 자리를 두고 다툼을 펼치며 국가가 분열된 것이다.

몽골 제국과 원나라의 통치를 받던 시기도 있었으나 원나라가 쇠퇴하고 티베트 불교 하나의 종파가 새로운 독립 왕조인 팍모두빠 왕조를 세우게 된다. 지금의 티베트 하면 떠오르는 유산들은 대부분 이 시기에 만들어진 것들이다.

명나라 시기에는 티베트에 대해 적극적인 개입을 하지 않았으며, 분리 통치 정책을 선호했다. 이후 청나라 시기에 접어들면서 티베트에 개입하기 시작했다. 초반에는 청나라의 몽골계와 튀르크계 민족을 억제하기 위해 티베트를 스승의 땅으로 대우했으며 달라이 라마가 황궁에 방문할 때는 황제의 옆자리에 앉힐 정도로 극진히 대접했다.

청나라가 쇠퇴하자 영국은 티베트의 반청 세력과 합세해서 티베트를 청나라에서 분리하려 했으나, 청나라가 강하게 저항한다. 이후 1904년 영국령 인도제국은 티베트를 침공하는데 티베트는 러시아와 동맹을 맺고 대항했으나 같은 해 8월 수도 라싸가 함락당하고 만다.

청나라가 멸망하고 티베트는 독립국임을 선포한다. 그러나 여전히 중화민국과 영국의 영향력 아래에 있었다. 2차 세계대전 이후 인도가 영국으로부터 독립하고 국공내전에서 공산당이 승리하며 중국은 티베트 지배권을 가지게 된다.

건국 초기 티베트의 달라이 라마와 마오쩌둥은 우호적인 관계였다. 그러나 대약진 운동 이후 티베트의 반중 감정이 발발하고 무장봉기가 일어나며 중국군이 잔혹하게 진압하면서 달라이 라마는 인도로 망명해 티베트 망명정부를 세우게 된다. 현재도 티베트 지역은 반중 감정이 가득하여 독립운동이 활발히 일어나고 있으며, 외부인의 출입은 엄격하게 통제되고 있다.

■ 지리 및 기후

티베트자치구는 평균 해발고도가 4,900m에 이르는 티베트고원을 중심으로 세계 최고의 고원지대이자 고산지대를 이루고 있다. 고원 남부에는 세계 최고봉인 에베레스트와 이어지는 히말라야산맥이 있고, 티베트 북부 지역은 중국에서 가장 많은 호수가 위치한 지역이기도 하다.

넓은 영토만큼 다양한 기후대가 공존하는데, 북서쪽 지방에서 남동쪽 지방으로 갈수록 덥고 습해진다. 남부 지역의 연평균 기온은 8℃ 정도로 서늘하나 북부 지역은 연평균 기온이 0℃이며 반년 이상 혹은 1년 내내 추운 날씨가 지속된다.

■ 경제

2020년 기준 티베트자치구의 GDP는 1,900억 위안(한화 약 35조 800억 원)으로 중국 최하위이며, 1인당 GDP는 52,000위안(한화 960만 원)을 기록했다. 티베트자치구는 넓은 영토에 비해 인구가 많지 않으며 대부분 주민은 농업과 목축업에 종사하고 있다.

농업에서는 쌀이나 보리 등을 우수 품종으로 개량해 높은 생산량을 기록하고 있다. 특히 이곳에서 생산되는 보리는 해발고도 4,000m 이상에서 재배되며 푸른 빛을 띠고 있어서 청과맥(靑顆麦)이라고 불린다.

다른 지역에 비해서 산업의 발전이 더디지만, 넓은 영토에 매장되어 있는 지하자원 활용으로 경제를 지지하고 있다. 그리고 개방 정책이 시행되면서 라싸 등 티베트자치구의 대도시 지역에 관광산업이 발전하기 시작했다. 2000년대 초반에 칭짱철도가 개통되어 관광객의 접근이 더욱 용이해졌다.

■ 교육

티베트자치구에는 7개의 대학이 있으며, 중국 전역에서 가장 적은 대학이 있는 지역이다. 이 중 985공정에 포함된 학교는 없으며, 211공정에 포함된 학교는 서장대학교(西藏大学)가 유일하다. 인구도 적고 학교도 적어서 대학 진학률이 높지 않다.

최근 중국 정부는 소수민족에 대해 강압 정책을 펼치고 있는데 학교에서 중국어 과목 비중을 높이고 소수민족 관련 과목들을 폐지하거나 축소하는 등 많은 논란이 일어나고 있다.

■ 교통

티베트자치구는 지리적 특성상 육로 교통이 매우 불편했으나, 칭짱철도가 개통되고 칭하이성, 베이징, 쓰촨성 등을 잇는 도로가 개통되면서 개선되었다. 전 세계에서 가장 높은 지역을 운행하는 칭짱철도는 해발 5,072m

를 지나기도 한다. 고산병을 호소하는 승객이 종종 있으므로 기차 내부에 높은 고도를 대비한 특수장치가 있고, 객실마다 산소마스크도 구비되어 있다.

티베트자치구에는 5개의 민간공항이 있다. 이 중 가장 규모가 큰 곳은 라싸공가국제공항(拉萨贡嘎国际机场)이다. 티베트항공과 쓰촨항공을 포함해 10개의 항공사가 중국 여러 지역으로 비행기를 운항하고 있고 국제선은 중국 국제항공과 쓰촨항공이 네팔 카트만두로 국제선을 운항하고 있다.

■ **관광지**

티베트자치구는 티베트 불교의 중심지로서 이국적인 문화와 풍경에 반한 많은 관광객이 찾고 있다. 그러나 티베트 독립운동이 격렬해질 때 외부인은 라싸만 출입할 수 있거나 아예 출입을 막을 때도 있다.

포탈라궁(布达拉宫)

포탈라궁은 라싸에 있으며, 국가지정 AAAAA(5A)급 관광명승지이자 세계문화유산이다. 토번 왕국 시절 송찬감포가 홍산 기슭에 궁전을 지었는

달라이 라마의 궁전 포탈라궁

데, 후에 달라이 라마 5세가 그 자리에 포탈라궁을 새로 축조했다. 포탈라궁의 총 건축 면적은 13만m²이고 부지는 36만m²이며 높이는 13층, 117m에 달하는 아시아에서 가장 큰 단일 건축물이다.

포탈라궁에서는 종교의식을 행하기도 하고 달리아 라마가 정사를 돌보는 등 티베트의 종교, 정치적 업무가 이뤄진다. 역대 달라이 라마의 묘를 포탈라궁에 모셔 놓기도 했다. 달라이 라마 14세가 인도 다람살라로 망명하기 전에는 이곳에서 거주하였다.

문화대혁명 당시 홍위병들이 포탈라궁 파괴 계획을 세웠으나 저우언라이(周恩来)가 사병을 보내서 지켜냈고 현재까지 잘 보존할 수 있었다.

노블링카(罗布林卡)

노블링카는 라싸에 있으며, 유네스코 지정 세계문화유산이다. 노블링카

달라이 라마의 여름 궁전 노블링카

는 달라이 라마 7세가 지은 별궁과 정원이다. 보통 포탈라궁은 겨울 궁전, 노블링카는 여름 궁전이라 한다. 역대 달라이 라마들이 계절에 따라 포탈라궁과 노블링카로 거처를 옮기며 업무를 보았다.

노블링카에는 티베트 불교의 다양한 불상, 유산 등이 보관되어 있으며 매년 8월 티베트 불교 최대 축제인 쇼둔제가 열린다. 그런데 문화대혁명 당시 홍위병들이 노블링카를 파괴하는 사건이 발생한다. 2001년 이후 복원 공사를 하면서 과거의 모습을 되찾았다.

달라이 라마 14세는 어린 시절 무겁고 엄숙한 분위기의 포탈라궁보다 꽃이 많고 햇볕이 잘 드는 밝은 분위기의 노블링카를 더 좋아해서 매년 겨울이 빨리 지나고 여름이 오기만을 기다렸다고 한다.

조캉 사원(大昭寺)

조캉 사원은 라싸에 있으며, 국가지정 AAAAA(5A)급 관광명승지이다. 조캉 사원의 본래 명칭은 한자 독음대로 '대조사'이나 보통 본당에 해당하는 부분의 이름인 조캉 사원으로 불린다. 토번 왕국의 송찬감포 왕이 당나라에서 시집을 오는 문성공주를 맞이하기 위해 조캉 사원을 건립했다고 한다. 조캉 사원에는 미륵보살과 관음보살을 모시기 위한 건물이 있고, 토번 왕국 시절 당나라와 맺은 평화협정이 기록된 비석 당번회맹비(唐蕃会盟碑)가 있다.

조캉 사원

아로장포대협곡(雅魯藏布大峽谷)

아로장포 대협곡은 린즈에 있으며, 국가지정 AAAAA(5A)급 관광명승지이다. 아라장포대협곡은 전체 길이가 504km에 이르며 미국의 그랜드 캐니언보다 56km 더 길어 전 세계에서 가장 큰 협곡이다.

대협곡 북단에는 찰곡촌(扎曲村)이 있는데, 아로장포강의 강줄기가 급격하게 꺾이면서 하나의 만을 이루어 말굽형 급선회 협곡이 형성되었다. 대협곡에는 복숭아꽃이 아름다운 사송촌(索松村) 마을, 남차바르와 산, 문파족 마을, 강이 크게 굽이쳐 흘러 생긴 대괴만(大拐湾) 등의 명소가 있다.

중국에서 가장 아름다운 협곡 아로장포 대협곡

■ 대표 음식

티베트 민족 전통 요리는 유목에 치중할 수밖에 없는 지리적 환경에서 유래한 육류(주로 야크, 양, 염소)와 유제품(우유, 버터, 치즈, 요구르트)이 주를 이루는 것이 특징이다.

증우설(蒸牛舌)

증우설의 주재료는 소의 혀이다. 티베트의 가장 대중적이며 대표적인 음식 중 하나이며, 예상과는 다르게 부드럽고 연하며 고소한 맛이 난다고 한다.

자관페이(炸灌肺)

자관페이는 양의 폐로 만드는 요리이다. 밀가루와 전분 등을 첨가해 바삭하게 튀겨서 먹는데, 오랫동안 보관도 가능해 간식으로 즐겨 먹는다.

바오먼양가오로우(爆燜羊羔肉)

바오먼양가오로우는 양고기에 생강가루, 후춧가루 등을 첨가해 쪄서 먹는 요리이다. 고기는 부드럽지만 강한 매운맛이 특징이다.

25.
닝샤후이족자치구
(宁夏回族自治区)

중국 속 이슬람 문화

사호

진북보 서부영화 촬영소

수이동거우

사포터우

다루오산

류판산국가삼림공원

- **약칭** 녕(宁, 닝)
- **성도** 인촨(銀川)
- **면적** 66,400km²
- **인구** 약 720만 명(인구 순위 29위)
- **민족 비율** 한족 : 65.4%, 후이족 : 33.9%, 만주족 : 0.4%, 몽골족 : 0.09%

■ 행정구역

[5개 지급시] : 인촨(銀川), 스쭈이산(石嘴山), 우중(吳忠), 구위안(固原), 중웨이(中卫)

닝샤후이족자치구는 한자 독음으로는 영하회족자치구라고 불리며, 북쪽은 네이멍구자치구, 서쪽과 남쪽은 간쑤성에 둘러싸여 있고, 동쪽은 섬서성과 경계를 접하고 있다. 닝샤라는 이름은 원나라 시기에 이 지역에 설치된 닝샤부로(宁夏府路)라는 행정구역에서 가져온 것이다.

■ 역사

춘추전국시대에 닝샤후이족자치구 구위안 지역은 오씨융(烏氏戎), 우중 지역은 구연융(朐衍戎) 부족들이 거주하고 있었다. 이후 진나라가 천하를 통일하면서 닝샤 지역에 북지군(北地郡)을 설치됐고, 한나라가 건국된 후 삭방(朔方) 행정구역이 설치된다.

이후 삼국시대를 지나 오호십육국 시대에 들어와서는 흉노족이 닝샤 지역을 차지하고 대하국(大夏国)을 건국한다. 당나라 시기에는 닝샤 지역의 행정구역을 6주로 나누어 통치했고, 안사의 난이 발생했을 당시 숙종이 지금의 인촨(銀川)으로 피난을 와서 즉위식을 거행하기도 했다. 당나라 멸망 후 송나라가 중원을 지배할 시기에는 탕구트족의 서하(西夏)가 닝샤 일대를 지배했다.

원나라가 영역을 넓혀 중국 전체를 지배할 때 닝샤 지역에 닝샤부로(宁夏府路)라는 행정구역을 설치한다. 명나라 시기에는 북방 이민족의 침입을 막기 위해 만리장성을 닝샤의 북동부 경계를 따라 건설했다.

청나라 시기 19세기 중반에 후이족들이 반란을 일으키면서 섬서성의 후이족들이 닝샤 지역으로 피신하게 되면서 닝샤 지역에 후이족 인구가 급증한다. 이후 청나라가 멸망하고 1914년에 닝샤는 간쑤성과 병합되었으나 1927년 간쑤성에서 독립해 닝샤성이 된다. 1949년 중화인민공화국이 통치한 이래 1954년 간쑤성에 합병되어 잠시 사라졌으나 1958년 닝샤후이족자치구로 다시 독립하며 현재에 이르고 있다.

■ 지리 및 기후

닝샤후이족자치구는 황허의 상류 지역에 위치하며, 남고북저형의 지리적 특성을 보인다. 남부는 황토고원(黃土高原), 북부는 닝샤평원(宁夏平原)이 자리잡고 있다. 이곳은 사막화가 빠르게 진행되는 지역 중 하나이기도 하다.

닝샤후이족자치구는 대륙성 온대 기후의 특징을 보인다. 연평균 기온은 5.3~9.9℃이고 7월 평균기온은 24℃, 1월 평균기온은 -9℃로 연교차가 크다. 강수량은 150~600mm 정도인데 북부는 200mm 정도로 아주 적은 양의 비가 내린다. 닝샤후이족자치구는 중국 전체에서 강수량이 가장 적은 지역에 속한다.

■ 경제

2020년 기준 닝샤후이족자치구의 GDP는 3,920억 위안(한화 약 72조 3,300억 원), 1인당 GDP는 약 55,000위안(한화 약 1,015만 원)을 기록했다.

닝샤후이족자치구의 북부에 있는 닝샤평원에는 황허가 흐르고 있으며, 예로부터 이곳에서 어업이나 쌀 수확이 활발해서 '천하 황허의 부는 닝샤(天下黃河富宁夏)'라는 말이 있을 정도이다. 황허에서 물을 끌어와 관개한 역사가 2,000년에 이른다. 이로 인해 경작지에서 논이 21%를 차지하면서 중국 북쪽 지역 가운데서는 논 경작지가 많은 편에 속한다. 남부의 고원에서는 보리 등의 작물이 생산되고 있다. 벼와 보리의 생산량은 중국 전국에서 선두권에 위치한다.

닝샤후이족자치구에는 '오색보(五色宝)'라 불리는 5가지 색의 특산품이 유명한데, 하얀색 탄양 가죽, 붉은색 구기자, 노란색 감초, 청자색 하란석(贺兰石), 검은색 파차이(发菜)가 있다.

공업 부문에서는 석탄 등의 광공업과 방직 공업이 활발하다. 중화인민공화국 초기에는 베어링

닝샤후이족자치구의 오색보 중 하나인 구기자

공장과 석탄 공장 등이 중공업을 이끌어갔다. 최근에는 에너지 공업도 성장하고 있다.

■ 교육

닝샤후이족자치구에는 20개의 대학이 있다. 이 중 211공정에 포함된 학교는 닝샤대학교(宁夏大学)가 유일하고 985공정에 포함된 학교는 없다. 대

부분의 소수민족자치구들과 비슷하게 대학의 수도 많지 않고 교육의 수준
도 높지 않다. 닝샤후이족자치구는 이슬람교의 종교 교육도 활발한데, 최근
중국 정부의 종교 탄압으로 모스크 교육 금지와 철거 통보가 잇따라 내려지
고 있다.

■ 교통

과거 닝샤후이족자치구는 북방 이민족의 침입이 빈번하고, 한족의 손길
이 닿지 않아 교통이 발달하기 쉽지 않았다. 중화인민공화국 건국 이후 바
오란철도(包兰铁路)가 건설되면서 외부와의 교통이 편리해졌고, 지속적으로
철도와 도로 시설을 개선해 가고 있다.

닝샤후이족자치구에는 4개의 민간공항이 있다. 이 중 가장 규모가 큰 곳
은 인촨허둥국제공항(银川河东国际机场)이다. 남방항공과 중국국제항공을
비롯해 33개의 항공사가 중국 전역으로 비행기를 운항하고 있고 국제선은
아시아 전역으로 운항하고 있으며 한국행 노선은 티웨이항공 인천행 노선
이 있다.

■ 관광지

닝샤후이족자치구에는 고대부터 이어져 온 자연 풍경과 더불어 탕구트
족이 세운 국가인 서하의 유적이 남아있고 국가 중점보호문화재가 9곳이
있어 많은 관광객이 방문하고 있다.

동양의 피라미드 서하 왕릉, 옆의 사람들을 보면 크기를 알 수 있다

서하 왕릉(西夏王陵)

서하 왕릉은 인촨에 있으며, 국가지정 AAAA(4A)급 관광명승지이다. 닝샤후이족자치구는 11세기부터 13세기까지 탕구트족이 건국한 서하(西夏)의 통치를 받았는데, 이로 인해 서하의 유적들이 많이 남아있다. 서하 왕릉은 중국 내 현존하는 가장 큰 규모의 왕릉이고 가장 완벽한 보존 상태를 자랑한다. 총 9개의 고분이 있는데 6개는 평지에 3개는 산 위에 세워져 있다.

서하 왕릉은 동양의 피라미드라고 불리며 서하의 역사와 문화를 연구하는 귀중한 자료이다. 근처에는 서하 박물관, 서하 비림(西夏碑林) 등의 명소가 있다.

동양의 할리우드 진북보 서부 영화촬영소

진북보 서부 영화촬영소(镇北堡西部影城)

진북보 서부 영화촬영소는 인촨에 있으며, 국가지정 AAAAA(5A)급 관광명승지이다. '동양의 할리우드'라고 불리는 이곳은 명나라 때 국경 부근의 군사적 요충지로 사용됐다. 이후 황무지로 관리가 되지 않고 버려져 있다가 『남자의 반은 여자(男人的一半是女人)』라는 소설을 쓴 유명 작가 장셴량(张贤亮)이 1969년 근처 농장에서 노동개조형을 받아 일하던 중 이곳을 발견했고, 복권 후 1980년대부터 영화계에 이곳을 적극적으로 소개했다. 1993년 영화, 드라마 세트장으로 개조한 진북보 서부 영화촬영소는 명나라, 청나라 시대의 성을 비롯하여 인촨의 옛 거리를 재현하기도 했다. 드라마 〈주원장(朱元璋)〉과 영화 〈대화서유3(大话西游3)〉 등이 이곳에서 촬영되었다.

수이동거우(水洞沟)

수이동거우는 인촨에 있으며, 국가지정 AAAAA(5A)급 관광명승지이다. 선사시대부터 명나라 시기까지 다양한 시대의 유적들이 남아있는데 입구에 들어서면 이곳에서 출토된 6,000여 점의 유물들을 보관하고 있는 박물관이 있다. 수이둥거우에서는 구석기 시대의 인류의 두개골과 대퇴골 화석, 인류 최초의 목걸이로 추정되는 유물이 출토되기도 했다.

닝샤 지역은 명나라 북방 경계 만리장성이 위치한 지역으로 명나라의 군사 방어 시설인 창빙둥(藏兵洞)이 있다. 이곳은 자연 경관도 뛰어난데 '아단지모(雅丹地貌)'라는 독특한 지형을 가지고 있다. '아단'이란 위구르어로 흙무덤으로 이루어진 절벽이라는 뜻이며 건조지대에서 바람에 의해 생겨난 일종의 풍식(风蚀) 지형이다. 이외에도 군사 시설, 요새, 고대 마을 체험 프로그램 등의 많은 볼거리가 있다.

사포터우(沙坡头)

사포터우는 중웨이에 있으며, 국가지정 AAAAA(5A)급 관광명승지이다. 옛 명칭은 사투오(沙陀)였으며, 텅거리사막(腾格里沙漠)의 남동쪽 경계에 자리 잡아 사막과 산, 오아시스, 황허, 만리장성 등 다양한 풍경이 결합된 곳으로 유명하다. 이곳에 최근 사막 호텔이 개장하면서 더욱 인기를 끌고 있

사막 한가운데 호텔이 있는 사포터우

다. 1950년대 바오란(包兰)철도가 개통되어 사포터우에도 경제적으로 큰 이득을 가져왔다. 연간 관광 수입이 약 2,000만 위안(한화 약 36억 원)에 달한다.

지금까지 소개한 관광지 외에도 닝샤 지역의 5A급 관광명승지인 사후(沙湖), 닝샤의 북쪽 경계에 세워진 만리장성 허둥창(河东墙) 등의 명소가 있다.

■ 대표 음식

닝샤후이족자치구의 요리는 닝샤차이(宁夏菜)라고 불리며, 이슬람교의 종교적 특성상 돼지고기를 대신한 양고기 요리가 유명하다.

후이양자쑤이(烩羊杂碎)

후이양자쑤이는 양내장을 육수에 푹 끓인 요리이다. 양 내장, 머리 고기 등을 삶아 그 육수에 손질한 고기, 파, 마늘, 홍유, 고수 등을 첨가한 음식이다.

칭쩡양가오로우(清蒸羊羔肉)

칭쩡양가오로우는 양의 가슴살과 윗등뼈 부위를 생강, 대파, 마늘 등을 넣고 30분 정도 찐 후 마늘즙, 소금 등 양념과 함께 먹는 요리이다. 중국의 의학 고전 『본초강목(本草纲目)』에 의하면 양고기는 활력을 돋게 하고 허리와 신장을 강화하는 효과가 있다고 한다.

우중백수계(吴忠白水鸡)

우중백수계는 닭고기 요리이다. 우중시 지역에서 음식을 할 때 탁월한 재료 선택으로 음식의 맛을 매우 좋게 만들어서 우중백수계라는 이름이 붙었다.

26.
광시좡족자치구
(广西壮族自治区)

중국 최고의 절경

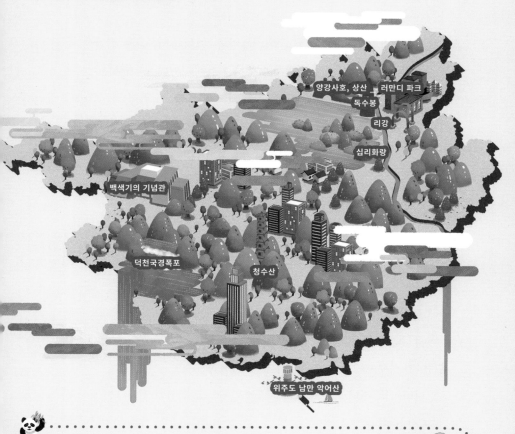

양강사호, 상산
러만디 파크
독수봉
리강
십리화랑
백색기의 기념관
덕천국경폭포
청수산
위주도 남만 악어산

- **약칭** 계(桂, 구이)

- **성도** 난닝(南宁)

- **면적** 66,400km²

- **인구** 약 5,000만 명(인구 순위 11위)

- **민족 비율** 한족 : 61.6%, 좡족 : 32.4%, 야오족 : 3.3%, 먀오족 : 1%

■ 행정구역

[11개 지급시] : 난닝(南宁), 라이빈(来宾), 허츠(河池), 류저우(柳州), 구이린
(桂林), 허저우(贺州), 우저우(梧州), 구이강(贵港), 위린(玉林), 팡청강(防城港),
친저우(钦州), 베이하이(北海), 충줘(崇左), 바이써(百色)

광시좡족자치구는 북쪽으로 구이저우성과 후난성, 서쪽으로 윈난성, 서
남쪽으로 베트남, 동쪽으로 광동성과 경계를 접하고 있다. 광시라는 이름은
송나라 시대 광시 일대에 광남서로(广南西路)라는 행정구역이 설치됐는데
이를 줄여서 광시(广西, 광서)라 부른 것이 유래가 되었다.

■ 역사

광시좡족자치구 일대는 춘추전국시대에는 백월(百越)이라 불리던 중국
남방 지역에 살던 여러 민족이 거주하는 지역이었다. 진나라가 천하를 통일
하고 광시 일대까지 점령할 당시는 계림군(桂林郡), 상군(象郡)이라는 행정구
역이 설치된다. 진나라 멸망 후 진나라 장수였던 조타(赵佗)가 광시와 광동
지역에 남월(南越)을 건국한다. 남월은 중국의 중원과는 동떨어진 국가로 존
재하다가 한무제에 의해 멸망한다.

한나라, 삼국시대를 거쳐 여러 나라로 분할되고 전쟁이 일어나며 광시 지
역은 오나라부터 시작해서 송, 제, 양, 진 등 여러 국가의 지배를 잇달아 받
는다.

이후 수나라가 중국을 통일하고 광시 지역은 양주부(扬州部)에 속하게 된
다. 당나라 시기에는 광시 지역의 경제와 문화가 크게 발전하여 '계포(桂布)'

라는 이름이 유명해지고, 구이린 등의 도시가 떠오르기 시작했다. 이후 5대 10국의 시기에는 초와 남한이 광시 지역을 두고 경쟁을 했으며, 송나라가 광시와 광동 일대에 광남로를 설치했고 이후 광남로를 광남서로와 광남동로로 나누었다. 송나라 시기에 광시 지역은 남쪽 지방 무역의 도시로 발전한다. 원나라 시기에는 광서행중서성(广西行中书省)이라는 행정구역을 설치해서 군사적 요충지로 활용했다.

명나라 시기에는 원나라 특유의 행성(行省)이라는 명칭을 없애고, 사(司), 부(府), 현(县)이라는 3급 행정 체계를 구축한다. 청나라가 건국된 후에 광시성이라는 지금의 이름이 붙여졌고, 성도는 구이린으로 정한다.

19세기 중엽 태평천국 운동이 광시성 일대에서 발생하고, 19세기 말 청프 전쟁의 치열한 전쟁터 중 하나가 되기도 한다. 1945년 중화인민공화국의 건국 당시 광시 지역은 광시성으로 자치구가 아니었는데, 1958년 저우언라이의 추천으로 광시좡족자치구가 됐다.

■ 지리 및 기후

광시좡족자치구 중부와 남부에는 '광서분지(广西盆地)'가 있으며 남동쪽에서 북서쪽으로 갈수록 지형이 높아지고 산지가 많아진다. 광시좡족자치구에는 카르스트 지형이 많아 아름다운 자연 풍경을 형성하고 있다.

광시좡족자치구의 기후는 열대 계절풍 기후의 특징을 가지고 있으며, 연평균 기온은 17.5~23.5℃ 정도이며, 연평균 강수량은 1,600mm이다.

■ 경제

2020년 기준 광시좡족자치구의 GDP는 2조 2,200억 위안(한화 약 411조 108억 원), 1인당 GDP는 44,000위안(한화 약 800만 원)을 기록했다.

산지가 많은 지리적 특성상 전체 토지 면적에서 경작지가 차지하는 비중이 매우 적다. 대신 목축업이 활발하여 남방 지역에서 비교적 큰 비중을 차지하고 있다. 또한 경제작물의 생산이 활발한데 사탕수수의 생산량은 전국의 30% 이상을 담당하고, 땅콩과 담배 등도 생산한다. 경제작물과 더불어 열대과일의 생산량도 풍부하다. 바나나와 파인애플은 중국 전체에서 생산량 3위를 기록하고 있다.

광시좡족자치구 지역은 '비철금속의 고장'이라고 불리며, 주석 매장량은 중국 1위이다. 안티몬, 보크사이트 등의 생산량도 전국에서 상위권을 기록하고 있다. 광시 지역의 공업은 본래 기초가 취약해 활약이 없었으나 근래 건설을 통해 많은 발전을 이뤄냈다. 제당, 통조림, 제약, 제지 산업 등의 경공업도 발전했다.

송나라 시대부터 내려오는 비단 '좡진(壯錦)'이 유명한데, 좡족의 부녀자들이 무채색의 가는 실과 색색의 우단으로 정교하게 짜낸 실용 공예품으로 중국 4대 명금(名錦) 중 하나이다.

■ 교육

광시좡족자치구에는 78개의 대학이 있다. 이 중 985공정에 포함된 학교는 없으며 211공정에 포함된 학교는 광시대학교(广西大学)가 있다. 광시좡족자치구는 소수민족자치구임에도 불구하고 지리적으로 광둥성 등 주요 지역과 가깝고 인구에서 한족이 차지하는 비율이 높아 난닝 등 주요 도시로 외국 학생들이 유학을 가기도 한다.

■ 교통

광시쫭족자치구는 중화인민공화국 건설 이후에 빠른 교통의 발전을 이뤄냈다. 특히 도로는 자치구 내 시현(市县), 향진(乡镇, 지방 소도시)의 99%가 도로로 연결되어 있다. 우의관(友谊关), 둥싱(东兴) 등은 베트남과 연결된 국경 출입구이다.

광시쫭족자치구에는 11개의 민간공항이 있다. 이 중 가장 규모가 큰 곳은 난닝우쉬국제공항(南宁吴圩国际机场)이다. 남방항공을 비롯해 31개의 항공사가 중국 전역으로 비행기를 운항하고 있고 국제선은 아시아 전역으로 운항하고 있으며 이 중 한국행 노선은 대한항공의 인천행 노선과 제주도행 노선이 있다. 또한 구이린량장국제공항(桂林两江国际机场)에서도 동방항공과 아시아나항공 등이 인천, 김해, 대구 노선을 운항하고 있다.

■ 관광지

광시쫭족자치구는 카르스트 지형과 자연이 어우러진 아름다운 풍경으로 관광객의 발길이 끊이지 않으며 특히 구이린은 세계적으로 유명하다.

청수산 풍경구(青秀山风景区)

청수산 풍경구는 난닝에 있으며, 국가지정 AAAAA(5A)급 관광명승지

청수산 풍경구

이다. 봉황령(凤凰岭), 봉익령(凤翼岭) 등 크고 작은 18개 봉우리, 울창한 숲으로 조성되어 있어 '난닝의 거대한 폐'라고 불리기도 한다.

청수산 풍경구는 수·당 시기에 지어졌으며, 명나라 시기에 유명해졌으나 청나라 말 혼란 속에 무너졌다. 이후 1986년에 난닝시가 청수산 풍경구를 재건축해 현재에 이르고 있다.

청수산 풍경구는 산 전체가 커다란 공원으로 조성된 형태로 정상에는 용상탑(龙象塔)이 있고, 인공 호수인 천지(天池), 관현선사 등이 있다. 봄에 청수산을 방문하면 다양한 꽃이 만발하여 장관을 이룬다.

리강 풍경구(漓江风景区)

리강 풍경구는 구이린 내에 있으며, 국가지정 AAAAA(5A)급 관광명승지이자, 세계자연유산에 지정되어 있다. 리강을 중심으로 한 전형적인 카르스트 지형이 기묘한 풍경을 형성하고 있다.

리강에서는 유람선을 타고 관광할 수 있는데, 뗏목을 타고 낚시하는 어부들을 볼 수 있고, 싱핑구전(兴坪古镇)과 같은 고대 마을, 주마화산(九马画山), 모양이 코끼리의 코와 같다하여 붙여진 상비산(象鼻山)과 같은 명소를 만날 수 있다. 중국의 20위안 화폐 뒷면 배경이 바로 리강 풍경구이다.

리강 풍경구 전경

러만디파크(乐满地世界)

러만디파크 또한 구이린 내에 있으며, 국가지정 AAAAA(5A)급 관광명
승지이다. 링후(灵湖) 주변의 아름다운 자연 풍경과 광시 지역 소수민족의
문화를 결합한 테마파크이다. 러만디파크에는 미국 서부지구, 남태평양지
구, 드림글로벌시티, 해적마을, 유럽지구, 해피차이나타운 등 6개의 구역과
공원으로 구성되어 있다. 각 구역에는 테마별 놀이기구와 4D 극장이 배치
돼 있다. 놀이기구뿐만 아니라 여러 레저스포츠를 즐길 수 있는 공간도 마
련되어 있는데 주변의 자연환경과 어우러진 36홀의 골프장과 5성급 호텔이
건설되어 많은 외국인 관광객을 유치하고 있다.

화산암화(花山岩画)

화산암화는 충쭤에 있으며, 2016년에 유네스코 세계문화유산에 지정됐
다. 과거 광시 지역에 거주하던 낙월족(骆越族)에 의해 그려진 암각화가 현재

까지 온전한 상태로 보존되어 있다. 암각화에는 1,900여 명의 인물, 수많은 동물, 징, 환수도(环首刀) 등이 그려져 있다. 화산암화는 지금까지 발견된 암각화 중 규모가 가장 큰 고대 암각화이다.

화산암화의 한 벽면

지금까지 소개한 관광지 외에도 베트남과 광시좡족자치구를 잇는 육로 국경 관문인 우의관(友谊关), 중국 공산당 홍군의 유적지, 청나라 말기 태평천국 운동 당시 홍수전이 일으킨 금전봉기(金田起义) 등의 역사 유적지가 있다.

■ 대표 음식

광시좡족자치구의 요리는 구이차이(桂菜)라고 불리며, 좡족의 전통 요리를 의미한다.

뤄쓰펀(螺蛳粉)

뤄쓰펀은 류저우의 특색있는 요리로, 뤄쓰는 우렁이를 의미한다. 뤄쓰펀은 1970년대 후반에 처음 등장했다고 하지만 학자들은 류저

뤄스펀

우의 동굴 유적지 등에서 많은 우렁이 껍질이 발견되면서 이미 오래전부터 먹었던 요리라고 추정하고 있다. 광시좡족자치구 북부 도시들의 요리는 보통 매운맛이 강한데, 뤄쓰펀도 매운맛이 특징이다. 하지만 냄새가 고약해서 처음 맛보는 사람들에게는 힘든 경험이 될 수도 있다.

구이린 쌀국수(桂林米粉)

구이린 쌀국수는 고대 진시황의 진나라 시기부터 시작되었다고 한다. 진시황이 천하를 통일하기 위해 군대를 이끌고 지금의 광시 지역으로 원정을 왔을 때 남월이 거세게 저항해 쉽게 정복하지 못하고

구이린 쌀국수

군량만 소비하며 대치를 계속하고 있었는데, 당시 부족한 군량을 해결하기 위해서 만들어낸 것이 구이린 쌀국수라고 한다. 시원한 국물과 향이 좋아서 미식가들이 광시좡족자치구를 방문하면 첫 번째로 찾는 음식이다.

친저우 돼지 다리 국수(钦州猪脚粉)

'친저우 돼지 다리 국수는 신도 데굴데굴 구르게 한다'라는 속담이 있을 정도로 맛이 좋기로 알려졌다. 친저우 돼지 다리 국수가 유명세를 떨치자 많은 사람이 몰려 밤새도록 장사를 했다는 이야기가 전해진다.

27.
네이멍구자치구
(内蒙古自治区)

정복 군주 칭기즈칸이 탄생한 곳

중-러 변경 관광구

아얼산

아스하투 석림 경구

호양림

샹샤만

칭기즈칸릉 관광구

- **약칭** 몽(蒙, 명)

- **성도** 후허하오터(呼和浩特)

- **면적** 1,183,000km²

- **인구** 약 2,400만 명(인구 순위 25위)

- **민족 비율** 한족 : 79.5%, 몽골족 : 17.1%, 만주족 : 1.8%, 후이족 : 0.9%

▪ 행정구역

[9개 지급시, 3개 맹(盟)[24]: 후허하오터(呼和浩特), 바오터우(包头), 우란차부(乌兰察布), 바옌나오얼(巴彦淖尔), 어얼둬쓰(鄂尔多斯), 츠펑(赤峰), 퉁랴오(通辽), 후룬베이얼(呼伦贝尔), 우하이(乌海), 맹 : 아라산맹(阿拉善盟), 시린궈러맹(锡林郭勒盟), 싱안맹(兴安盟)

네이멍구자치구는 한자식 독음으로는 내몽골자치구라고 읽는다. 동북, 화북, 서북 지방에 걸쳐 동남서쪽으로 8개 성급 행정구와 접하고 북으로 몽골, 러시아와 국경선을 마주하고 있다. 네이멍구라는 명칭은 중국 영토에 속하지 않는 몽골과 구분하기 위해 쓰인다.

▪ 역사

고대 중원 왕조들은 북방민족들의 근거지인 네이멍구를 점령하려 군사를 보내고는 했다. 진시황의 진나라는 네이멍구를 점령하고 장성을 쌓아 지배하려 했으나 진시황 사후 실패한다. 이후 한나라가 어얼둬쓰(오르도스) 지역을 점령하고 있던 흉노를 굴복시키고 네이멍구를 점령한다.

한나라가 멸망하고 삼국시대가 열리면서 어얼둬쓰 지역의 흉노족 추장 유연(刘渊)이 전조(前赵)를 건국하면서 오호십육국 시대가 시작된다. 이후 오호십육국 시대를 끝낸 수나라, 당나라 시기에 다시 네이멍구 지역을 통치하고 한족을 정착시키는 등의 정책을 펼친다. 그러나 당나라가 멸망하고

---

24) 과거 청나라 지배하의 몽골 행정구역이었던 명칭이 남아 2급 행정단위로 이어지고 있다. 현재는 네이멍구자치구의 3개 맹만 남아있다.

북방민족이 중원으로 내려오며 한족이 세운 국가들은 강남으로 밀려나게 된다.

13세기에 들어서 칭기즈칸이 흩어져 있던 몽골 부족들을 통합하고 닝샤 지역의 서하와 여진족의 금나라를 점령하고, 그의 후손들이 중국의 중원까지 점령하면서 원나라를 건국한다. 하지만 몽골족의 원나라는 오래가지 못하고 주원장이 건국한 명나라에 밀려 북쪽의 네이멍구 지역으로 밀려나게 된다. 명나라는 만리장성을 네이멍구자치구의 남쪽 경계에 쌓아 몽골의 재침입을 방어했다.

이후 네이멍구 지역은 몽골 차하르 부족이 통치하다가 17세기 만주족이 건국한 후금에 항복해 여진족의 지배를 받게 된다. 청나라 고종 건륭제 시기에는 현재의 몽골(당시 외몽골)까지 청나라가 점령하게 되고 이후 청나라는 신장, 준가르제국까지 점령한다.

청나라가 멸망하고 몽골은 소련의 도움으로 독립했지만, 네이멍구 지역은 계속해서 중국의 한 지역으로 남는다. 몽골은 네이멍구를 되찾기 위해 침공했으나 위안스카이의 개입으로 실패하고 네이멍구에는 차하얼성(察哈尔省), 쑤이위안성(绥远省), 러허성(热河省) 등이 신설된다. 그러나 중일전쟁 당시 일본에 의해 네이멍구는 병합당하고 일제는 괴뢰국인 몽강국(蒙疆国)을 세운다.

1945년 8월 소련, 몽골 연합군이 네이멍구 지역을 침공해 몽강국은 멸망한다. 한 달 뒤인 1945년 9월 네이멍구 인민공화국이라는 독립 국가를 세우지만, 곧 중국 공산당에 의해 흡수된다. 1947년부터 공산당의 행정개혁으로 자치구가 설치되어 현재에 이르고 있다.

■ 지리 및 기후

네이멍구자치구는 몽골고원이 자리 잡고 있어서 평균 고도가 약 1,000m에 달하는 고지대이다. 전체 면적 중 50% 이상이 고원으로 구성되어 있고, 35%는 산과 구릉, 8%는 평지, 나머지 0.8% 정도만이 강, 호수 등이 차지할 정도로 건조하고 고도가 높은 지역적 특징을 보인다. 동쪽에는 헤이룽장성과 인접해 있는 대흥안령산맥이(大兴安岭山脉)이 있고 이 산맥 근처에 서랴오허평원(西辽河平原), 오르도스평원, 황허의 남안평원 등이 있어서 네이멍구의 주요 곡물 생산지로 활용되고 있다.

네이멍구자치구의 기후는 전체적으로 대륙성 기후의 특징을 보이며 면적이 넓은 만큼 지역별로 기온 차이가 크다. 비교적 남쪽에 위치한 츠펑과 후허하오터는 5.5~11℃의 평균기온을 기록하고, 가장 북쪽에 있는 후룬베이얼은 평균기온이 0℃ 이하를 기록하고 있다. 북부 지방의 겨울은 영하 20℃는 기본이며 -40℃를 기록하기도 한다. 역대 최저 기온은 -58℃였다.

■ 경제

2020년 기준 네이멍구자치구의 GDP는 1조 7,400억 위안(한화 약 321조 7,700억 원), 1인당 GDP는 72,000위안(한화 약 1,300만 원)을 기록했다.

고원지대가 많은 특성상 염소, 양 등을 기르는 목축업이 활발하고 자치구 동부 끝의 대흥안령산맥에서는 임업과 수렵이 발달했다. 우하이와 바오터우 지역에는 황허가 흘러 평원에서 벼농사와 더불어 포도 재배가 이뤄진다.

네이멍구자치구에서는 넓은 영토만큼 석유, 석탄, 천연가스, 희토류 등과 같은 자원이 매우 풍부하고 베릴륨과 지르코늄도 많은 양이 매장되어 있다.

특히 석탄은 중국 북부의 중요한 석탄 생산기지이다. 임업, 목축업, 석탄, 발전소 등의 산업을 중심으로 성장한 이래 에너지, 화학, 장비 제조, 농축산물 가공 산업을 중점으로 육성하고 있다.

현재는 중국 내에서 금지되었지만, 세계 최대 규모의 비트코인 채굴장이 네이멍구자치구 어얼둬쓰시에 있기도 했다.

■ 교육

네이멍구자치구에는 54개의 대학이 있다. 이 중 985공정에 포함된 학교는 없으며 211공정에 포함된 학교는 네이멍구대학교(內蒙古大学)가 유일하다. 다른 소수민족 자치구에 비해서는 대학의 수가 많은 편에 속한다.

한편 중국 정부가 2020년부터 네이멍구자치구의 학교에서 몽골어 수업 시간을 줄이고 중국어 수업 시간을 늘리겠다는 정책을 발표하자 몽골족들이 크게 반발해 등교 거부 시위를 벌인 적도 있다.

■ 교통

과거 네이멍구자치구에는 낙타와 트럭이 다닐 수 있는 길이 1,000km에 불과했을 뿐만 아니라 매우 험한 길이었다. 중화인민공화국이 건국되고 대대적인 도로 건설을 통해 현재는 네이멍구자치구 전역을 잇는 도로망이 건설되고 러시아와 몽골과도 도로를 이어서 광범위한 도로망을 구축했다.

철도 교통은 후허하오터 철도국, 하얼빈 철도국, 심양 철도국 등이 네이멍구자치구 전체의 철도를 관리하고 있으며, 중국 전역으로 뻗어 나가 네이멍구자치구로의 방문을 수월하게 하고 있다.

네이멍구자치구에는 19개의 민간공항이 있다. 이 중 가장 규모가 큰 곳은 후허하오터바이타

하이라얼 기차역

국제공항(呼和浩特白塔国际机场)이다. 톈진항공과 화하항공을 중심으로 국내 87개 도시 150개 노선을 운항하고 있으며, 국제선은 홍콩, 타이완, 몽골 등의 노선이 있다.

■ **관광지**

네이멍구자치구에는 초원과 사막, 호수, 고대 유적 등이 어우러진 여러 관광 명소가 있으며 외부와의 교통도 편리해져서 많은 국내외 관광객이 방문한다.

샹샤만(响沙湾)

샹샤만은 어얼둬쓰에 있으며, 국가지정 AAAAA(5A)급 관광명승지이자, 국가 문화산업 시범기지이다. '인컨샹사(银肯向沙)'라고 불리기도 하는데, '인컨'은 몽골어로 '영원한'이라는 뜻이다.

샹샤만

초승달 모양의 모래 언덕인 샹샤만은 쿠부치 사막의 동쪽 끝에 있어서 마치 오아시스와 같은 느낌을 주기도 한다. 샹샤만은 독특한 지형을 바탕으로 관광과 레저를 통합한 대규모 사막 레저 리조트로 발전했다. 케이블카, 수영장, 몽골족 생활 체험 프로그램이 있어서 많은 관광객을 유치하고 있다.

후룬베이얼 대초원(呼伦贝尔大草原)

후룬베이얼 대초원은 후루베이얼시에 있으며, 세계 4대 초원 중 하나이다. 대흥안령산맥의 서쪽에 위치한 이곳은 고대 문명과 수많은 유목 민족의 발상지로 알려져 있다. 몽골 제국을 세운 세기의 정복자 칭기즈칸도 이곳에서 태어났다. 후룬베이얼 초원은 끝없이 펼쳐진 잔디밭과 대흥안령산맥의 산들, 후룬호(呼伦湖)와 베이얼호(贝尔湖)가 어우러져 수려한 경관을 자랑한다. 특히 여름에는 초원의 녹색 빛이 더욱 짙어져 이 경관을 보러 7~8월에 대부분 관광객이 여행을 온다.

칭기즈칸릉 여유구(成吉思汗陵旅游区)

칭기즈칸릉은 어얼둬쓰에 있으며, 국가지정 AAAAA(5A)급 관광명승지이다. 칭기즈칸릉은 실제 칭기즈칸의 능이 아니라 현대의 사람들이 칭기즈칸을 기리기 위해 건축한 것이다. 몽골족들은 무덤의 주인이 누군지 모르게 능을 세우는데, 이로 인해 진짜 칭기즈칸의 능은 현재도 어디에 있는지는 알 수가 없다. 칭기즈칸릉에는 몽골 역사문화박물관이 있으며, 칭기즈칸 초상화가 있는 궁전의 높이는 무려 26m에 달한다.

후룬베이얼 대초원

칭기즈칸릉 여유구

하이라얼 국가삼림공원(海拉尔国家森林公园)

하이라얼 국가삼림공원은 후룬베이얼에 있으며, 국가지정 AAA(3A)급 관광명승지이다. 울창한 소나무 숲에는 160여 종의 식물이 자생하고 있으며, 몽골종다리, 딱따구리 등 60여 종의 조류가 서식하고 있다. 이곳의 '얼음 호수(冰湖)'에는 회색기러기와 두루미 등이 서식하고 있다. 하이라얼 국가삼림공원은 청나라 시기부터 명승지로 인정받아 왔다. 중국 북부의 4대 석기 시대 문화유적지 중 하나이고, 과거 일본이 중국을 침략한 흔적이 남아있어서 역사적으로도 가치가 높은 곳이다.

지금까지 소개한 관광지 외에도 중·러 변경 여유구(中俄边境旅游区), 아름다운 자연경관을 담고 있는 차이허 풍경구(柴河旅游景区) 등이 있다.

■ 대표 음식

네이멍구의 요리는 몽골족 전통 요리로 유목 민족 특성상 목축업으로 기른 양과 돼지 등을 이용한 고기 요리가 많다.

양다리 구이(烤羊腿)

양다리 구이

전해 내려오는 이야기에 따르면 양다리 구이는 칭기즈칸이 즐겨 먹던 요리인데, 칭기즈칸이 한창 정복 활동에 집중할 때 그의 요리사가 칭기즈칸의 식사 시간을 단축해 주려고 양의 다리만 잘라서 대접하던 것에서 유래했다고 한다.

몽골 시엔삥(蒙古馅饼)

몽골 시엔삥은 300년 이상의 역사가 있으며, 명말청초 시대 북쪽에 자리 잡고 있던 몽골족의 한 부족이 만든 음식이라고 한다. 일종의 두꺼운 전병 혹은 얇은 빵으로 몽골 사람들은 손님이 집에 오면 꼭 시엔삥을 대접한다.

마유주(马奶酒)

마유주는 말 젖을 발효시켜 담근 신맛이 나는 술이다. 주로 말의 살이 오르는 7, 8월에 담그는데 말의 젖을 가죽에 담아 발효시켜 만든다. 과거 칭기즈칸은 마유주를 황실의 술로 지정했다고 한다.

8부

직할시

28.
베이징(北京)

중국의 천년고도(千年古都)

빠다링 장성

명십삼릉

올림픽공원

이화원

팔대처 공원

고궁박물관, 자금성

중국중앙방송국 CCTV

천단

- **약칭** 경(京, 징)
- **청사 소재지** 통저우구(通州区)
- **면적** 1,183,000km²
- **인구** 약 2,180만 명(인구 순위 26위)
- **민족 비율** 한족 : 96%, 만주족 : 2%, 후이족 : 1.6%, 몽골족 : 0.3%

■ 행정구역

[16개 구(区)] : 둥청구(东城区), 시청구(西城区), 차오양구(朝阳区), 하이뎬구(海淀区), 펑타이구(丰台区), 스징산구(石景山区), 먼터우거우구(门头沟区), 팡산구(房山区), 퉁저우구(通州区), 순이구(顺义区), 창핑구(昌平区), 다싱구(大兴区), 핑구구(平谷区), 화이러우구(怀柔区), 미윈구(密云区), 옌칭구(延庆区)

베이징은 한자식 독음으로 북경이라고 부른다. 베이징은 허베이성에 둘러싸여 있으며 남쪽으로 톈진과 접하고 있다. 지리적으로 인접한 허베이성과 톈진, 베이징을 하나로 묶어 '징진지(京津冀)'로 부른다.

■ 역사

베이징은 과거 연나라부터 현재에 이르기까지 역대 중국의 수도였다. 춘추전국시대에는 연나라의 수도였으며, 당시에는 연경(燕京)이라고 불렸다. 이후 여러 왕조가 들어서며 중앙 정부는 베이징을 북방의 요충지로 활용했고, 한나라 멸망 후 전연, 후연, 북연 등의 모용선비[25] 국가의 기반 역할을 했다. 안사의난이 일어났을 때는 지금의 허베이성, 베이징 일대가 반란군의 근거지가 되기도 했다. 이후 여진족의 금나라가 베이징 지역을 수도로 정하고 중도(中都)라 명명한다.

1215년 몽골 제국이 금나라를 점령하고 1267년에 북쪽 몽골초원에 상도(上都)를 수도로 건설한다. 이후 원나라의 시조 쿠빌라이칸은 지금의 베이징 지역인 대도(大都)로 천도한다. 명나라에 의해 원나라는 북쪽으로 밀려나고

---

25) 중국 동북 지방의 민족 중 하나인 선비족의 일파이다.

원나라의 수도 대도는 북평부(北平府)로 이름이 바뀌게 된다. 명나라 초대 황제 홍무제는 난징(南京)을 수도로 정했으나, 3대 황제 영락제가 자신의 권력적 기반이었던 베이징 지역으로 수도를 옮긴다.

이자성의 난으로 명나라가 멸망한 후 만주족의 청나라가 수도를 선양에서 베이징으로 옮겨온다. 청나라가 멸망한 후에도 중화민국 북양정부의 수도 역할을 한다. 그러나 1928년 국민당의 2차 북벌로 국민정부가 베이징을 점령하고 수도를 난징으로 옮기며, 베이징을 베이핑(北平)으로 이름을 바꾸어 격하시킨다.

1937년 중일전쟁 당시 베이징과 톈진 지역은 일제에 점령당해 1945년까지 지배를 받는다. 국공내전 중인 1949년 1월, 공산당이 베이징 지역을 점령하고, 같은 해 10월 1일 중화인민공화국 수립을 선포하면서 베이징은 직할시[26]이자 중국의 수도로 자리매김하고 있다.

▪ 지리 및 기후

베이징의 지형은 북서쪽에서 남동쪽으로 갈수록 낮아지는 특징을 보인다. 베이징의 남쪽은 허베이평원의 끝에 걸쳐 있어서 대부분의 농업은 이곳에서 이루어진다. 북쪽에는 산지가 많고 북방 민족을 막기 위한 만리장성이 있다.

베이징은 냉대 건조기후에 속하여 여름에는 덥고 겨울에는 춥고 건조한 기후 특성을 보인다. 연평균 강수량은 500mm로 대부분 여름에 집중된다.

---

26) 직할시는 성(省)과 동격의 일급 행정구역으로, 현재 베이징, 상하이, 충칭, 톈진 등 4개 도시만 직할시로 지정됐다.

베이징의 가장 큰 문제는 황사와 스모그인데 북쪽의 고비사막, 석탄을 연료로 한 수많은 공장 가동으로 대기오염이 심각하다. 또한 중국발 미세먼지는 우리나라를 비롯한 주변국 국민의 건강까지 위협하고 있어 중국 정부의 확실한 대책이 필요하다.

■ 경제

2020년 기준 베이징시의 GDP는 3조 6,100억 위안(한화 약 668조 7,800억 원), 1인당 GDP는 165,000위안(한화 약 3,000만 원)을 기록했다.

베이징은 수자원이 부족하여 1949년 저수지를 복구하는 사업을 펼쳤고, 교외의 경작지 중 90% 이상이 관개지이다. 목축업이 1차산업에서 많은 비중을 차지하며, 전국 4위의 생산량을 기록하고 있다.

베이징의 공업은 신중국 수립 이후 방직, 식품, 전자 부문의 비중을 먼저 높이고, 추후 화공, 기계, 석유화학 등을 발전시켜 공업 현대화를 이루었다. 이로 인해 중국의 대형 국유기업들이 베이징에 모여 있다. 대표적으로 중국석유화공(中国石油化工), 국가전력, 중국이동(차이나모바일) 등 많은 기업의 본사가 베이징에 입주해 있다. 하지만 최근 중국은 베이징 경공업과 중공업 등의 산업을 허베이성으로 옮기고 베이징에는 첨단 산업을 남겨 고부가가치 산업의 발전을 도모하고 있다.

■ 교육

베이징시에는 83개의 대학이 있다. 중국의 수도에 걸맞게 세계적으로 인

북경대학교 입구

정받는 유명 대학들이 있다. 북경대학교(北京大学), 칭화대학교(清华大学)를
포함해 중국인민대학교(中国人民大学), 북경이공대학교(北京理工大学), 북경
사범대학교(北京师范大学) 등 10개 학교가 985공정에 포함되어 있고, 북경공
업대학교(北京工业大学), 북경과기대학교(北京科技大学), 북경교통대학교(北
京交通大学), 북경외국어대학교(北京外国语大学) 등 30개 학교가 211공정에
포함되어 있다.

■ 교통

베이징은 수도로써 중국 대부분 지역으로 뻗어 나가는 철도망을 구축하고 있으며, 모스크바, 울란바토르, 평양 등 외국과도 연결되어 있다. 고속도로도 철로와 마찬가지로 중국 전역으로 연결된다.

베이징의 대표 공항은 베이징수도국제공항(北京首都国际机场)과 2019년에 개항한 베이징 다싱국제공항(北京大兴国际机场) 2곳이 있다. 두 공항 모두 대형 공항으로 중국 전역으로 운항하며, 베이징수도국제공항은 아시아, 유럽, 아메리카, 아프리카 등 전 세계 지역으로 국제선을 운항하고 있으며, 한국 노선은 인천, 김해, 대구, 제주, 청주 등 여러 도시로 운항하고 있다. 다싱국제공항의 국제선은 아시아, 유럽, 북미 위주로 운항하며 한국행 노선은 없다.

■ 관광지

베이징은 세계에서 가장 많은 세계유산을 보유하고 있는 도시이다.

자금성(紫禁城)

자금성은 둥청구에 있으며, 국가지정 AAAAA(5A)급 관광명승지이자 전국중점문물보호단위, 유네스코 세계문화유산이다. 자금성은 명나라 3대 황제 영락제가 수도를 난징에서 베이징으로 옮기면서 건축하였다. 청나라의 선통제가 퇴위될 때까지 500여 년 동안 두 나라의 역대 황제들이 거주하며 국가를 통치한 곳이다. 총면적 720,000m², 건물 980채, 8,700여 칸의 방으로 구성되어 거대한 크기를 자랑한다.

자금성

선통제가 퇴위하고 자금성은 1925년부터 고궁박물관(故宮博物館)이라는 이름으로 대중들에게 공개됐다. 지금의 자금성은 본래의 모습이 그대로 이어져 온 것이 아니라 명나라 시기부터 수차례의 화재가 발생하여 여러 차례 복원과 재건을 거쳤다.

국민당이 국부천대할 때 자금성의 여러 유물을 가져가 타이완에서 고궁박물관을 개관하기도 했으며, 문화대혁명 당시 홍위병들이 여러 문화재를 계속해서 파괴하자 저우언라이가 개인 사병을 보내서 자금성을 지키기도 했다.

천안문 광장(天安门广场)

천안문 광장은 둥청구에 있으며, 국가지정 AAAAA(5A)급 관광명승지이자 전국중점문물보호단위이다. 천안문 광장은 자금성을 건설할 때 함께 만들어졌고 그 당시에는 임금이 걷는 길 '어도(御道)'만이 있었다.

청나라 시기에 대청문(大淸門)이라 불렸으며, 중화민국 시기에는 중화문 (中华门)이라 불렸다. 중화인민공화국에 들어서며 천안문 어도와 주위의 문을 모두 허물고 광장을 조성해 1949년 10월 1일 마오쩌둥이 천안문 광장에서 중화인민공화국 수립을 선포했다.

천안문 광장은 정치행사의 명소로 활용되고 있지만, 과거에는 시위, 집회 등의 장소였다. 대표적으로 문화대혁명 홍위병이 최초로 모여 선언을 한 장소도 천안문 광장이고, 제1차, 2차 천안문 사태가 발생하기도 했다.

천안문 광장에서는 매일 아침 중국의 오성홍기 게양식이 열리고 국가적 행사 때도 게양식이 열리는데 이를 보기 위해 많은 관광객이 찾는다. 2021년 12월부터는 천안문 광장 방문 예약 시스템을 시행하고 있다.

천안문 광장

798 예술구(798艺术区)

798 예술구

798 예술구는 차오양구에 있다. 798 예술구의 정식 명칭은 '다산즈(大山子) 798 예술구'이며, 과거에는 718렌허창(联合厂)이라 불렸다.

이곳은 본래 소련의 지원을 받아 설립된 무기 공장들이 모여 있는 공장지대였다. 냉전이 종식되고 중국이 개혁개방을 하게 되며 공장들이 하나씩 철수하기 시작했는데, 이 시기 공장의 저렴한 임대료에 매력을 느낀 가난한 예술가들이 모여들기 시작했다. 2001년 중앙미술학원이 근처로 이전해오면서 교수들도 이곳에 개인 작업실을 마련하며 더욱 많은 예술가들이 모였다. 화가, 디자이너, 음악 연출가, 영화 감독 등의 예술가 커뮤니티가 활성화되고 출판사, 갤러리, 카페, 디자인 회사, 인테리어 소품 가게 등이 들어서면서 하나의 '문화예술단지'가 되어 현재 가장 주목받는 예술 공간이 되었다.

왕푸징(王府井)

왕푸징은 둥청구에 위치한 가장 번화한 거리이다. 왕푸징은 왕부(王府)의 우물이라는 뜻으로 왕족이 거주하는 곳에 좋은 물이 나오는 우물이 있다는 의미로 지어진 명칭이다. 이곳에는 여러 쇼핑몰과 백화점들이 빽빽하게 들어서 있고 차 없는 도로로 지정되어 여행객들이 편안하게 관람할 수 있다. 전갈과 같은 중국의 신기한 길거리 음식들을 구경할 수 있으며, 중국 전통 음식점도 많아서 다양한 음식문화를 체험할 수 있다. 지하철역과 연결된 쇼핑몰 동방신천지(东方新天地)에서는 중국의 최신 브랜드를 접할 수 있어 많은 관광객이 찾는다.

왕푸징의 건물

이화원(颐和园)

이화원은 하이덴구에 있으며, 국가지정 AAAAA(5A)급 관광명승지, 전국중점문물보호단위, 유네스코 세계문화유산이다. 총면적이 2.9km²에 달하여 베이징에 현존하는 황실원림 중 가장 큰 규모를 자랑한다.

이화원은 청나라 건륭제 시기에 현재의 모습을 갖추기 시작했고, 건륭제의 취향에 맞춰 강남 여러 명승지의 모습을 재현한 것으로 알려졌다. 1949

이화원의 일몰

년 중화인민공화국 수립 이후 대대적인 보수 공사를 통해 복원하여 대중에게 개방했다. 이화원은 인공적으로 만들어진 호수 곤명호와 여러 전각, 궁전, 사원, 교각 등이 함께 어우러져, 중국 조경 예술의 끝을 보여주고 있다는 평가를 받는다.

베이징에는 지금까지 소개한 관광 명소 외에도 황제가 제사를 올리던 천단공원, 명나라 황제들의 무덤군인 명십삼릉, 만리장성, 북해공원 등의 명소가 있다.

■ 대표 음식

베이징 요리는 징차이(京菜)라고 불리기도 하며, 산동 요리의 지류 중 하나이다. 궁중 요리가 발달하여 이어져오고 있으며, 튀김 요리와 볶음 요리가 특히 유명하다.

베이징 카오야(北京烤鴨)

많은 사람들이 베이징하면 베이징 카오야를 가장 먼저 떠올린다. 송나라 때 등장한 이 요리는 청나라 말기에 서태후의 입맛을 사로잡은 것으로 유명하다. 황실의 대표적인 오리 요리에서 전 세계인의 사랑을 받는 대중적인 요리가 된

베이징을 대표하는 음식 베이징 카오야

베이징 카오야는 유명 체인점 취안쥐더(全聚德)가 중국 전역과 해외에도 지점을 둘 정도로 인기가 있다.

작장면(炸酱面)

작장면은 중국의 10대 국수로, 우리나라 짜장면의 모태가 된 음식이다. 면 위에 중국식 춘장을 비벼 먹는데, 우리의 소스와 다르게 짠맛이 강하며 차갑게 즐기는 음식이다.

빙탕후루(冰糖葫芦)

빙탕후루는 남송 시대부터 유래된 중국의 전통 간식으로, 산사나무 열매를 꼬치에 꽂아 설탕을 녹여 발라서 굳힌 간식이다. 과거에는 산사 열매로만 만들었지만 최근에는 귤, 딸기, 사과 등 다양한 재료들로 만든다.

29.
톈진(天津)
중국 속의 유럽

판단 풍경명승구

텐진 아이

국가해양박물관

텐진 고문화거리

다강유전빈하이공원

■ **약칭** 진(津, 진)

■ **청사 소재지** 허시구(河西区)

■ **면적** 11,966km²

■ **인구** 약 1,380만 명(인구 순위 27위)

■ **민족 비율** 한족 : 97.4%, 후이족 : 1.1%, 만주족 : 0.5%, 몽골족 : 0.13%,
　　　　　　 조선족 : 0.12%

■ **행정구역**

[16개 구] : 허핑구(和平区), 허시구(河西区), 허베이구(河北区), 난카이구(南
开区), 허둥구(河东区), 홍차오구(红桥区), 빈하이신구(滨海新区), 진난구(津南
区), 둥리구(东丽区), 시칭구(西青区), 베이천구(北辰区), 바오디구(宝坻区), 우칭
구(武清区), 징하이구(静海区), 닝허구(宁河区), 지저우구(蓟州区)

톈진은 한자 독음으로는 천진이라고 읽으며, 서쪽으로는 산시성, 북쪽으
로 베이징과 허베이성, 남쪽은 산동성, 동쪽에는 서해와 접하고 있다. 톈진
이라는 명칭은 명나라 영락제가 황제의 자리에 오른 후 '하늘의 아들이 건넌
나루'라는 뜻으로 톈진이란 이름을 하사한 데서 유래했다.

■ **역사**

고대의 톈진은 바다였는데 황허의 퇴적 작용으로 점점 육지의 면적이 늘
어나 지금의 형태가 되었다. 상나라, 주나라 시기에도 톈진에는 사람이 거
주하고 있었으나, 도시로의 발전은 더디게 진행됐다. 한나라 시기의 톈진은
염전의 활약이 컸는데 수나라가 대운하를 건설하면서 강남 지방의 쌀과 특
산품들이 톈진으로 운송되면서 상업중심지로 발전한다. 당나라와 요나라
시기에도 톈진은 염전 산업이 활발해 소금 창고로 활용되었고, 원나라 시기
부터 여러 특산품과 식량 운송의 중심지가 되면서 더욱 발전한다.

명나라 시기에 영락제가 건문제를 몰아내기 위해 남경으로 진격하던 도
중 톈진 지역에 머문 적이 있는데, 황제가 된 후 이 지역의 이름을 톈진으로
개칭한다.

이후 청나라 말기 아편전쟁으로 톈진 조약이 체결되고 개항을 맞이하게 된다. 한꺼번에 많은 해외문물이 유입되면서 톈진에서는 외국인과 중국인 사이에 많은 충돌이 일어나기도 했다.

청나라가 멸망하고 중화민국이 들어서면서 1913년에 중화민국은 진해도(津海道)라는 행정구역을 설치하고 톈진을 정부 청사 소재지로 지정한다. 이후 1928년에 국민 혁명군이 톈진을 점령하고 난징국민정부가 톈진을 특별시로 지정하면서 독립하게 된다. 1937년 중일전쟁이 발발하여 톈진도 함락된다. 1945년 2차 세계대전에서 일제가 패망하면서 반환된다. 1946년 국공내전이 발발하고 톈진은 중국 공산당에 점령당하고 같은 해 10월 중화인민공화국이 수립된다.

톈진은 중앙 정부 직할시로 지정되어 독립적인 단위를 유지했으나, 1958년 톈진을 허베이성의 관할로 편입시키고 허베이성의 정부 청사를 톈진으로 옮긴다. 그러나 1966년에 허베이성의 정부 청사를 바오딩으로 옮기고 이듬해 톈진은 직할시로 독립한다.

■ **지리 및 기후**

톈진은 전체 면적의 93% 정도가 평야로 구성되어 있으며 북서쪽에서 남동쪽으로 내려올수록 지형이 낮아지는 특징을 보인다.

스텝 기후에 속하며, 4계절이 뚜렷하나 매우 건조한 특성을 보인다. 연평균 기온은 14℃, 가장 더운 달의 평균기온은 28℃이며 역사상 최고기온은 41.6℃를 기록하기도 했다. 1월 평균기온은 -2℃이다. 연평균 강수량은 600mm이며, 여름에 집중되어 내린다.

■ 경제

2020년 기준 톈진시의 GDP는 1조 4,100억 위안(한화 약 262조 6,200억 원), 1인당 GDP는 102,000위안(한화 약 1,900만 원)을 기록했다.

평야 지대가 많아 보리, 옥수수, 벼 등의 농업이 활발하고 더불어 바다를 접하고 있어서 수산물 양식업, 해염 생산과 염화 공업 등이 발달했다.

톈진은 중국의 중요한 공업기지 중 하나로, 생산량은 전국 3위에 달한다. 자동차, 전자, 금속공업, 석유화학, 방직 등 산업도 매우 다양하다. 국가 중점 유전인 다강유전(大港油田)과 보하이유전(渤海油田)이 있어 석유 생산도 활발하다.

톈진의 각 구(区)별로 경제발전지구, 공업단지, 기술단지, 과학단지 등 다양하게 유치하여 외국기업의 유입을 이끌고 있다. 11차 5개년 계획에서 지정된 빈하이신구(滨海新区) 경제특구가 있고, 중국 최초의 국가경제기술개발구인 타이다경제기술개발구(泰达经济技术开发区)도 있다.

■ 교육

톈진시에는 70개의 대학이 있다. 985공정에 포함된 학교는 난카이대학교(南开大学)와 톈진대학교(天津大学)가 있고, 211공정에 포함된 학교는 허베이공업대학교(河北工业大学), 톈진의과대학교(天津医科大学)가 있다. 최근에는 미국 줄리어드음대 톈진캠퍼스가 개교하여 많은 주목을 받고 있다.

■ 교통

톈진은 수로, 육로, 항공로 모든 교통의 중심지이다. 빈하이신구에 위치한 톈진항(天津港)은 1만 톤급 선착장이 52개 설치되어 있고, 물류처리량이 세계 4위에 달할 정도로 많은 배가 오가는 항구이다. 철도와 도로는 베이징의 근교에 위치해 있어 동부 연안, 내륙 지역으로 이어지는 도로 교통망과 철도 교통망을 구축하고 있다.

톈진의 공항은 톈진빈하이국제공항(天津滨海国际机场)이 유일하다. 국내선은 중국국제항공과 톈진항공을 비롯해 23개의 항공사가 중국 전역으로 운항하고 있으며, 국제선은 23개의 국내외 항공사가 아시아, 유럽, 호주, 북미까지 운항하고 있으며 한국행 노선은 대한항공, 아시아나항공, 톈진항공의 인천행 노선과 춘추항공의 제주행 노선이 있다.

■ 관광지

톈진은 베이징과 근접하여 베이징을 여행하면서 톈진도 함께 방문하는 경우가 많다. 중국의 전통을 간직한 곳과 이국적인 풍경이 어우러져 많은 관광객이 찾고 있다.

이탈리아 풍경구(意大利风情旅游区)

이탈리아 풍경구는 허베이구에 있으며, 국가지정 AAAA(4A)급 관광명승지이다. 과거 톈진 조약으로 개항된 이곳에 이탈리아 조계지가 있던 자리를 관광지로 조성하였다. 이탈리아 베네치아를 느낄 수 있는 마르코 폴로 광장이 있는가 하면 과거 중화민국 유명 인사들의 옛집도 보존되어 있어 재

이탈리아 풍경구

미를 더한다. 또한 이탈리아 식당과 톈진의 전통 요리 음식점이 혼재되어있는데, 아침부터 사람들이 식당 앞에 줄을 서는 풍경을 볼 수 있다.

오대도(五大道)

오대도는 허핑구에 있으며, 국가지정 AAAA(4A)급 관광명승지이다. 오대도는 톈진의 번화가에 남북으로 뻗어 있는 마창도(马场道), 무난도(睦南道), 다리도(大理道), 창더도(常德道), 충칭도(重庆到) 5개의 도로를 일컫는 명칭이다. 이곳은 중국에서 가장 완벽한 서양식 건물 복합 단지로 불린다.

1920~1930년대에 지어진 다양한 국가의 건축 양식 건물 2,000여 채가 있으며, 전체 면적은 100만 평방미터에 달한다. 가장 유명한 곳은 중국의 콜로세움으로 알려진 민원광장(民园广场)이다. 민원광장은 1929년에 지어

오대도의 민원광장

진 민원체육장이 전신으로, 현재는 톈진의 시민들과 여행객들이 편히 쉬어 갈 수 있는 공간이 되었다.

톈진 판산 풍경구(天津盘山风景名胜区)

톈진 판산 풍경구는 지저우구에 있으며, AAAAA(5A)급 관광명승지이다. 가장 높은 봉우리인 괘월봉(挂月峰)은 해발고도 864m이다. 판산에 대한 최초의 언급은 한나라 시기에 기록됐으며, 당나라 때부터 유명해지기 시작했다. 판산에는 72개의 절과 13개의 탑이 있어 톈진 지역 불교의 성지라 불린다. 청나라 건륭제는 판산의 경치에 놀라 27차례나 방문했고, 별장을 만들기도 했다. 중일전쟁 당시 판산은 동부지역 항일 기지였다. 한편 만리장성의 일부인 황야관장성(黄崖关长城)이 지나고 있어 이를 보기 위해 판산을 오르는 관광객도 많다.

톈진 고문화가(天津古文化街)

톈진 고문화가는 난카이구에 있으며, 국가지정 AAAAA(5A)급 관광명승지이다. 1986년에 청나라 시기의 거리를 복원하면서 톈진에서 가장 중국스러운 분위기를 느낄 수 있는 곳이 됐다. 고문화가에는 여러 골동품점이 있으며 중국의 전통 의상, 소품들을 구매할 수 있고 중국 전통 간식이나 음식을 판매하는 가게들이 곳곳에 있어 고풍스러움을 느낄 수 있다.

지금까지 소개한 관광지 외에도 수상공원(水上公园), 해방교(解放桥), 세기종(世纪钟), 저우언라이 기념관, 하이허(海河) 등의 명소가 있다.

고문화 거리

대표 음식

텐진 요리는 진차이(津菜)라고 불리기도 하며, 베이징 요리에서 많은 영향을 받았다. 텐진 요리는 생선, 새우 등 해산물 요리가 많다는 특징이 있다.

거우부리 만두(狗不理包子)

거우부리 만두는 청나라 말기인 1858년 문을 연 160년 전통의 만두 전문점의 이름이자 요리 이름이다. 텐진의 한 식당에서 만두 만드는 기술을 배운 사람이 만두 가게를 개업했는데 이때의 만두 모양이

거우부리 만두

국화와 비슷하고 색깔, 향, 맛이 독특해서 장사가 아주 잘 되었다. 가게가 너무 바빠져 손님을 응대할 시간이 부족해지자, 손님들이 '개들이 만두를 팔고 사람을 상대하지 않는다'고 힐난한 것에서 거우부리(狗不理)라는 이름이 붙여지며 유명해졌다. 거우부리 만두는 위안스카이가 미식가 서태후에게 바친 적이 있다 하여 유명세를 떨치기 시작했다.

텐진 마화(天津麻花)

텐진 마화는 텐진시의 유명 간식 중 하나로, 거우부리 만두와 함께 텐진을 방문하면 꼭 먹어야 하는 음식으로 꼽힌다. 마화는 본래 명나라 시기 후이족의 음식으로 간쑤

텐진 마화

성, 닝샤 등의 지역 음식이었으나, 이후 유명해지면서 화북 지방으로 퍼지게 되었다. 호두, 땅콩 등의 재료를 첨가해 맛있고 바삭하며 시간이 흐를수록 맛과 향이 더욱 좋아지고 쉽게 상하지 않아 누구나 즐겨 찾는 간식이다.

대하 튀김(煎烹大虾)

대하 튀김은 새우에 생강, 마늘, 파 등을 넣고 산초기름(花椒油), 땅콩기름(花生油)을 이용해 볶는 요리로 신선한 새우의 맛을 즐길 수 있다.

30.
상하이(上海)
중국의 경제 수도

- **약칭** 호(沪, 후)
- **청사 소재지** 황푸구(黄浦区)
- **면적** 6,340km²
- **인구** 약 2,400만 명(인구 순위 23위)
- **민족 비율** 한족 : 99.3%, 후이족 : 0.3%, 만주족 : 0.06%, 몽골족 : 0.03%

■ 행정구역

[16개 구] : 황푸구(黃埔区), 쉬후이구(徐汇区), 창닝구(长宁区), 징안구(静安区), 푸퉈구(普陀区), 홍커우구(虹口区), 양푸구(杨浦), 푸동신구(浦东新区), 바오산구(宝山区), 민항구(闵行区), 자딩구(嘉定区), 진산구(金山区), 쑹장구(松江区), 칭푸구(青浦区), 펑셴구(奉贤区), 충밍구(崇明区)

상하이는 화동 지방에 위치한 직할시이다. 한자 독음으로는 상해라고 읽는다. 서북쪽으로 장쑤성, 서남쪽으로 저장성과 경계를 접하고 있으며, 동쪽으로 동중국해와 접하고 있다.

■ 역사

상하이는 고대 춘추시대에는 오나라에 속했으며, 전국시대에는 초나라에 속했다. 이후 진나라, 한나라를 거쳐 오호십육국 시대 상하이는 '상해포(上海浦)'라는 이름으로 불렸다. 북송 시기에는 화정현과 쿤산현(昆山县)에 속했고, 해안 지역은 해문현(海门县)에 속했다. 원나라 시기에는 화정현이 부(府)로 승격됐고, 얼마 지나지 않아 송강부(松江府)로 개칭됐다.

명나라 시기에는 왜구의 침입을 막기 위해 상하이 지역에 성을 쌓았고, 이 시기 상하이는 면방의 중심지로 떠오르게 된다. 청나라 시기에는 상하이 지역에 세관을 설치했다. 청 말 아편전쟁의 패배로 청나라는 영국과 난징조약을 체결하게 되고, 상하이는 대외 무역항 중 하나로 개항되며 영국, 미국, 프랑스 등의 국가가 상하이에 거류지를 형성한다. 1843년 영국 영사가 상하이에 도착하고 그해 11월 정식으로 개항을 선포하며 이후 100년 동안 상하이에 조계지가 설치된다.

개항 이후 상하이는 중국 동부 지방의 경제와 금융의 중심지가 되었고 근대 중국에서 가장 빠르게 성장한 도시로 급부상한다. 중화민국이 수립한 이후에도 상하이 조계지는 계속해서 성장한다. 1930년 장쑤성의 상해현(上海縣)과 보산현(宝山县)의 도시를 편입시켜 1930년 상하이시가 된다. 1921년 중국 공산당 제1차 전국대표대회가 상하이에서 개최되기도 했으며, 이후 2차, 4차 대회도 개최된다.

1932년에는 상하이에서 일본 승려가 중국인에게 구타당한 사건을 계기로 일본이 제1차 상하이 사변을 일으킨다. 이 시기에는 상하이에서 우리나라의 독립운동이 활발히 일어나기도 했다. 1919년 프랑스 조계지 지역에 상하이 임시정부를 수립하고 활동을 벌였으며, 1932년에는 윤봉길 의사가 홍커우공원에서 폭탄을 투척하는 의거를 수행하기도 했다.

중일전쟁 당시에도 베이징과 톈진을 중심으로 전투가 이루어졌으나, 일본군이 상하이를 침공하여 전쟁을 확대했다. 이후 태평양 전쟁 당시에도 일본이 영국과 미국에 대한 선전포고로 상하이 조계를 침공했고 일본에 점령당한다. 이 사건으로 미국과 영국은 조계지를 포기하고 상하이 조계는 없어진다.

1945년 제2차 세계대전이 종식되면서 일제가 패망하자 국민당이 상하이를 탈환한다. 이듬해에 공산당과 국민당 사이의 국공내전이 발발했고, 국민당이 상하이를 1949년 5월까지 점령했으나 공산당이 상하이에서 국민당을 몰아내고 1949년 10월 중화인민공화국이 수립된다.

■ 지리 및 기후

상하이는 장강삼각주 충적평야 일부로 평균 해발고도가 2.19m 정도로 낮은 지대에 속한다. 상하이에서 가장 높은 곳은 103.7m인 대금산도(大金山島)이다. 상하이 북부 양쯔강에는 충밍섬(崇明島), 형사섬(橫沙島)이 있다. 이 중 충밍섬은 양쯔강에서 쓸려 내려온 모래가 쌓여 만들어진 충적도로 중국에서 3번째로 큰 섬이자, 가장 큰 충적도이다.

상하이의 기후는 온난 습윤 기후에 속하며, 연평균 기온은 17.6℃, 여름에는 기온이 35℃를 넘기도 한다. 겨울 평균기온은 4.8℃로 비교적 따뜻하다. 평균 강수량은 약 1,100mm이다.

■ 경제

2020년 기준 상하이의 GDP는 3조 8,700억 위안(한화 약 723조 2,200억 원), 1인당 GDP는 156,000위안(한화 약 2,900만 원)을 기록했다.

상하이는 중화인민공화국 수립 전부터 개항지로서 많은 외국 은행과 기업들이 입주했었다. 한때 외국 자본들이 홍콩, 타이완 등으로 빠져나가기도 했으나, 개혁개방이 시작되면서 외국기업과 자본이 유치되고 빠르게 성장했다.

상하이는 관광지로 유명하지만, 근교에는 평야가 많아 농업이 활발하다. 대표적으로 목화, 유채 등을 생산한다. 축산업도 활성화되어있는데 시짱, 칭하이, 베이징 다음으로 많은 생산량을 기록한다.

명나라 시기부터 널리 알려진 상하이의 방직 수공예품은 좋은 품질로 중국을 넘어 해외에서도 유명하다. 이 중 남인화포(藍印花布)가 대표적 특산품이다. 상하이는 명나라 시기부터 면방직 공업이 발달했으며, 19세기 개항이 되면서 근대 공업 도시로 발전하게 된다. 현재 중국에서 최대 규모의 공업 도시이다. 기계, 화학, 공업 등의 제조 공업과 더불어 원자재 공업, 제철업 등이 발전하여 제철 분야에서는 중국 최초로 1,000만 톤 이상의 생산능력을 갖춘 제철 공업 기지로 발돋움했다. 그 외에도 화학 공업, 전자, 자동차, 우주항공 등의 다양한 공업들이 상위권을 기록하고 있다.

■ 교육

상하이시에는 63개의 대학이 있다. 985공정에 포함된 학교는 복단대학교(复旦大学), 상해교통대학교(上海交通大学), 동제대학교(同济大学), 화동사범대학교(华东师范大学) 등 4개 학교가 있으며, 211공정에 포함된 학교는 상해재경대학교(上海财经大学), 상해외국어대학교(上海外国语大学), 화동이공대학교(华东理工大学), 화동대학교(华东大学), 상해대학교(上海大学), 제2 군사대학교(第二军医大学) 등 10개 학교가 있다. 상하이는 높은 경제 수준답게 중국 내에서도 교육열이 높은 지역이다.

■ 교통

상하이는 과거 첫 개항지의 항구로서 큰 역할을 했고, 지금도 중국 최대의 공업도시로서 교통망이 잘 구축된 도시이다. 해상로는 톈진과 함께 세계 10대 항구 중 하나이기도 하다. 상하이항(上海港)은 양쯔강의 하구에 위치해, 중국의 중요한 해운 국경 출입구 역할을 한다. 철도와 도로 또한 전국의 대도시로 연결되며, 쓰촨성의 청두까지 이어진다.

상하이에는 상하이푸동국제공항(上海浦东国际机场)과 상하이홍차오국제공항(上海虹桥国际机场) 등 2개의 국제공항이 있다. 두 공항 모두 여러 항공사가 중국 전역으로 운항하고 있으며, 홍차오국제공항의 국제선은 아시아 지역을 위주로 운항하며 아시아나항공과 대한항공 등이 김포로 국제선을 운항하고 있다. 푸동국제공항은 아시아, 유럽, 아메리카, 호주 대륙 등 더 많은 국제선 노선이 있으며, 김포, 김해, 청주, 대구, 광주, 제주, 인천 등의 한국행 노선이 있다.

■ 관광지

상하이는 여러 시대에 걸쳐 역사적 사건이 일어난 지역이기도 하고 중국의 경제 수도로서 많은 관광 명소가 있다. 68개의 4A급 관광명승지와 3개의 5A급 관광명승지가 있다.

상하이 임시정부(上海临时政府)

상하이 임시정부는 황푸구에 있으며, 우리나라 최초의 임시정부 청사이다. 3·1운동을 전후해 만들어진 많은 임시정부를 통합해 1919년 4월 13일에 상하이에 설립했다. 초기에는 프랑스 조계지에 위치했으나, 당시 일제의 탄압이 조계지까지 들어오게 되자 지금의 푸칭리 4호 청사로 옮기게 된다. 상하이 임시정부는 주택가 골목에 있어서 얼핏 보면 찾기가 힘들 수 있다. 좌우의 집 3채를 합쳐서 지금의 형태를 완성했는데, 과거에는 그 집 중 1채만 임시정부 청사였다. 1층은 회의실과 부엌, 2층은 김구 선생의 집무실, 회의실, 3층에는 당시 임시정부 요원들의 침실이 재현되어 있다. 상하이 임시 정부는 정부 청사라기엔 너무 협소하고 열악해서 당시 독립투사들의 고생 을 절실히 느낄 수 있는 공간이다. 최근에는 메타버스(제페토)로 가상 공간 이 구현되어 많은 사람들의 관심을 받고 있다.

예원(豫园)

예원은 황푸구에 있으며, 국가지정 AAA(3A)급 관광명승지이다. 예원

은 명나라 관료 반윤단이 아버지의 노후를 위해 20여 년에 걸쳐 만든 공원이다. 예원의 기와지붕, 정원, 연못, 건물 등이 전통적인 양식을 지니고 있어 상하이에서 가장 중국다운 풍경으로 평가받는다. 예원은 아편전쟁 당시 영국군에게 약탈당하고, 태평천국 운동의 군사기지로 활용되면서 많이 파괴되었으나, 이후 1956년 대대적인 복원을 거치며 지금의 모습을 갖추게 되었다.

예원의 야경

주가각(朱家角)

주가각

주가각은 칭푸구에 있으며, 상하이의 4대 명소 중 하나이자 중국 문화도시로 지정되어 있다. 상하이에서 가장 오래된 수향(水乡)인 주가각은 '상하이의 베니스'로 불리기도 한다. 쑤저우의 수향마을과 비교해도 손색이 없을 만큼 풍경이 아름답다. 이곳은 송나라, 원나라 시대부터 유명했던 지역으로 각리(角里)라고 불리기도 했다. 관광 명소는 마을 전체를 가로지르는 수로와 방생교(方生桥)이다. 방생교는 이 다리를 건설한 성조 스님이 다리 아래에서는 방생만 하고 고기를 절대 잡지 말라는 뜻으로 이름을 지었다고 한다.

루쉰공원(鲁迅公园)

루쉰공원

루쉰공원은 홍커우구에 있으며, 국가지정 AAA(3A)급 관광명승지이다. 과거에는 홍커우공원이라고 불렀다. 루쉰공원은 영국 원예가에 의해 설계되어 서양식 정원 양식을 따랐으며 홍커우 오락장이라는 도박장이 설치되기도 했다. 중일전쟁 당시에는 일본군이 군사 용도로 사용하기도 했다. 중국을 대표하는 문학자이자 사상가인 루쉰이 생전에 이곳을 굉장히 좋아하고 산책을 즐겼다 하여 1956년 루쉰의 묘를 공원으로 이

장하였고, 루쉰기념관을 건립하며 공원 이름을 루쉰공원으로 바꾸게 된다.

한편 이곳은 1932년 윤봉길 의사가 폭탄을 투척한 역사적 장소이다. 루쉰공원 내부에는 윤봉길의사기념관도 있어 많은 한국인이 루쉰공원을 방문한다.

동방명주(东方明珠)

동방명주는 푸동신구에 있는 상하이를 대표하는 랜드마크이며 국가지정 AAAAA(5A)급 관광명승지이다. 1991년 착공하여 1994년에 완공된 동방명주는 높이가 468m로 아시아에서 6번째, 세계에서 9번째로 높은 탑이다. 동방명주의 독특한 건축 양식은 당나라 시인 백거이의 「비파행」에서 영

상하이의 랜드마크 동방명주

감을 받았다고 한다. 비파행의 시구 중 '큰 구슬 작은 구슬 옥쟁반에 떨어지는 듯하네'라는 구절에 착안해 크고 작은 구체들이 배열된 형태로 설계되었다. 동방명주 근처에는 상하이 디즈니스토어가 있고, 황푸강을 사이에 두고 와이탄과 마주 보고 있어 아름다운 야경을 자랑한다.

소개한 관광지 외에도 와이탄(外滩), 쑨원 옛집, 신천지(新天地), 인민광장(人民广场), 상하이 박물관(上海博物馆), 난징루(南京路) 등 많은 관광 명소가 있다.

■ **대표 음식**

상하이요리는 후차이(沪菜)라고 불리기도 하며, 바다를 접하고 있고 평야가 많은 지리적 특성상 농수산물 식재료가 풍성하며, 과거 여러 나라가 드나들었던 국제도시답게 이국적인 요리도 많다.

팔보 오리(八宝鸭)

팔보 오리는 청나라 시대 궁중요리로 유명하며, 본래 장쑤성 쑤저우에서 시작됐다. 미식가 사이에서는 상하이에 방문하면 반드시 먹어야 하는 음식으로 알려져 있다. 오리의 몸통 안에 찹쌀과 각종 귀한 재료를 넣어 찜요리로 완성하는데 국가 정상급 연회에 등장하는 고급 요리이다.

칭정따쟈시에(清蒸大闸蟹)

칭정따쟈시에는 장쑤성, 저장성, 상하이 지역의 특색 요리로, 상하이 인근 호수와 민물에서 서식하는 민물게 따쟈시에를 주재료로 하는 요리이다. 쑤저우의 양청호(阳澄湖)에서 잡히는 따쟈시에가 최상품으로 불린다. 따쟈시에는 민물

칭정따쟈시에

게지만 덩치가 크고 통통하며 10월이 제철이라고 한다. 해마다 게를 먹는 것을 전통으로 여기는 쑤저우, 상하이 사람들은 봄부터 미리 주문해 놓고 때를 기다릴 정도이다. 따쟈시에의 조리법으로는 단순한 '찜'을 최고로 여긴다. 최상의 식재료이기 때문에 본연의 맛으로도 충분하다.

31.
충칭(重庆)

야경이 아름다운 도시

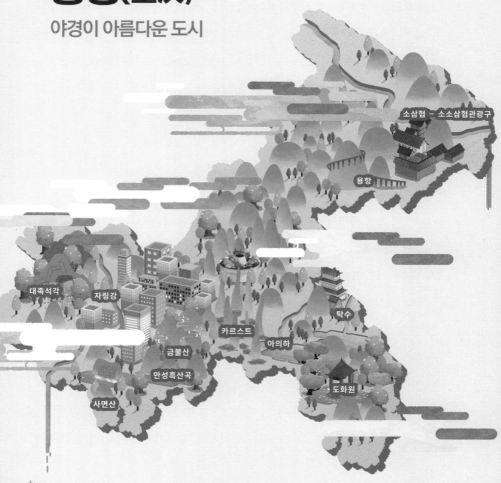

소삼협 – 소소삼협관광구

용항

대족석각

자링강

카르스트

탁수

아의하

금불산

만성흑산곡

도화원

사면산

- **약칭** 유(渝, 위)
- **청사 소재지** 위중구(渝中区)
- **면적** 82,400km²
- **인구** 약 3,200만 명(인구 순위 19위)
- **민족 비율** 한족 : 93.5%, 투자족 : 4.6%, 먀오족 : 1.6%, 후이족 : 0.03%

■ 행정구역

[26개 구(区), 8개 현(县), 4개 자치현(自治县)]

구 : 위중(渝中), 다두커우(大渡口), 장베이(江北), 사핑바(沙坪坝), 주룽포(九龙坡), 난안(南岸), 베베이(北碚), 위베이(渝北), 바난(巴南), 창서우(长寿), 허촨(合川), 장진(江津), 용촨(永川), 치장(綦江), 다주(大足), 푸링(涪陵), 난촨(南川), 첸장(黔江), 완저우(万州), 비산(璧山), 퉁량(铜梁), 퉁난(潼南), 룽창(荣昌), 카이저우(开州), 량핑(梁平), 우룽(武隆)

현 : 뎬장(垫江), 펑두(丰都), 청코우(城口), 펑제(奉节), 우산(巫山), 우시(巫溪), 윈양(云阳), 중(忠)

자치현 : 펑수이먀오족투자족자치현(彭水苗族土家族自治县), 스주투자족자치현(石柱土家族自治县), 슈산투자족먀오족자치현(秀山土家族苗族自治县), 유양투자족먀오족자치현(酉阳土家族苗族自治县)

충칭은 중국 서남 지방에 위치한 직할시다. 한자 독음으로는 중경이라고 읽는다. 충칭은 동쪽으로 후베이성과 후난성, 서쪽으로 쓰촨성, 남쪽으로 구이저우성, 북쪽으로 섬서성과 경계를 접하고 있다. 충칭이라는 명칭의 유래는 남송시대 황태자가 왕이 된 지 한 달 만에 황제로 즉위하여 '쌍중희경(双重喜庆, 경사가 겹치다)'이라고 하였는데 이 말을 줄여서 충칭이 되었다.

■ 역사

충칭에는 일찍부터 파나라(巴国)가 자리 잡았는데, 진나라가 파나라를 정복하고 충칭에 파군(巴郡)을 설치한다. 한나라가 건국된 뒤에는 익주(益州)

라는 지역에 속했다. 한나라가 삼국으로 나뉜 후 충칭은 유비가 세운 촉한에 속한다. 위진남북조 시대에는 형주(邢州), 익주(益州), 파주(巴州), 초주(楚州) 등으로 불렸다. 수나라가 천하를 통일하며 자링강(嘉陵江)의 옛 이름인 유수(渝水)에서 뜻을 가져와 유주(渝州)로 명명한다.

이후 당나라가 멸망하고 5대 10국을 거쳐 송나라(宋)가 건국되고 충칭 지역은 서천로(西川路), 섬서로(陝西路)라는 행정구역에 속한다. 이후 1102년에 이름을 공주(恭州)로 바꾸고 1189년 남송 시기에 이르러 충칭이라는 명칭을 처음 사용한다.

원나라 말기에는 농민 반란이 일어나서 하나라를 세우고 이 지역을 지배하기도 했다. 명나라 청나라 시기 충칭은 물류 교통의 중심지로 발전한다. 청나라 말기 청일전쟁의 결과 맺어진 불평등 조약인 시모노세키 조약에 의해 쑤저우, 항저우와 함께 개항하게 된다.

이후 중화민국이 중국을 통치하던 1929년에 충칭은 직할시로 승격되고, 중일전쟁 중 1938년부터 1945년까지 국민당 정부의 임시수도 역할을 한다. 1945년 국공내전이 발발하여 국민당 정부는 타이완으로 밀려나고 충칭도 중화인민공화국에 속한다. 1954년 마오쩌둥은 직할시였던 충칭을 쓰촨성의 일개 현급시로 강등시켰다. 이후 덩샤오핑이 1997년 다시 직할시로 승격시키고 주변 도시인 시안, 청두와 함께 서부대개발의 중점도시로 삼는다.

■ **지리 및 기후**

충칭은 북쪽으로 다바산(大巴山), 동쪽으로 우산(巫山), 남동쪽으로 우링산(武陵山), 남쪽으로 다러우산(大娄山)에 둘러싸인 분지 지형으로 구성되어 있다. 전체적인 지형은 북서부에서 동남부로 내려갈수록 낮아진다.

충칭의 기후는 아열대 기후에 속하며 연평균 기온은 16~18°C, 여름 평균 기온은 26~29°C이며, 겨울 평균기온은 4~8°C이다. 한여름에는 44°C까지 올라가기도 한다. 높은 기온과 함께 습도도 높아서 난징, 우한과 함께 '삼대 화로(三大火爐)'라고 불린다.

충칭은 1년에 100일 정도는 안개가 짙어 쓰촨성의 청두와 함께 일조시간이 매우 적은 도시 중 하나이다. 연평균 강수량은 1,000~1,300mm이며 여름에 집중된다.

■ 경제

2020년 기준 충칭시의 GDP는 2조 5,000억 위안(한화 약 463조 3,700억 원), 1인당 GDP는 78,000위안(한화 약 1,440만 원)을 기록했다.

충칭은 경작지의 면적이 넓어 중국의 주요 식량 생산기지이다. 벼를 위주로 밀, 옥수수, 고구마를 생산하며, 담배와 감귤이 유명하다.

충칭은 중국 서남 지역의 종합 공업기지이자 양쯔강 상류의 경제 중심지로, 명나라 시기에 수공예 공업부터 발전하기 시작하여 서남 지역의 중심지가 됐다. 한편 시모노세키 조약에 의해 개항되면서 새로운 국면을 맞았고, 중일전쟁의 여파로 난징에 집중되어 있던 주요 공장들이 임시수도인 충칭으로 옮기면서 공업이 본격적으로 발달하기 시작했다. 이후 공업 중점도시가 되어 기계공업, 의약품, 전자기기, 식품 가공, 자동차 등의 다양한 산업이 발전했다.

중국의 4대 자동차 기업인 장안자동차가 충칭에 본사를 두고 생산 라인도 갖추고 있다. 충칭은 외부 자본 투자 유치를 위해 도로망과 철도망을 확대하여 물류 이송 시스템을 구축하고, 싼샤댐 건설로 양쯔강 정박을 용이하게 하는 등 서부 대개발의 거점 도시로서 많은 역할을 하고 있다.

■ 교육

충칭시에는 72개의 대학이 있다. 985공정에 포함된 학교는 충칭대학교(重庆大学)가 있으며, 211공정에 포함된 학교는 서남대학교(西南大学), 서남대학교 롱창캠퍼스(西南大学 荣昌校区)가 있다.

■ 교통

충칭은 쓰촨과 함께 예로부터 '촉도(蜀道)를 통행하는 것은 하늘에 오르기보다 어렵다'라는 말이 있을 정도로 교통 상황이 좋지 않았다. 그러나 명나라 시기 공업이 발전하기 시작하면서 교통도 함께 발전했다.

충칭은 지리적으로 중부와 서부 지역의 교차점에 위치해, 양쯔강 상류에 있는 대형 도시로 통하는 교통 요충지이다. 철도 교통은 중국의 종합 철도 허브 역할을 담당하여 6개의 고속철도역과 3개의 일반역이 있다. 충칭에는 양쯔강 상류 및 자링강(嘉陵江)이 흐르고 있어 수상 운송의 국경 출입국 역할을 한다.

충칭에는 5개의 민간공항이 있다. 이 중 가장 규모가 큰 곳은 충칭장베이 국제공항(重庆江北国际机场)이다. 사천항공과 화하항공 등 29개의 항공사가 중국 전역으로 비행기를 운항하고 있으며, 국제선은 40여 개의 항공사가 아

충칭의 랜드마크 홍야동

시아 지역을 중점으로 운항하며 호주, 러시아, 영국, 북미 지역으로도 운항한다. 한국행 노선은 아시아나, 티웨이항공사의 인천, 대구, 제주행 노선이 있다.

■ 관광지

충칭은 산과 강으로 둘러싸여 아름다운 자연경관을 자랑하고 있으며, 고대부터 근대까지 이어지는 많은 역사적 유적지가 있는 도시이기도 하다.

대한민국 임시정부(大韓民国临时政府)

대한민국 임시정부 충칭 청사는 위중구에 있으며, 중국에 있는 대한민국 독립운동 사적지 중 규모가 가장 큰 전시관이다. 대한민국 임시정부는 1919년 상하이에 설립된 후 여러 탄압으로 항저우, 자싱, 난징, 창사, 광저우 등 중국 전역을 전전했다. 1940년부터 독립할 때까지 충칭에 임시정부를 마련하고 독립운동을 전개했다. 임시정부 충칭 청사는 본래 충칭의 개발 계획으로 허물어질 위기에 처했으나 외교적 노력으로 보존되어 1995년에 복원됐다.

홍야동(洪崖洞)

홍야동은 위중구에 있으며, 국가지정 AAAA(4A)급 관광명승지이다. 본래 충칭 지역에서 고대부터 사용된 양쯔강 옆 절벽에 있던 군사 요새였으나 2006년 먀오족의 전통가옥 조각 형태로 재건축됐다. 홍야등은 1층부터 11층까지 이루어져 있으며, 일반적으로 저녁 6시~10시에 점등을 하기에 밤에 관광객이 몰린다. 층마다 과거의 충칭 거리를 재현해 놓거나 조각상 등 다양한 테마로 장식해 많은 볼거리가 있다.

우산 소삼협(巫山小三峡)

우산 소삼협은 양쯔강의 지류인 대녕하(大宁河)에 위치해 있으며 AAAAA(5A)급 관광명승지이다. 소삼협은 용문협(龙门峡), 파무협(巴雾峡), 적취협(滴翠峡)을 총칭하여 부르는 말로 총 길이는 60km에 달한다. 장강삼협에 비해 수로가 좁고 아담하지만 수려한 풍경을 자랑한다.

우산 소삼협의 전경

대족석각(大足石刻)

대족석각은 다주구에 있으며, 국가지정 AAAAA(5A)급 관광명승지이자 세계문화유산이다. 당나라 초기인 9세기부터 만들어져 남송 말기 13세기 후반에 완공됐다. 대족석각에는 불교, 도교, 유교, 밀교의 사상이 모두 담겨 있어 당시 종교 문화를 연구하는 중요한 사료이다. 약 700m에 이르는 암벽에 조각된 작품들은 규모가 거대해 보는 이를 압도한다. 그 중 길이 31m, 높이 5m의 석가열반상과 1,000여 개의 팔이 뒤엉켜 있는 금박천수관음보살상은 대족석각의 대표적인 작품이다. 이외에도 약 5,000여 개의 불상들이 조각되어 있다.

■ 대표 음식

충칭 요리는 위차이(渝菜)라고 불리며, 가깝게 위치한 지리적 특성상 쓰촨성 요리와 비슷하다.

충칭 훠궈(重庆火锅)

훠궈는 중국 전체에서 사랑받는 요리지만, 쓰촨과 충칭 지역의 훠궈는 더욱 많은 사랑을 받고 있다. 충칭 훠궈는 명·청 시기 충칭 자링강(嘉陵江) 부근에서 만들어진 특색 요리이며, 충칭의 10대 문화 상징에서 1위로 꼽힐 정도로 충칭을 대표하는 명물이다. 충칭 훠궈의 홍탕(红汤)은 다른 지역의 홍탕

보다 훨씬 맵고 톡 쏘는 맛이 강하다. 다른 지역의 훠궈들이 충칭 훠궈라고
주장하지 못하게 충칭훠궈협회에서 충칭 훠궈의 기준을 설정하기도 했다.

쏸라펀(酸辣粉)

쏸라펀의 기원은 삼국지 도원결
의에서 시작되었다고 전해진다. 유
비, 관우, 장비 세 형제가 도원결의
를 맺은 복숭아밭의 주인이 그들의
뜻을 기리기 위해 만든 음식이다.
고구마 전분으로 만든 면이 유난히

쏸라펀

긴데, 긴 면발은 그들의 인연이 오래가길 바라는 마음이 담긴 것이라 한다.
음식이 쓰촨, 충칭 지역으로 넘어올 때 지역 특유의 시큼하고 매운맛이 첨
가되면서 쏸라펀이라는 이름을 가지게 됐다.

마오시에왕(毛血旺)

마오시에왕은 오리의 피를
선지로 만들어 천엽, 돼지머리
고기, 부속 등을 넣어 만드는 요
리이다. 1940년대 충칭의 한 정
육점에서 만들어진 것으로 전
해진다. 정육점의 사장은 고기

마오시에왕

를 팔고 남은 내장을 저렴한 가
격에 처리했는데, 이를 안타깝게 본 며느리가 길거리에 노점을 세우고 돼지

머리 고기, 돼지 뼈, 부속물에 생강, 산초 등을 첨가해 삶다가 우연히 돼지의 피를 넣어 끓이면 더욱 맛이 좋아진다는 것을 알게 되어 요리로 발전하게 됐다고 한다. 현재는 돼지 피 대신 오리의 피를 선지로 사용한다. 충칭, 쓰촨 지역의 요리답게 매운맛이 강하다.

9부

특별행정구

32.
홍콩(香港)

세계 금융의 중심

Harbour Plazza Resort city
라우파우산

타이모산   마온산

사자산

몽콕
침사추이
아시아 국제박람관   홍콩 디즈니랜드   빅토리아항
홍콩 국제공항
홍콩대학교
타이오마을   란터우섬   홍콩해양공원

라마섬   포토이섬

- **약칭** 항(港, 강)

- **청사 소재지** 중사이구(中西区)

- **면적** 1,106km²

- **인구** 약 747만 명

- **민족 비율** 중국인 : 92%, 인도네시아, 필리핀인 : 4.6%, 미국인, 영국인 : 0.8%,
  기타 : 2.6%

■ 행정구역

[홍콩 섬(香港岛) : 4개 구(区), 가우룽반도(九龙半岛) : 5개 구(区), 신계(新界)
: 9개 구(区), 8개 현(县)]

홍콩 섬 : 중사이구(中西区), 완차이구(湾仔区), 둥구(东区), 남구(南区)

가우룽반도 : 야우침몽구(油尖旺区), 삼수이포구(深水埗区), 가우룽싱구(九
龙城区), 웡타이신구(黄大仙区), 쿤통구(观塘区)

신계 : 사틴구(沙田区), 사이쿵구(西贡区), 타이포구(大埔区), 북구(北区), 윈
룽구(元朗区), 튄문구(屯门区), 촨완구(荃湾区), 콰이칭구(葵青区), 레이더우구
(离岛区)

현 : 뎬장(垫江), 펑두(丰都), 청코우(城口), 펑제(奉节), 우산(巫山), 우시(巫溪),
윈양(云阳), 중(忠)

홍콩은 중국 남부 광동성 선전시 아래에 위치한 특별행정구[27]이다. 홍콩
이란 이름의 어원은 정확하게 알려진 바가 없으나, 일반적으로 광동어 발음
의 초기 음성 표기인 헝콩(hēung góng)에서 유래된 것으로 추정된다.

■ 역사

홍콩은 진나라가 광동성 일대를 점령하기 전에는 백월(百越)이라는 국가
가 지배하였고, 진시황 사후 진나라의 장수였던 임오(任嚣)와 조타(赵佗)가
이 지역을 점령하고 남월(南越)이라는 국가를 세운다. 남월은 한무제에게 정

---

27) 1급 행정구 중 하나로, 당국과는 다른 독자적인 법률을 가지고 자치권을 행사하는 지역이다. 홍
콩과 마카오가 해당된다.

복당하고 이 지역은 중국 중원의 지배를 받게 된다.

이후 위진남북조 시대 동진(东晋) 시기에는 동관현(东莞县)에 속했고, 수나라 시기에는 동관현을 보안현(宝安县)으로 바꾸었고, 당나라 시대에는 다시 동관현으로 바뀐다. 송나라와 원나라 시기에 한족 왕조가 무너지고 한족들이 강남 지방으로 밀려나자 홍콩으로 많은 한족이 이주했다. 이 시기 왕조들은 홍콩 지역을 무역항과 해군 기지로 활용하며 해적들의 침입을 막았다.

명나라 시기인 1513년 포르투갈 출신의 호르헤 알바레스가 서양인 최초로 홍콩에 들어오게 된다. 포르투갈 상인들이 이후로도 계속 들어오면서 홍콩에 무역항을 설립하고 중국 남부 지역에서 교역을 진행한다. 이후 여러 서양 국가들이 홍콩으로 들어오게 되고 영국의 동인도 회사가 광동성에 무역항을 설립하면서 홍콩과 영국의 접촉이 이루어진다.

청나라 시기에는 해금정책을 펼치면서 해상 무역이 금지됐으나, 강희제 시기에 재개한다. 이 시기 영국은 무역 적자로 청나라에 아편을 판매하기 시작했고 청나라가 아편 창고를 파괴하고 아편 무역을 중단시키자 영국은 아편전쟁을 일으키고 전쟁에서 패한 청나라는 난징 조약을 체결하여 홍콩 섬을 영국에 영구 양도하게 된다.

1860년 제2차 아편전쟁으로 베이징 조약이 체결되고 가우룽반도가 영국에 영구 양도되고 1898년 영국은 홍콩의 북부 지역 신계를 99년 조차를 받으며 홍콩 영토 전체를 양도받는다. 1941년 태평양전쟁 당시 일본이 홍콩을 공격했는데, 영국 해군의 대다수가 싱가포르 방어를 위해 홍콩을 떠난 상태라 전쟁 발발 10일 만에 홍콩을 점령하게 되고 1945년 일제가 패망할 때까지 통치를 받게 된다.

1949년 중화인민공화국이 수립되자 중국 본토의 많은 자본가와 노동자들이 자본주의를 찾아서 홍콩으로 이주하게 되고, 홍콩의 인구밀도는 높아졌다. 인구 유입에 홍콩 식민정부는 사회 개혁을 시작했고 홍콩은 '아시아의 네 마리 용(대한민국, 타이완, 홍콩, 싱가포르)' 중 가장 먼저 산업화를 이루게 된다.

그러나 저렴한 노동력으로 제조업을 중심으로 하던 홍콩에도 위기가 찾아오는데, 경제가 발전하면서 노동자들의 임금과 부동산 가격이 천정부지로 급등한 것이다. 위기의 홍콩은 서비스 산업 중심으로 개편하면서 세계적인 금융, 물류 중심지로 떠오르게 된다.

1898년 신계 99년 조차가 가까워지자 영국과 중화인민공화국은 홍콩에 대한 협상에 돌입했고, 1984년 신계뿐만 아니라 홍콩섬 가우룽반도까지 일국양제의 논리로 전부 홍콩에 반환하기로 합의하면서, 1997년에 홍콩 전체를 중화인민공화국에 반환한다.

■ **지리 및 기후**

홍콩은 홍콩섬, 가우룽반도, 신계, 란터우섬, 200개 이상의 섬들로 구성되어 있다. 홍콩의 개발된 도심 중 최근에 지어진 곳들은 평지가 부족해 간척 사업 후 개발이 이루어졌다. 미개발 지역은 대부분 구릉 지대로 가장 높은 봉우리는 해발 958m의 타이모산(大帽山)이다.

홍콩의 기후는 온대 기후이며 연평균 기온은 23°C, 7월 평균기온은 29°C, 1월 평균기온은 16°C로 대체로 따뜻한 날이 지속된다. 연평균 강수량은 2,400mm인데 5월에서 9월 사이에 집중된다. 이때 평균 습도가 80% 이상을 기록한다. 4월부터 11월까지 길고 덥고 습한 여름, 12월부터 3월까지 짧고 온난한 겨울, 두 계절을 가지고 있다고 볼 수 있다.

■ 경제

2020년 기준 홍콩의 GDP는 2조 7,100억 홍콩 달러(한화 약 411조 2,100억 원), 1인당 GDP는 360,600홍콩 달러(한화 약 5,400만 원)를 기록했다. 홍콩은 중국의 위안과 달리 홍콩 달러 화폐 단위를 사용한다.

홍콩은 평지가 적고 구릉이 많아 1차 산업이 발전하기는 사실상 불가능하다. 그나마 어업이 활발했는데 이것도 최근 과도한 포획과 환경오염으로 자원이 고갈되어 위축되고 있다.

과거 홍콩이 개항되었을 때는 서양 국가와의 중개 무역의 거점으로 활약했으나, 중화인민공화국이 건국되고 무역지로 활약하기 힘들어지자 1950년대부터는 제조업과 전자공업 산업을 육성했다.

1980년 이후 중국이 개혁개방으로 문호를 개방하면서 금융, 서비스업 육성에 집중한다. 특히 은행업이 발달하여 세계 금융 중심지가 됐는데, 개혁개방을 하면서 수많은 해외자본들이 홍콩으로 유입됐다. 또한 관광산업이 큰 비중을 차지하기도 한다.

급속한 경제 발전은 단점이 드러나기 마련인데, 홍콩은 전 세계에서 가장 집값이 높은 도시로 악명 높다. 단 5평짜리 집이 한화로 15억 원에 달하고, 정말 좁아서 잠만 잘 수 있는 아파트도 3억 원을 호가한다. 캡슐 호텔을 아파트처럼 만들어서 분양하는 사례까지 등장했다. 한편 2020년 코로나 바이러스 감염증-19로 홍콩의 주력 산업인 관광업과 서비스업이 타격을 받아 GDP가 2019년에 비해서 6%가량 감소했다.

■ **교육**

홍콩에는 특별행정구 행정장관의 승인을 거쳐 인준을 받은 법정대학 11 곳과 전문대학 11곳을 포함 총 22개의 대학이 있다. 홍콩의 대학은 인구에 대비해 적지만 대학의 수준이 높아 해외 여러 국가에서 홍콩으로 유학을 간 다. 반면 홍콩의 많은 학생들은 미국이나 캐나다 등으로 유학을 떠난다.

■ **교통**

홍콩은 영국 문화의 영향으로 중국이 우측 통행인 것과 다르게 좌측통행 을 한다. 그리고 홍콩 내의 자동차 보유율과 운전면허 취득률이 낮기 때문 에 대중교통이 발달했다. 지하철, 버스, 미니버스 등이 대중교통의 핵심 역 할을 한다. 대외로 개방된 도로는 광동성 선전과 연결된 도로가 있는데 검 문소를 통과해야 한다.

홍콩, 주하이, 마카오를 이어주는 강주아오대교

이외에도 강주아오대교(港珠澳大桥)를 이용해 주하이와 마카오를 왕래할 수 있다. 도로 외에도 페리를 통해 마카오, 선전, 주하이, 광저우 등으로 나갈 수 있다. 철도 역시 선전, 광저우 등으로 가는 고속 열차를 운행하고 있다.

홍콩은 아시아 지역의 해운, 항공의 중심지로 중국뿐만 아니라 전 세계로 뻗어 있다. 항구는 세계 3대 천연 항구로 꼽히며 세계 100여 개 국가와 지역으로 뻗어 있다.

항공 교통은 홍콩국제공항(香港国际机场)이 맡고 있으며 홍콩국제공항은 동남아시아 국제공항에서 세 손가락 안에 들 정도로 많은 비행기편을 운항한다. 국내선은 중국 전역으로 연결하고 있으며, 국제선은 동남아, 동아시아, 오세아니아, 유럽, 북미 지역으로 연결되는 교통망을 구축해 아시아 교통의 허브 공항으로 자리 잡고 있다.

■ 관광지

홍콩의 관광지는 대부분 홍콩섬과 가우룽반도에 있다. 홍콩 하면 현대적인 도시의 모습을 떠올리지만, 과거의 모습을 간직한 관광지도 많아서 취향에 맞게 선택할 수 있다.

타이오 마을(香港大澳渔村)

타이오 마을은 홍콩의 란터우섬에 있는 작은 어촌 마을이다. 명나라 시기부터 어부들이 거주하면서 만들어진 어촌 마을로 사람이 가장 많이 살던 시절에는 3만 명 이상이 거주했으나 현재는 2천여 명의 주민만 남았다.

타이오 마을은 홍콩 어업의 주요 생산지이자 소금 산업의 중심지였다. 현재는 수상가옥과 핑크돌고래를 볼 수 있는 관광지로 널리 알려져 있으며, 동양적인 수상가옥으로 동양의 베니스라는 별칭도 있다. 이곳에는 여러 고대 사원이 있고 마을 특유의 농수산물시장이 열려 볼거리가 풍부하다. 수상가옥의 특이한 풍경과 일출, 일몰이 아름다워서 많은 사진작가, 관광객이 타이오 마을을 찾는다.

빅토리아 피크(太平山頂)

빅토리아 피크는 홍콩섬 중사이구에 위치한 산이다. 홍콩섬에서 가장 높은 해발 552m의 산으로, 홍콩의 야경을 볼 수 있는 대표적인 관광 명소이다. 빅토리아 피크는 고지대에 위치해 홍콩 부유층의 여름 피서지가 되었고, 이후 점점 많은 사람이 몰려 부유층들의 거주지를 형성하였다.

이곳에 오르기 위해서는 버스, 도보, 택시 등 다양한 방법이 있지만 관광객은 빅토리아 피크 명물인 노면전차 피크트램을 가장 선호한다. 피크트램은 과거 인력거나 가마 등으로 빅토리아 피크를 오르던 문제점을 해결하기

타이오 마을의 수상가옥

빅토리아 피크에서 바라본 홍콩 전경

위해 1888년에 개통됐다. 홍콩의 야경을 한눈에 바라볼 수 있는 전망대, 유명인의 밀랍 인형이 전시된 마담 투소, 여러 식당과 상점들이 있어 연중 사람들의 발길이 끊이지 않는다.

익청빌딩

익청빌딩(益昌大夏)

익청빌딩은 홍콩섬에 위치한 'ㄷ'자 형의 아파트이다. 일반 서민의 주거환경을 잘 보여주는 곳으로 밤이 되면 아름다운 야경을 자랑해 많은 관광객이 방문한다. 영화 〈트

랜스포머4〉를 이곳에서 촬영하여 세계적으로 유명해졌다. 1층에는 상점이 입점해 있으며, 홍콩 현지인들이 모여서 휴식하는 모습을 볼 수 있다. 익청 빌딩은 관광지로 유명하지만 실제로 사람이 거주하는 건물이어서 주민들이 불편함을 호소해 현재는 사진 촬영이 금지되어 있다.

옹핑마을(昂坪市集)

옹핑마을은 란터우섬에 위치한 마을로, 세계에서도 손꼽히는 크기의 불상 홍콩 빅부다, 포린 사원(宝蓮禅寺), 옹핑 360 케이블카로 유명하다. 홍콩 빅부다는 높이 34m, 무게가 250톤에 이른다. 옹핑 360 케이블카의 종착지인 옹핑마을은 일종의 테마파크이다. 각종 기념품 가게, 카페, 식당 등으로 이루어져 있으며 부처의 생애를 보여주는 '부처와의 산책', 4D 체험관 등의 프로그램이 있다.

지금까지 소개한 관광지 외에도 레이디스마켓, 하버시티, 1881 헤리티지, 침사추이 가우룽공원, 디즈니랜드 등 유명 관광지가 많다.

■ 대표 음식

홍콩은 영국의 식민통치를 받아온 영향으로 서양의 음식들이 유입되었고, 동남아, 광동성과 가까운 지리적 특성상 동남아, 광동성 요리의 영향도 받았다. 덕분에 동서양이 결합된 다양한 음식 문화를 즐길 수 있다.

빤켁(班戟)

빤켁은 크레이프와 팬케이크가
변형되어 만들어진 음식이다. 얇
은 피 안에 생크림과 망고 등 열대
과일을 넣어 차갑게 굳힌 것인데
디저트로 인기가 많다. 빤켁이라

홍콩의 팬케이크 빤켁

는 말은 팬케이크를 광동어로 음차한 단어로, 표준 중국어로는 빤지라고 불
리나, 한국에서는 빤켁으로 더 많이 알려져 있다.

타이픈 쉘터 게 요리(避风塘炒蟹)

타이픈 쉘터 게 요리는 홍콩 10
대 명물에 속하는 요리이다. 홍콩
의 코즈웨이만 태풍 대피소인 타이
픈 쉘터(Typhoon Shelter)에서 만
들어진 것으로 알려져 있다. 게 특
유의 비릿한 냄새가 나지 않고 마

타이픈 쉘터 게 요리

늘 향과 간장 향이 어우러져 감칠맛이 나며, 바삭한 튀김 식감이 특징이다.

33.
마카오(澳门)
카지노 산업의 메카

마카오 국경 검문소

성바울 성당　피셔맨스 워프
호텔 리스보아
아마 사원

우의대교

서만대교　카르발류 총독 대교

자키 클럽　대담산

마카오 베네시안 호텔　마카오 국제공항

학사해변

- **약칭** 아오(澳, 오)
- **청사 소재지** 상로렌수 당구(风顺堂区)
- **면적** 32,900km²
- **인구** 약 68만 명
- **민족 비율** 중국인 : 95%, 포르투갈인 : 3%, 기타 : 2%

■ 행정구역

[마카오반도(澳门半岛) : 5개 구(区), 타이파(氹仔) : 1개 구(区), 콜로안(氹仔) : 1개 구(区), 코타이(路氹城, 매립지)]

마카오반도 : 노사세뇨라드파티마 당구(花地玛堂区), 산투안토니우 당구(圣安多尼堂区), 성라자루당구(望德堂区), 세 당구(大堂区), 상로렌수 당구(风顺堂区)

타이파 : 노사세뇨라두카르무 당구(嘉模堂区)

콜로안 : 상프란시스쿠샵에르 당구(圣方济各堂区)

마카오는 중국 남부 광동성 주하이시 옆에 위치한 특별행정구이다. 마카오라는 이름은 포르투갈인들이 마카오에 처음으로 왔을 때 현지인들에게 이곳이 어디냐고 묻자 사원을 묻는 줄 알고 '아마사원(妈阁庙, 마각묘)' 이라고 대답하였는데 이를 '아마가오(A-ma-gao)'라고 부르던 것이 지명의 유래로 전해진다.

■ 역사

진나라가 마카오를 점령하기 전에는 백월(百越)이라는 나라가 지배하고 있었고 이후 진나라가 영토를 넓히며 기원전 3세기에 중원의 지배를 받기 시작한다. 한나라 멸망 이후 여러 나라를 거쳐 수나라가 통일하는데 이곳을 보안현(宝安县)으로 칭하여 통치했고, 당나라 시기에는 동관현(广州东莞县)을 설치해 관리했다.

송나라가 북방 이민족에 밀려 강남 지방으로 내려오자 송나라는 마카오 일대에 자리를 잡는다. 그러나 마카오는 면적이 좁고 경작지가 부족해서 물자가 부족한 상황이 명나라 가정(嘉靖) 시기까지 이어진다. 이때 마카오는 포르투갈과 무역을 하기 위해 개항하면서 발전하기 시작한다. 16세기 포르투갈이 마카오 현지 관리에게 화물이 젖어서 육지에서 말리고 싶다는 구실로 당시 명나라 관리에게 뇌물을 주고 마카오에 정착했으며, 이후에도 포르투갈은 세금 명목으로 돈을 지불하고 무역을 시작한다.

포르투갈이 자리를 잡으면서 마카오는 금, 은, 도자기, 아편 등의 중개무역과 기독교 포교의 중심지로서 번영한다. 청나라 건국 뒤 1685년 광저우를 개항하자 중개무역 역할을 하던 마카오는 힘을 잃어가기 시작한다. 19세기 중반 아편전쟁이 발발하고 난징 조약을 체결하게 되면서 다른 서양 열강들도 청나라에 불평등 조약을 강요하기 시작한다. 포르투갈도 1864년 당시 무인도였던 타이파와 콜로안을 점령하고 1887년 베이징 조약을 맺으며 마카오를 포르투갈의 식민지로 삼게 된다.

1949년 중화인민공화국이 수립된 이후에도 중국은 마카오 반환을 요구하지 않고 포르투갈의 영유권을 존중한다. 문화대혁명 당시 홍위병들이 마카오에도 침입하려 했으나 포르투갈이 방어에 성공한다. 1966년에는 마카오 내의 중국계 주민들을 탄압하다가 중국 주민들의 폭동 사건 12.3 사건이 발생한다. 포르투갈 군부 정권이 1975년 카네이션 혁명으로 붕괴되고 포르투갈에 사회주의 정권이 들어서면서 마카오에 중국의 영향력이 강해지기 시작했고, 마카오를 중국에 반환해야 한다는 주장이 제기된다.

1984년 영국이 홍콩을 반환하고 특별행정구로 관리하기로 한 중영공동선언 이후 포르투갈도 반환 의사를 밝혀 중국이 수용하면서 1987년 일국양제의 논리로 마카오를 반환받는 중국-포르투갈 공동선언을 체결한다. 홍콩 반환 2년 후인 1999년 마카오도 중화인민공화국에 반환됐다.

■ 지리 및 기후

마카오는 본래 마카오반도와 타피아 섬, 콜로안섬 3개의 구역으로 나누어져 있었지만, 타피아 섬과 콜로안섬 사이를 매립하면서 코타이라고 부르며 총 4개의 구역으로 나누었다. 현재도 매립으로 계속해서 면적을 넓히고 있다.

마카오는 아열대 기후의 특징을 보이는데, 연평균 기온은 22˚C, 여름 평균기온은 28˚C, 겨울 평균기온은 14˚C이다. 연평균 2,000mm 정도의 많은 비가 내리고 4월부터 9월까지 덥고 습한 긴 여름이 지속된다.

■ 경제

2020년 기준 마카오의 GDP는 243조 3,400만 달러(한화 약 28조 6,800억 원), 1인당 GDP는 35,700달러(한화 약 4,200만 원)를 기록했다.

마카오는 파타카를 법정 통용 화폐로 사용하지만, 홍콩 달러의 사용도 가능하다.

마카오는 면적이 작고 절반가량이 바다를 메워 만든 매립지여서 1차 산업의 발전이 더디었다. 대부분의 식량 자원은 중국 본토에서 조달하고 있는 실정이다.

마카오는 무역이 발달했으나 홍콩이 무역 거점으로 발전하자 쇠퇴하기 시작했다. 이후 마카오 지역에 도박을 허용하면서 마카오 경제는 새로운 국면을 맞이한다. 홍콩 출신 재벌 스탠리 호가 1960년대부터 카지노 사업에 뛰어들어 마카오를 '카지노의 메카'로 만들었으며, 2000년대에 카지노 허가에 대한 규제가 풀리면서 카지노 산업 규모가 라스베이거스를 뛰어넘을 정도로 성장했다. 카지노 산업이 마카오 세수의 80%를 차지하고 있다. 마카오를 중국에 반환한다는 조약이 체결된 이후부터 동서양의 문화를 조화롭게 만든 거리 풍경 등을 조성하면서 관광업도 빠르게 발전했다.

최근 마카오는 카지노 의존도를 낮추라는 중국 정부의 강력한 요구에 응해 산업 다변화를 꾀하고 있다. 집적회로, 신에너지 프로젝트, 인공지능(AI) 산업이 공존하는 기술 허브로 탈바꿈시키려고 노력하고 있다. 그러나 2020년 코로나바이러스-19로 관광업과 카지노 산업이 직격탄을 맞아 GDP가 2019년에 비해서 절반가량 대폭 감소하는 위기를 겪었다.

■ 교육

마카오에는 12개의 대학이 있으며, 특별행정구이기 때문에 중국의 교육 정책인 985공정과 211공정에 포함된 학교는 없다. 마카오의 대학 진학률은 중국의 다른 지역들에 비해 낮은 편이고, 마카오의 산업 특성상 호텔관광 계열로 진학하는 경우가 많다.

■ 교통

마카오의 교통은 대외적으로는 마카오 사회경제 발전의 디딤돌이었다. 하지만 마카오 내 대중교통은 좁은 면적에 많은 인구가 거주하고 관광객도 많아 이용하는데 상당한 불편함이 있다.

마카오의 도로는 중국 본토와 달리 좌측통행을 하고 있으며, 대외로 개방된 도로는 광동성 주하이 경제특구와 연결된 도로가 있는데 검문소를 통과해야 한다. 이곳을 지나기 위해서는 비자나 여행증이 있어야 하고 중국 본토와 연결된 일반 철도가 없어서 검문소를 지나서 주하이역으로 가야한다. 마카오에는 마카오 페리 터미널, 타이파 페리 터미널이 있는데 홍콩을 여행하는 사람들이 마카오를 당일치기로 여행하기 위해서 주로 이용한다.

마카오국제공항(澳门国际机场)은 에어마카오를 비롯한 15개의 항공사가 베이징, 상하이, 시안, 청두, 충칭 등 주요 도시로 운항하고 있다. 국제선은 20개의 항공사가 아시아 전역으로 운항하고 한국행 노선은 에어부산, 진에어, 제주항공 등의 여러 항공사가 인천, 김해, 제주 등으로 운항하고 있으며, 북한 고려항공의 평양행 노선도 있다.

■ 관광지

마카오는 명나라 시기부터 포르투갈에 개방되면서 바로크 양식의 건축물 등 유서 깊은 유적이 많이 보존되어 있다. 그래서 마카오는 '중국 속의 작은 유럽'이라 불린다. 대부분의 관광지는 마카오 역사지구가 위치한 마카오 반도에 있다.

아마 사원(妈阁庙)

아마 사원은 마카오에서 가장 오래된 도교 사원이다. 명나라 시기인 1488년에 지어져 600여 년에 가까운 역사가 있고 항해의 신 '아마'를 모시고

있다. 아마 사원에는 총 4개의 사당이 있는데 3개는 아마 여신, 나머지 하나
는 불교의 관음보살을 모시기 위한 사당이다. 여러 차례 화재가 발생하며
창건 당시의 건축물은 거의 없으며 대부분 복원된 건축물이다.

　매년 음력 3월 23일에 아마 여신을 모시기 위한 축제가 열리기도 한다.
마카오는 대부분이 포르투갈식 건물들과 현대적 건물들이 자리를 잡고 있
는데 아마 사원은 고대 중국의 모습을 그대로 가지고 있어서 마카오에서 색
다른 풍경을 자아내고 있다.

세나도광장(议事亭前地)

　세나도광장은 유네스코 세계문화유산에 지정된 마카오 역사지구에 속해
있다. 마카오 역사지구의 중심지라고 볼 수 있는 세나도광장은 유럽풍 건물
과 바닥의 타일에 눈길이 가는데, 물결무늬 타일은 마카오를 중국에 반환할
당시 포르투갈에서 수입한 돌을 깎아 만든 것이다. 세나도광장의 분수대를

마카오의 중심 세나도광장

중심으로 주변에는 유럽풍의 다양한 상점과 식당, 건물들이 즐비하여 마치 유럽에 온 듯한 느낌을 준다. 마카오의 공식 행사나 축제가 대부분 이곳에서 열리며, 광장 주변에는 릴 세나도 빌딩, 마카오 관광국이 있다.

성 바울 성당 유적(大三巴牌坊)

성 바울 성당 유적은 유네스코 세계문화유산으로 지정된 마카오 역사지구에 속해 있다. 중국 최초의 교회 건축물로 1582년~1602년에 건축되어 사도 바울에게 봉헌됐다. 당시 아시아에서 가장 큰 교회 건축물이었으며, 선

성 바울 성당 유적

교사 양성을 목적으로 지어진 성 바울 대학의 일부였다.

1835년 화재로 인해 대부분 파괴되고 현재는 66개의 계단과 남쪽 외벽, 그 뒤의 유적만이 자리를 지키고 있다. 남쪽 외벽의 뒤 유적에는 성당 터와 17세기 순교자들과 성직자, 교회를 세운 발리그나노를 추모하는 지하 예배실과 종교 예술 박물관 등이 자리를 잡고 있다.

성 도미니크 성당(玫瑰聖母堂)

성 도미니크 성당 역시 마카오 역사지구에 속해 있다. 도미니크 수도회가 1587년에 세운 바로크 양식의 건축물이다. 노란빛과 초록색의 창문으로 꾸며진 건물 외관과 화려하게 장식된 제단과 조각상, 포르투갈 왕가의 문양으로 장식된 천장 등이 감탄을 자아낸다.

성 도미니크 성당의 내부

처음 지어졌을 때는 목조건물이었으나 이후 17세기에 벽돌 건물로 재건축했고, 1874년에 화재로 건물이 전소됐지만 그해 재건축을 하였고 1997년 복원 공사를 거쳐서 지금의 교회 형태를 갖게 되었다. 수차례 종교 탄압을 당하며 박해가 일어난 장소이기도 하다. 현재는 교회로 이용되면서 종교 예술 박물관을 건립해 아시아 로마 가톨릭의 역사를 보여주는 유물들을 전시하고 있다.

지금까지 소개한 관광지 외에도 김대건 안드레아 신부의 목조상이 모셔져 있는 성 안토니오 성당과 타이파 빌리지와 등의 명소가 있다.

■ 음식

마카오 음식은 광동 요리와 포르투갈 요리를 결합한 요리로 '매케니즈 음식'이라 부르며 마카오만의 독특한 식문화를 형성했다.

마카오 돼지구이(澳门烧肉)

마카오 돼지구이는 보통의 돼지구이들과 다르게 복잡한 조리과정을 거친다. 돼지고기를 먼저 끓는 물에 삶고 고기에 구멍을 뚫은 후 고기의 껍질을 벗기고 소금을 뿌려 약한 불에 익힌다. 또 약한 불에 익힌 고기에 칼집을 내고 다시 대나무 꼬치에 꽂아서 불에 익힌 후 은박지로 고기를 감싸 2시간 동안 재운 후 마지막으로 오븐에 구워 요리를 완성한다. 만드는 과정이 상당히 복잡한 만큼 고소하고 바삭한 식감을 자랑하여 마카오 지역의 대표 음식으로 자리 잡았다.

마제슈(马介休)

마제슈는 포르투갈어 바칼라우(Bacalhau)에서 유래한 말로, 소금에 절인 대구를 주재료로 포르투갈 본토 나물과 마카오의 나물을 혼합해 구이, 찜 등 다양한 방법으로 조리한 음식이다. 대구와 나물 대신 감자, 계란, 소시지 등을 첨가해서 만들기도 하며 마제슈를 다양하게 즐길 수 있다.

게죽(水蟹粥)

마카오의 게는 민물과 바닷물이 만나는 교차점에서 잡히는데 이 마카오 토종 게를 이용하여 게죽을 만든다. 게죽을 조리할 때 게의 몸통을 자르지 않고 통째로 요리하는 것이 특징이며 게살과 죽의 어우러지는 식감이 좋아 남녀노소 누구나 좋아하는 요리이다.

34.
타이완(臺灣)

중화민국

국립고궁박물원
중정기념당
타이베이101
신주시립동물원
난양박물관
고미습지
치싱탄 경구
일월담 국가풍경구
용호탑
켄팅국립공원

- **정식 국호** 중화민국(中華民國)
- **수도** 타이베이(臺北)
- **면적** 36,013km²
- **인구** 약 2,380만 명
- **민족 비율** 한족 : 94.5%, 타이완 신주민 : 3.1%, 타이완 원주민 : 2.4%

■ 행정구역

[6개 직할시, 3개 성할시, 13개 현]

직할시 : 타이베이(臺北), 가오슝(高雄), 신베이(新北), 타이중(臺中), 타이난(太南), 타오위안(桃園)

성할시 : 지룽(基隆), 신주(新竹), 자이(嘉義)

현 : 롄장(連江), 진먼(金門), 난터우(南投), 먀오리(苗栗), 신주(新竹), 윈린(雲林), 이란(宜蘭), 자이(嘉義), 장화(彰化), 타이둥(臺東), 펑후(澎湖), 핑둥(屏東), 화롄(花連)

타이완은 중국 동남쪽에 위치한 타이완섬과 푸젠성 진마지구를 통치하고 있는 공화국을 말한다. 타이완의 정식 국호는 중화민국이고 한국식 독음으로 대만이라고 부른다.

■ 역사

타이완섬이 역사에 본격적으로 나타나기 시작한 것은 유럽인들이 아시아로 진출하기 시작하면서부터이다. 아주 오래전 타이완섬에는 원주민들이 거주했으며, 이들은 국가를 구성하지 않고 부족 형태로 존재했고 부족별로 언어도 달랐다. 고대에도 역시 원주민들만 거주하고 있었고, 삼국시대에는 타이완섬을 이주(夷州)라고 불렀으며, 손권의 오나라가 잦은 전쟁으로 인해 인구가 줄어들자 신하들에게 이주에서 징발을 명하기도 했다는 기록이 있다. 송나라와 원나라 시기에는 섬이라는 지리적 특성을 활용하여 중개 무역의 거점으로 활약했다.

중국에 명나라가 건국된 이후 타이완섬에도 원주민들의 국가가 성립되었다. 이 중 하나가 여러 부족의 동맹 왕국인 다두 왕국이며 다두 왕국은 타이완섬의 서쪽에 자리 잡았다. 17세기부터 유럽인들의 아시아 진출이 본격화되면서 타이완섬에도 네덜란드, 스페인 제국 등이 원주민들의 땅을 점령하고 지배하기 시작했다. 당시 중국에서는 청나라의 세력이 커져 명나라가 쇠퇴하자 정성공이 '멸청복명'을 내세우며 명나라 부흥 운동을 전개, 정씨 왕국을 세우며 난징까지 진격했으나, 청나라 군대에 패배하고 푸젠성까지 밀려난다. 이때 정성공은 타이완을 침략해 타이완섬의 네덜란드 영토를 점령했다. 그러나 이후 청나라와 정씨 왕국과의 전투에서 패하며 타이완섬도 청나라가 통치하게 된다. 청나라는 타이완 원주민들의 국가인 다두 왕국도 멸망시킨다.

이후 푸젠성의 한족들이 타이완섬으로 이주하기 시작했으며, 타이완섬의 원주민들이 한족에 동화된다. 청나라는 서양 열강과 일본 등의 침략에 대한 방어 목적으로 타이완섬을 타이완성으로 승격시킨다. 그러나 시모노세키 조약이 체결되며 랴오둥반도, 타이완섬, 펑후 제도를 일본에 할양하게 된다. 이에 타이완의 주민들이 반발하며 타이완 민주국을 선포하기도 했지만, 일본의 진압 때문에 무너지고 만다.

1945년 일본이 패망하고 타이완은 다시 중화민국의 영토로 돌아온다. 그러나 바로 국공내전이 발발하는데 국민당은 공산당에게 계속 밀리며 1949년 난징에 있던 국민정부를 타이베이로 이전하면서 지금의 중화민국의 형태가 된다.

중화인민공화국은 하나의 중국 원칙을 주장하며 타이완은 자신들의 23번째 성이라고 주장하고 있으며, 타이완도 중화민국의 명목상 영토는 중국 전체를 포함한다고 영유권을 주장하고 있다. 이들 간의 관계는 1958년 진먼 포격전과 실제 무력충돌로 이어지기도 했으며, 현재도 긴장을 유지하고 있다.

■ 지리 및 기후

타이완은 동고서저형의 지형으로 전체 면적의 64%가 산지이다. 지형이 높지 않고 평지가 많은 서쪽에 인구가 주로 거주하고 있다. 동부 산지에는 중앙산맥이 있고 평균적인 높이가 3,000m를 넘는다. 이 중 가장 높은 산은 위산(玉山)으로 높이가 무려 3,997m에 이른다.

타이완은 환태평양 조산대에 위치해 지진이 자주 발생하며, 1999년 921 대지진과 2016년 가오슝 대지진 등으로 많은 사상자가 발생하기도 했다.

타이완의 기후는 둘로 나눌 수 있는데 북부는 온난 기후, 남부는 아열대 기후의 특징을 보인다. 1년 내내 여름과 비슷하다고 볼 수 있으며, 여름은 길고 습하고 겨울은 짧고 따뜻하다. 연평균 기온은 20~25℃, 여름 평균기온은 24~29℃, 겨울 평균기온은 13~20℃이다. 연평균 강수량은 2,500mm로 1년 내내 많은 비가 내린다. 또한 타이완은 태풍이 자주 발생하는 지역으로 6월과 9월 사이에 큰 피해를 주기도 한다.

■ 경제

2020년 기준 타이완의 GDP는 약 6,690억 달러(한화 약 796조원), 1인당 GDP는 약 28,000달러(한화 약 3,300만 원)를 기록했다. 타이완의 화폐 단위는 위안(圓, 타이완 달러), 보조 단위 자오(角), 펀(分, 타이완 센트)이 쓰이며 국제 금융업무에서는 'TWD(타이완 달러)'가 쓰인다.

타이완은 아시아의 네 마리 용 중 하나에 포함될 정도로 2000년대까지 놀라운 경제성장을 이뤄냈으나 이후 침체기에 빠지기도 했다.

현재 타이완의 경제구조는 완제품을 생산해서 경쟁하는 산업보다는 하청산업을 중심으로 세계적 대기업 제품의 부품을 생산하는 데 주력하고 있다. 대표적인 예로 애플 제품의 하청으로 유명한 폭스콘이 있다. 타이완은 IT산업이 발달해서 각종 컴퓨터 부품 회사들이 많은데, 특히 메인보드 분야는 타이완 기업들이 모두 상위권을 차지한다. 자동차 산업에서는 화태기차(和泰汽車)가 일본 도요타 자동차의 OEM 생산을 맡고 있다.

■ 교육

타이완에는 모두 152개의 대학이 있다. 세계에서 가장 교육열이 높은 국가 중 하나로 고등학교에도 입시제도가 있고, 대학 입학시험이 중요하여 사교육이 발달하는 등 한국과 유사한 면이 있다. 가을 학기제를 시행하여 새 학년은 8월 말에 시작된다. 타이완에는 국립타이완대학교(國立臺灣大學), 국립칭화대학교(國立淸華大學) 등의 명문대가 있다. 타이완의 국립칭화대학교는 중국의 칭화대학교와 같은 뿌리지만 국부천대 이후 타이완에서 재개교한 학교이다. 최근에는 중국의 명문대로 진학하는 비율이 많이 늘었다.

■ 교통

타이완은 인구가 서쪽의 낮은 평지로 치우쳐져 있어 동부보다는 서쪽으로 교통 인프라가 집중되어 있다. 첫 고속도로는 1964년에 개통되어 서부 대부분의 도시를 지난다. 도시 내부의 교통은 자동차보다는 오토바이와 자전거를 이용한다. 영토가 넓지 않기 때문에 1개의 고속철도 노선이 있는데 타이완섬의 남서부부터 북서부까지 잇는다.

타이완에는 17개의 민간공항이 있으며, 이 중에서 타이완타오위안국제공항이 타이완 제 1의 국제공항이다. 중국의 대도시로 향하는 노선과 동아시아, 동남아시아 전역의 노선이 있으며, 러시아, 미국, 캐나다 노선도 있다.

■ 관광지

대한민국 국민은 따로 비자를 발급받지 않고 90일간 체류할 수 있어서 많은 한국인이 타이완을 찾는다. 다양한 명소와 더불어 먹거리가 풍성해 관광지로 더욱 인기를 끌고 있다.

타이베이 국립고궁박물원

국립고궁박물원(國立故宮博物院)

국립고궁박물원은 타이베이에 위치한 박물관이다. 원래 국립고궁박물원은 베이징의 자금성에 있었으나, 국공내전 당시 국민당이 공산당에 밀려 베이징에서 철수할 때 장제스의 명령으로 자금성에 있던 유물 대부분을 타이완으로 가져와 보관하다 1965년에 타이베이에서 국립고궁박물원을 재개관했다. 이곳에는 장제스가 선별한 약 60만 점의 유물이 있다. 장제스는 '나라가 없어도 살 수는 있지만, 문물 없이 살 수는 없다.'라고 말할 정도로 전통문화에 대한 애착이 있었다. 2015년에는 타이완 남북의 문화 격차를 해소하려는 목적으로 자이에 남부 분원을 개관했다.

타이베이101

타이완의 랜드마크 타이베이101

타이베이 101은 타이베이에 위치한 마천루이다. 2022년 기준 세계 마천루 높이 10위를 기록했고, 2010년까지는 세계 마천루 높이 순위 1위를 차지하기도 했다. 타이베이 101에는 쇼핑몰, 생활편의시설, 컨퍼런스센터, 레스토랑, 전망대 등이 있고 타이베이의 중심이자 관광 명소로서 많은 관광객이 방문하고 있다. 지하에는 푸드코트가 자리 잡고 있는데 유명 샤오롱바오(小笼包) 식당인 딘타이펑이 있다. 새해를 맞이할 때 타이베이101에서 자정에 맞추어 불꽃놀이를 개최하여 신년 맞이 명물로 유명하다.

아이허(愛河)

아이허는 가오슝에 있는 하천이다. 아이허는 한자 그대로 '사랑의 강'이란 뜻이며, 일본이 타이완을 지배하던 시기에는 가오슝천이라고 불렀다. 아이허 근처에는 서우산 공원과 대형 백화점, 쇼핑몰 고층빌딩이 자리 잡고 있어 화려한 야경을 자랑하며, 유람선을 타고 야경을 감상하는 코스가 유명하다. 아이허에는 매년 등불축제가 개최되어 이를 보기 위해 많은 관광객이 방문한다.

국부기념관(國父記念館)

국부기념관은 중화민국의 국부 쑨원을 기념하기 위해 세워진 건축물이다. 쑨원은 타이완과 중국 모두에게 존경받는 인물로 중국에서도 국부로 칭송받고 있다. 1964년 장제스의 지시로 착공하여 1974년에 준공됐다. 쑨원과 관련된 자료 전시관, 대형 홀, 도서관 등이 있으며 장제스가 사망하자 국부기념관에서 장례식을 치르기도 했고, 장징궈, 리덩후이 등 타이완 총통 취임식도 국부기념관에서 열렸다. 10시에서 17시 사이 매시 정각마다 의장

국부기념관

대 교대식이 실시되는데 이를 보기 위해 많은 관광객이 찾는다.

　지금까지 소개한 관광지 외에도 가오슝의 명소 치진섬과 가오슝 85타워, 신베이의 진과스 등이 관광 명소로 알려져 있다.

■ 대표 음식

　타이완 음식은 중국 전역과 동남아시아에서 이주해온 각 지역 사람들의 음식 문화가 혼합된 특색 있는 요리로 한국인 입맛에 잘 맞는다. 디저트가 특히 발달했으며, 타이완에서 처음 개발된 버블티는 한국에서도 인기 있는 음료이다.

펑리수(鳳梨酥)

펑리수는 타이완을 대표하는 과
자로 파인애플 잼이 첨가된 과자지
만 실제로 고가의 오리지널 펑리수
를 제외하고는 파인애플이 거의 들
어있지 않다. 타이완 여행을 가면
필수적으로 구매하는 선물 목록 중
하나이다.

타이완의 대표 과자 펑리수

마장면(麻醬麵)

마장면은 중국의 작장면(炸醬面)이 한국에서 짜장면으로 변화했듯이, 타
이완에서 마장면으로 변화했다. 작장면은 콩을 주재료로 만든 장을 사용하
는 반면 마장면은 깨로 만든 장을 사용한다. TV 프로그램 〈편스토랑〉에서
소개된 후 편의점에도 출시되어 많은 사람에게 알려졌다.

| 도판 출처 |

허베이성 지도 삽화ⓒHall_s | 摄图网
위치 지도ⓒJoowwww | Wikimedia Commons
산해관ⓒ石门老赵 | 摄图网
진산링 장성ⓒ男丁昕 | 摄图网
바이양뎬ⓒ美好景象 | 摄图网

산시성 지도 삽화ⓒHall_s | 摄图网
위치 지도ⓒJoowwww | Wikimedia Commons
타이위안 이공대학교ⓒ行者孔 | 摄图网
핑야오 고성ⓒDuaLian | 摄图网
윈강 석굴ⓒ香咕香弥 | 摄图网
우타이산ⓒJJ猫 | 摄图网
황성상부ⓒ20000000500 | 摄图网
도삭면ⓒ篱小落 | 摄图网
요우미앤카오라오라오ⓒriver2014大河 | 摄图网

중국 지도ⓒJoowwww | Wikimedia Commons

안후이성 지도 삽화ⓒHall_s | 摄图网
위치 지도ⓒJoowwww | Wikimedia Commons
시디훙춘ⓒFrank 正 | 摄图网

랴오닝성 지도 삽화ⓒHall_s | 摄图网
위치 지도ⓒJoowwww | Wikimedia Commons
압록강 단교ⓒ阿奴比斯 | 摄图网
선양 고궁ⓒriver2014大河 | 摄图网
뤼순감옥ⓒTang Zhengshun | 摄图网
번시 수이둥ⓒ行者孔 | 摄图网

구화산ⓒ行者孔 | 摄图网
황산ⓒ忧郁小子 | 摄图网
산허고전ⓒ行者孔 | 摄图网

푸젠성 지도 삽화ⓒHall_s | 摄图网
위치 지도ⓒJoowwww | Wikimedia Commons
푸젠 토루ⓒ啤(嘌) = 扒(潮) | 摄图网
구랑위ⓒ小阳光 | 摄图网
우이산ⓒ石门老赵 | 摄图网
구톈회의기념관ⓒ微笑以后 | 摄图网
불도장ⓒ自知自觉 | 摄图网

지린성 지도 삽화ⓒHall_s | 摄图网
위치 지도ⓒJoowwww | Wikimedia Commons
백두산 천지ⓒWangDong | 摄图网
위만황궁ⓒxue | 摄图网
인삼계ⓒ美好景象 | 摄图网

헤이룽장성 지도 삽화ⓒHall_s | 摄图网
위치 지도ⓒJoowwww | Wikimedia Commons
하얼빈 기차역ⓒ派大量的好丽友 | 摄图网
태양도ⓒ派大量的好丽友 | 摄图网
하얼빈 중앙대가ⓒMoonMoonMoon | 摄图网

장쑤성 지도 삽화ⓒHall_s | 摄图网
위치 지도ⓒJoowwww | Wikimedia Commons
난징대학교ⓒ李四 | 摄图网
쑤저우 고전원림ⓒ王小好 | 摄图网
저우언라이 고거ⓒriver2014大河 | 摄图网

종산 풍경구ⓒ摄图1131260 | 摄图网
양저우 볶음밥ⓒ7 | 摄图网

장시성 지도 삽화ⓒHall_s | 摄图网
위치 지도ⓒJoowwww | Wikimedia Commons
징더전 도자기ⓒ行者孔 | 摄图网
징강산의 풍경ⓒ30000000062 | 摄图网
루산풍경구ⓒ老鱼 | 摄图网
우위안 장완 풍경구ⓒ行者孔 | 摄图网

산둥성 지도 삽화ⓒHall_s | 摄图网
위치 지도ⓒJoowwww | Wikimedia Commons
칭다오 맥주ⓒ13237511021 | 摄图网
취푸삼공ⓒ13237511021 | 摄图网
대명호ⓒ13237511021 | 摄图网
칭저우 고성ⓒriver2014大河 | 摄图网

저장성 지도 삽화ⓒHall_s | 摄图网
위치 지도ⓒJoowwww | Wikimedia Commons
저장대학교ⓒJ.tongkan | 摄图网
헝디엔 월드스튜디오ⓒ折腾的小肉团 | 摄图网
우전ⓒ20000000260 | 摄图网
용유석굴ⓒ行者孔 | 摄图网
설두산ⓒ行者孔 | 摄图网
동파육ⓒ泡泡 | 摄图网

허난성 지도 삽화ⓒHall_s | 摄图网
위치 지도ⓒJoowwww | Wikimedia Commons
소림사ⓒ20000000500 | 摄图网
탑린ⓒ20000000500 | 摄图网
룽먼석굴ⓒ行者孔 | 摄图网
상추고성ⓒriver2014大河 | 摄图网
칭탕바오위ⓒL | 摄图网

후베이성 지도 삽화ⓒHall_s | 摄图网
위치 지도ⓒJoowwww | Wikimedia Commons
우한항ⓒ阿建-武汉 | 摄图网
산샤댐 관광구ⓒkakaba196578 | 摄图网
신농자 풍경구ⓒMoonMoonMoon | 摄图网
황학루ⓒ深蓝 | 摄图网
무란산 풍경구ⓒriver2014大河 | 摄图网
러간면ⓒ泡泡 | 摄图网

후난성 지도 삽화ⓒHall_s | 摄图网
위치 지도ⓒJoowwww | Wikimedia Commons
후난대학교ⓒ13237511021 | 摄图网
무릉원ⓒ行者孔 | 摄图网
랑산풍경구ⓒ20000000503 | 摄图网
동강호ⓒMoonMoonMoon | 摄图网
창사취두부ⓒ小阳光 | 摄图网
두오쟈오위터우ⓒ泡泡 | 摄图网

광둥성 지도 삽화ⓒHall_s | 摄图网
위치 지도ⓒJoowwww | Wikimedia Commons
백운산 풍경구ⓒMeow star man | 摄图网
단샤산ⓒ湘山红叶 | 摄图网
란저우 지하강ⓒriver2014大河 | 摄图网
새끼돼지 통구이ⓒL | 摄图网
비둘기 요리ⓒ13691606577 | 摄图网

하이난성 지도 삽화ⓒHall_s | 摄图网
위치 지도ⓒJoowwww | Wikimedia Commons
난산 문화관광구ⓒBlack Fox | 摄图网
난완 원숭이섬ⓒINGimage2 | 摄图网
루후이토우 공원ⓒ行者孔 | 摄图网
빈랑곡ⓒ行者孔 | 摄图网
허러시에ⓒ渡 | 摄图网

섬서성 지도 삽화ⓒHall_s | 摄图网
위치 지도ⓒJoowwww | Wikimedia Commons
진시황릉 병마용ⓒTangZhengshun | 摄图网
화산ⓒ20000000503 | 摄图网
대안탑ⓒ文心雕龙 | 摄图网
대당부용원ⓒ小阳光 | 摄图网
당화칭궁ⓒriver2014大河 | 摄图网
로우지아모ⓒ泡泡 | 摄图网
량피ⓒ海盗♪哥哥\ | 摄图网

칭하이성 지도 삽화ⓒHall_s | 摄图网
위치 지도ⓒJoowwww | Wikimedia Commons
칭하이성의 목축업ⓒ大风起兮云飞扬 | 摄图网
칭하이호ⓒ摄图23185723 | 摄图网
차카염호ⓒdamin | 摄图网
귀덕국가지질공원ⓒ강호욱
타얼쓰ⓒ文心雕龙 | 摄图网
투휘궈ⓒ张也可 | 摄图网

간쑤성 지도 삽화ⓒHall_s | 摄图网
위치 지도ⓒJoowwww | Wikimedia Commons
란저우대학교ⓒ行者孔 | 摄图网
둔황 막고굴ⓒ1984 | 摄图网
장예 국가지질공원ⓒ강호욱
마이지산 석굴ⓒ文心雕龙 | 摄图网
자위관 문화유적ⓒ50000000671 | 摄图网
밍샤산 풍경구ⓒ酒仙 | 摄图网
란저우 라면ⓒ小阳光 | 摄图网

쓰촨성 지도 삽화ⓒHall_s | 摄图网
위치 지도ⓒJoowwww | Wikimedia Commons
판다기지ⓒ兄弟路子野啊！| 摄图网
무후사ⓒ20000000135 | 摄图网
낙산대불ⓒ강호욱
어메이산ⓒyujf | 摄图网

구채구ⓒ图龙 | 摄图网
마파두부ⓒ泡泡 | 摄图网
부처폐편ⓒ30000000062 | 摄图网

구이저우성 지도 삽화ⓒHall_s | 摄图网
위치 지도ⓒJoowwww | Wikimedia Commons
황귀수 폭포ⓒ板栗 | 摄图网
용궁 풍경구ⓒ墨絮空箫 | 摄图网
마령하 협곡ⓒ20000000520 | 摄图网
백리두견ⓒ371774835 | 摄图网
카이리 산탕어ⓒVan Gogh | 摄图网
마오타이주ⓒ20000000384 | 摄图网

윈난성 지도 삽화ⓒHall_s | 摄图网
위치 지도ⓒJoowwww | Wikimedia Commons
옥룡설산ⓒ20000000061 | 摄图网
리장고성ⓒ20000000347 | 摄图网
쿤밍석림풍경구ⓒriver2014大河 | 摄图网
다리 숭성사삼탑ⓒ最深的灰
푸다춰 국립공원ⓒmk | 摄图网
치궈지ⓒ20000000508 | 摄图网
파인애플밥ⓒ20000000508 | 摄图网

신장웨이우얼자치구 지도 삽화ⓒHall_s | 摄图网
위치 지도ⓒJoowwww | Wikimedia Commons
화염산ⓒdamin | 摄图网
톈산톈츠ⓒ30000000062 | 摄图网
포도구ⓒ20000000500 | 摄图网
카나스호ⓒFENGHUASUOYOU | 摄图网
양고기 통구이ⓒ影之光 | 摄图网
신장 따판지ⓒ老史小史 | 摄图网

티베트자치구 지도 삽화ⓒHall_s | 摄图网
위치 지도ⓒJoowwww | Wikimedia Commons

칭짱철도ⓒ20000000135 | 摄图网
포탈라궁ⓒetoileshi | 摄图网
노블링카ⓒ牛牛 | 摄图网
조캉사원ⓒ牛牛 | 摄图网
아로장포 대협곡ⓒLuckyblue | 摄图网

닝샤후이족자치구 지도 삽화ⓒHall_s | 摄图网
위치 지도ⓒJoowwww | Wikimedia Commons
닝샤 구기자ⓒ小阳光 | 摄图网
서하왕릉Ⓒmk | 摄图网
진북보 서부영화촬영소ⓒ折腾的小肉团 | 摄图网
샤포터우ⓒ20000000503 | 摄图网

광시좡족자치구 지도 삽화ⓒHall_s | 摄图网
위치 지도ⓒJoowwww | Wikimedia Commons
청수산 풍경구ⓒ不笑的粽子 | 摄图网
리강 풍경구ⓒ深蓝 | 摄图网
화산암화ⓒ行者孔 | 摄图网
뤄쓰펀ⓒ汤成林 | 摄图网
구이린 쌀국수ⓒ喵星侠 | 摄图网

네이멍구자치구 지도 삽화ⓒHall_s | 摄图网
위치 지도ⓒJoowwww | Wikimedia Commons
하이라얼 기차역ⓒ咚咚咚 | 摄图网
샹샤만ⓒMCS钱斌 | 摄图网
후룬베이얼 대초원ⓒ苍狼觅语 | 摄图网
칭기즈칸 어유구ⓒMCS钱斌 | 摄图网
양다리구이ⓒmice | 摄图网

베이징 지도 삽화ⓒHall_s | 摄图网
위치 지도ⓒJoowwww | Wikimedia Commons
북경대학교ⓒ李四 | 摄图网
자금성ⓒ逐风 | 摄图网
천안문 광장ⓒ小阳光 | 摄图网

798예술구ⓒ美好景象 | 摄图网
왕푸징ⓒ板栗 | 摄图网
이화원ⓒ喵星侠 | 摄图网
베이징 카오야ⓒ北岸南瓜 | 摄图网

톈진 지도 삽화ⓒHall_s | 摄图网
위치 지도ⓒJoowwww | Wikimedia Commons
이탈리아 풍경구ⓒ小A | 摄图网
오대도 민원광장ⓒ13237511021 | 摄图网
톈진 고문화가ⓒ迷路的指南针 | 摄图网
거우부리 만두ⓒ우花样年华우 | 摄图网
톈진 마화Ⓒmice | 摄图网

상하이 지도 삽화ⓒHall_s | 摄图网
위치 지도ⓒJoowwww | Wikimedia Commons
예원ⓒ小A | 摄图网
주가각ⓒ青都客 | 摄图网
루쉰공원ⓒJADE WANG | 摄图网
동방명주ⓒ兄弟路子野啊! | 摄图网
칭정따쟈시에ⓒ泡泡 | 摄图网

충칭 지도 삽화ⓒHall_s | 摄图网
위치 지도ⓒJoowwww | Wikimedia Commons
훙야동ⓒ行者孔 | 摄图网
우산 소삼협ⓒ行者孔 | 摄图网
대족석각ⓒDonelson Lee | 摄图网
쏸라펀ⓒ우花样年华우 | 摄图网
마오시에왕ⓒ20000000508 | 摄图网

홍콩 지도 삽화ⓒHall_s | 摄图网
위치 지도ⓒJoowwww | Wikimedia Commons
강주아오 대교ⓒDic | 摄图网
타이오 마을ⓒimageSource2 | 摄图网
빅토리아 피크ⓒ射手座2017 | 摄图网

익청빌딩ⓒ噪音 | 摄图网
빤켁ⓒLee | 摄图网
타이폰 쉘터 게 요리ⓒ自知自觉 | 摄图网

마카오 지도 삽화ⓒHall_s | 摄图网
위치 지도ⓒJoowwww | Wikimedia Commons
세나도 광장ⓒIVAN LIN | 摄图网
성바울 성당 유적ⓒMeow star man | 摄图网
성도미니크 성당ⓒIVAN LIN | 摄图网

타이완 지도 삽화ⓒHall_s | 摄图网
위치 지도ⓒJoowwww | Wikimedia Commons
국립고궁박물원ⓒ行者孔 | 摄图网
타이베이101ⓒ行者孔 | 摄图网
국부기념관ⓒ鹿铃声声 | 摄图网
펑리수ⓒ依楠 | 摄图网

- 전국역사교사모임, 『처음 읽는 중국사』, 휴머니스트, 2018
- 미야자키 마사카츠, 『하룻밤에 읽는 중국사』, 오근영 옮김, 랜덤하우스코리아, 2005
- 모방푸, 『지도로 읽는다! 중국 도감』, 전경아 옮김, 이다미디어, 2016
- 한중인문학교류연구소, 『(14억 중국을 한 권에 담아 이해하는)중국문화 알기』, 시사중국어사, 2020
- 감서원, 구문규, 김송희, 김종석, 노은정 저 외 11명, 『(중국의 땅과 사람, 그 역사와 문화를 이해하는)중국 인문지리 알기』, 시사중국어사, 2021
- 오카모토 다카시, 『세계사 속 중국사 도감』, 유성운 옮김, 이다미디어, 2021
- 이욱연, 『이만큼 가까운 중국』, 창비, 2016
- 홍이, 『이것이 중국의 역사다』, 정우석 옮김, 애플북스, 2020
- 이창호, 『중화 中華 중국문화를 알면 중국이 보인다』, 북그루, 2021
- 김태만, 『쉽게 이해하는 중국문화』, 다락원, 2018
- 후자오량, 『중국의 문화지리를 읽는다』, 김태성 옮김, 휴머니스트, 2005
- 후자오량, 『중국의 경제지리를 읽는다』, 윤영도 옮김, 휴머니스트, 2005
- 윤태옥, 『변방의 인문학』, 시대의창, 2021
- 이욱연, 『이욱연의 중국수업』, 휴머니스트, 2018
- 조지무쇼, 『30개 도시로 읽는 세계사』, 최미숙 옮김, 다산초당, 2020

중국 도감

초판 1쇄 인쇄 2022년 4월 27일
초판 1쇄 발행 2022년 5월 4일

지은이   차이나헤럴드_정승익 · 강호욱

펴낸곳   스노우폭스북스
편집인   서진

편집진행   성주영
책임편집   박지예

마케팅   김정현 이민우 김이슬
영업   이동진 박민아

디자인   강희연

주소   경기도 파주시 광인사길 209, 202호
대표번호   031-927-9965
팩스   070-7589-0721
전자우편   edit@sfbooks.co.kr
출판신고   2015년 8월 7일 제406-2015-000159

ISBN   979-11-91769-17-3 (03910)